社交進化

從突破陌生焦慮到擴展交友圈
打造更高的人際連結力

THE POWER OF STRANGERS

The Benefits of Connecting in a Suspicious World

喬伊・基歐漢 Joe Keohane——著
謝明珊——譯

目錄 Contents

目錄 Contents

前言

計程車上的陌生人

我要和大家分享一個關於陌生人的故事。

幾年前，我運氣超好，拿到了編劇獎助金，能夠前往南塔克特島（Nantucket）進行為期兩個禮拜的編劇研習。我和其他三位編劇共同住在一個屋簷下，成了彼此的室友。這段期間，我們一起磨鍊編劇技巧，一起會面相關的產業界人士，閒暇之餘，我們就參加派對，不疾不徐的解決掉派對主人準備的美酒和美食。有一天大半夜，我們四人參加完派對後離開，在黑夜中等計程車。我對其他人說，雖然我從事的產業（我是報章雜誌記者）快沒落了，我的前景、希望和夢想也將隨之幻滅，但我仍珍惜這段經歷，讓我和不認識的人聊天也能賺錢。和陌生人聊天，會發現每個人身上都帶著寶藏，對方至少有一件事，能夠讓你大吃一驚，在你一愣或大笑之後，終將對你有所啟發。陌生人不經意說出口的話，忽然間深化了你的靈魂，讓你體會到人生有多麼豐富、美好，甚至也帶著痛苦。陌生人把各自獨立的小世界展露出來，允許你進入，你終於可以一窺他人寶貴的人生，撿拾其中的吉光片羽，讓自己有所成長，能夠多一點同理心、智慧和理解力。

計程車總算來了，司機是一位上了年紀的女性。大夥擠上車，我決定把我剛才說的，實際「表演」給他們看。（等著看吧，我真的很愛遇到計程車司機。）我問她在南塔克特島上的生活，她回答我了。我接著還問了其他事，她也都回答了。她顯得越來越自在，這段車程大約二十分鐘，她甚至說了自己的人生故事。她含著金湯匙出生，從小住在曼哈頓西城區，在她小的時候，當時的社會名流盛行一種為孩子裹小腿的劣習，根據她的說法，若孩子的小腿不夠好看，對父母來說是件丟臉的事。

她的父母也為她裹了小腿，以致她雙腿殘廢，走路吃力。我問她，當她的父母發現女兒走路一跛一跛時，做了什麼補救呢？有沒有帶女兒去看外科醫師或物理治療師？有沒有試著彌補這些傷害，讓女兒恢復正常走路？有沒有跟女兒道歉呢？

「沒有。」計程車司機說。

「那他們做了什麼？」我接著問。

「幫我報名舞蹈課。」

「我的天！」我驚呼。「為什麼要上舞蹈課？」

「他們希望我跌倒的姿勢美一點。」她回答。

我的祖父、父親和兄弟姐妹，都在麻州波士頓主持愛爾蘭天主教葬禮，堪稱殯葬業世家，這個成長背景讓我看盡人生百態，影響並造就了我的世界觀、幽默感和對人、事、物的鑑賞力，所以各位讀者，務必相信我的判斷。我這輩子聽過最精要的人生經驗談，就是在南塔克特島，大西洋那個回力鏢形狀的島嶼，大半夜和陌生人聊天無意間聽到的。

經過那次與計程車司機的互動，我反覆思考關於陌生人的問題，我不禁好奇，**為什麼我們不和陌生人交談？我們何時才會願意和陌生人交談？當我們和陌生人交談時，有什麼事情會發生呢？**在此我必須先坦白，要不是工作上的需要，我以前也不和陌生人攀談，在工作以外，我是不會找陌生人聊天的。工作已經夠忙了，還有一個嗷嗷待哺的女兒，所謂工作和生活的平衡，簡直是一場消耗戰，我根本沒時間閒晃，當然也沒機會和陌生人攀談，更沒有和陌生人交談的力氣，如果好不容易擠出半小時去酒吧或咖啡館待上一會兒，我也不會和別人交談，即使我真的找人聊一聊，也會不歡而散吧！我可以想像那情景，我的腦袋根本動不了，相信家有新生兒的人都能體會。於是，我習慣把自己和外界隔離起來，不是悶頭看書，就是滑手機，盲目的瀏覽一則又一則的推特（Twitter）貼文，卻記不得半點內容，但儘管我把時間留給了自己，還是覺得不舒坦。我不和任何人說話，連一個眼神接觸都懶。

我突然有所感觸，如果現代人想要關起門來，拒絕與人互動，還真是容易呀！社會學家理查・桑內特（Richard Sennett）終其一生都研究城市，格外推崇生活中的**摩擦**（friction）。生活中一些無傷大雅的無效率，讓你不得不和陌生人互動，比如問豬肉攤老闆該怎麼磨刀、問路人哪條路該怎麼走、打電話訂披薩等。只不過隨著科技進步，人與人的互動越來越少，甚至沒必要。我推測再這樣下去，大多數人的社交能力會退步，我就是個明顯的例子。到賣場購物，明明沒有人排隊結帳，我卻堅持使用自助結帳機；店員隨口問我今天有什麼計畫，我卻覺得煩。我明明知道陌生人說的話，遠比推特成串的有害貼文更有趣，卻依然選擇低頭滑手機，拒絕和陌生人交談。為什麼呢？我不知道，但我就是這麼做了，這感覺不太好。

我偶爾還是會和陌生人聊天，比如我待在南塔克特島那段期間，而且每次和陌生人結束談話，我都感到舒暢，彷彿一個小世界突然對我敞開，讓我學到一些東西，可能是一個觀點、一則笑話、一個不同的視角，或是一個有趣的故事。除此之外，我竟然還有一種**如釋重負**的感覺，我很想知道為什麼會這樣。

我就連白天採訪時也在思考這個問題。有一次，我訪問演員亞倫．艾達（**Alan Alda**），專訪他如何傳授頂尖科學家高效溝通術。我向他提及，每次和陌生人聊完天，竟然有種如釋重負的感覺時，他笑了，「你說的如釋重負，我最清楚不過了！」他接著說。「與別人的連結，可以成就更美好的自己。為什麼大家總是提不起勁呢？」

對啊，為什麼呢？

首先，「陌生人」這個詞所表示的名聲通常不太好。美國偉大的鄉村音樂歌手梅洛．海格（**Merle Haggard**）將其樂團取名為陌生人，想必是為了營造危險的氛圍，而非營造好公民的形象。希區考克（**Hitchcock**）的電影《火車怪客》（***Strangers on a Train***）以陌生人為主角，內容當然不是在火車上遇到真命天子、新客戶或新朋友，也不是旅途中不經意的交談令人增廣見聞這類的題材，相反的，這部電影要大家提防陌生人，否則很有可能在火車上與你交談的陌生人，竟是一場詭異交易的開端，誘使你步入無法拒絕的交換謀殺陷阱中，不僅讓對方謀殺了自己的妻子，你也差點不得不殺了對方的父親。威廉．高汀（William Golding）的經典小說《蒼蠅王》（*Lord of the Flies*），描寫一群孩子意外受困在荒島，他們在求生存的恐懼與壓力下，漸漸嶄露人性邪惡的一面，猶如蒼蠅只要有一點血腥味，就會集結聚首般，讀之讓人心生警惕，反而可以激發學齡兒童的良善，這種激勵人心的故事，書名勢必與陌生人搭不上邊。

最家喻戶曉的陌生人題材，莫過於阿爾貝．卡繆（Albert Camus）的小說《異鄉人》（*The Stranger*）。這個故事絕非描述一位阿爾及爾人離鄉背井去法國，從此過著幸福快樂的生活，更不是為法國人介紹阿爾及爾多元的食物和文化。小說中的主角是一個與世界脫節的人，到頭來甚至和自己也脫節，就連殺了人和面臨母親死亡，他都無動於衷，唯有在接受絞刑時，他心裡想著，「如果行刑那天，能有許多旁觀者帶著仇恨對我辱罵叫囂，可能就不會感到孤獨了」，他這種刻意挑釁別人的行徑，豈不是和現在的網路酸民沒兩樣？

我們對陌生人的恐懼太深了，就連看起來友善的陌生人也怕，擔心陌生人會製造混亂、背叛、道德汙染和環境汙染。打從世上出現陌生人的那一刻起，我們就心生恐懼，哪怕是在狩獵採集的年代，或村莊、城市和國家興起的時期，到了一九八〇年代，我們對陌生人的恐懼斷然失控，至今依然如此。伊隆．馬斯克（**Elon Musk**）曾說：「地鐵擠滿了一堆陌生人，誰知道會不會有連續殺人魔。」美國富饒的喬治亞州哈里斯縣，警長特別在二〇一八年設置一個告示牌，警告所有異鄉人：「歡迎蒞臨喬治亞州哈里斯縣，這裡的縣民都有私藏武器，如果你在這裡殺了人，我們也會殺回去。這裡不缺監獄和墓地，旅途愉快！」

我們和陌生人之間的難題，懸而未決。西方國家所面臨的政治動盪，大多是異文化的移民所致。這些陌生人只是想逃離戰火、貧窮和暴政，到西方國家求一個安穩發展的機會，卻經常衝擊西方人的歸屬感和自我認同。

這些新面孔加深我們對陌生人根深蒂固的恐懼，後座力十分驚人，一部分原因出在缺乏理解。民意調查顯示，西方人高估了移民的人數，卻低估了移民融入當地的程度。

政治極化、種族隔離、種族歧視和社會不平等，也把同胞變成陌生人，總之美國人就是受不了別人出現在視線裡。二〇一六年皮尤研究中心（Pew）調查發現，「各黨支持者對其他政黨的觀感，比二十五年前負面多了」。三年後，皮尤研究中心再度公布調查報告，顯示分裂和仇恨的程度不減反增，雙方都覺得對方比較邪惡、比較封閉。雙方對彼此理解不足，因為連試著交談也不願意，如何增進理解呢？跨黨派的友誼越來越難得，政治極化讓兩黨黨員老死不相往來，一句話也不願意多說，只覺得對手缺乏意志、同理心或有著複雜動機，全是壞心腸的笨蛋（那也要看對方能不能稱得上「人」）！

諷刺的是，當政治氛圍強調黨內團結，美國人的孤獨感卻越來越深、越來越強烈。調查發現，美國和英國都瀰漫著孤獨，每個人無一例外、無一倖免，尤其是年輕人受害最深，明明年輕有為，卻比老年人更感孤獨。醫學研究證實，孤獨確實是公共衛生的一大威脅，對身體的傷害不亞於抽菸。

孤獨的原因很複雜。科技日新月異，現代人沒必要和陌生人交談，以致於社交能力退步，結交新朋友的能力也退步。大家紛紛搬到大都市，揮別從小熟悉的親朋好友，迎來反覆更迭的陌生人，所以我們與社區缺乏連結。全球化浪潮來襲，大家到處搬遷，我們和左鄰右舍的交談機會少，反倒和遠在天邊的陌生人交談機會多，這形成政治科學家克里斯・朗佛（Chris Rumford）所謂的**陌生感**（strangeness）。

他說：「我們熟悉的區域，日常反覆經過的地方，恐怕不再有『屬於我們』的感覺，比如我們居住的社區或鄰里，我們與鄰居也只有共同居住，卻分開生活……我們再也不確定誰是『我們』，誰歸『我們』，誰不歸『我們』……所謂的陌生感，**就連『我們自己』也是別人眼中的陌生人。**」

這不是大城市獨有的問題，小城鎮也有可能發生。社會和經濟的力量造成深層的變遷，大幅改變了我們的家鄉，早已不是原來的樣子，於是我們在自己家鄉成了異鄉人。當一個地方趨於多元，不管我們的政治傾向是什麼，都會開始擔心該如何和新住民交談，甚至會因為焦慮，乾脆不和所有人接觸。

我們由於這些緣故頓失寄託，對世界漠不關心。已故神經科學家約翰・卡喬波（**John Cacioppo**）一輩子都在研究孤獨，他說：「我們完全改變了環境，如今職涯模式、居住模式、死亡模式和社會政策都奉行全球資本主義，現在全球大多數人選擇的生活方式，只會讓無數孤立的人更孤立。」

兩百萬年來，陌生人背負了一堆惡名，會有人想和陌生人交談才怪！現代人也不想和陌生人交談，只是逼不得已。要不是陌生人，現代人什麼事也做不了。我自己的經驗就是最好的例子。我不是極度樂觀的人，我知道人會互相傷害，曾經為此絕望不已，我直到四十歲，才頓覺人與人那些無謂的傷害實在有點莫名其妙，對我而言，**智人**根本就是喜歡製造困惑、矛盾和破壞的生物。可是，對我影響最深的人生經歷，竟然都是和陌生人交談而來。

我念大學的時候，曾在費城樂器行外面彈貝斯，有一天突然來了一位頭戴牛仔帽的中年黑人，他先是看看我，再看看我手上的貝斯，然後又看看我，慢吞吞吐出一句話：「我的天！你還真像脫口秀主持人康納．歐布萊恩（Conan O Brien）！」他當場邀請我加入他創立的放克樂團，我因此有機會到費城各地的俱樂部表演，甚至到當地浸信會演奏，現場只有我一個白人。像我當時那樣一個二十歲的年輕小伙子，從小在白人社區長大，這段經歷當然對我影響很大，包括我的自我認同和世界觀。資深音樂家成為我的良師益友。親切的浸信會教徒，殷情款待我這個突然闖入的白面孔異教徒。

大學畢業後，有一天我在書店閒逛，突然在某本書的內頁發現一張奇怪的傳單。有一本新刊物正在徵求寫手，我心動了，隨即寫信給對方。雖然那本新刊物最終並沒有發行，但對方剛好是小報社的經銷經理，我們後來成了朋友和室友，他還介紹我到報社當編輯。我開始為報社寫新聞，甚至成了經營者，那是我進入新聞業的起點。由此可見，和陌生人交談不但對生意有幫助，對職涯也有幫助，要不是那張傳單，我根本不會有現在的生活。

說到這裡，我一定要提到我報社的愛爾蘭同事。他拖著我去參加一個派對，讓我認識一位陌生人。那位陌生人和我成為朋友，而他的同事（也是陌生人）後來成為我的老婆、我四歲女兒的媽咪。有一天，我女兒對我說的話，剛好呼應提防陌生人的主題：「拔比，有些人會怕你，但是我不會喔，因為我已經認識你很久了！」

再來，我爸爸艾德和我媽媽瓊安，簡直是與陌生人交談的冠軍。無論走到哪裡都可以交到朋友，哪怕是待在家裡、去度假、上館子或逛街，總是不停的交朋友和結識熟人。很多老人只會靜靜坐著，社交圈一直在縮小，但我爸媽卻是努力的結交新朋友。對他們和他們的很多朋友而言，與陌生人交談就是生活的一部分。

我會成為現在的樣子，做現在做的事，懷抱現在的想法，住現在居住的地方，全拜陌生人所賜。然而，我坐在酒吧裡，近在咫尺的陌生人正低著頭垂著眼，一言不發，而我呢？我的臉閃爍著手機的藍光，感覺不太好。

為什麼我們不和陌生人交談？我們何時才願意這麼做？當我們這麼做，會有什麼事發生呢？

這本書就是要回答這些問題。如果我們開始和陌生人交談，我們自己會因此變得更美好、更靈敏、更快樂，陌生人（甚至全世界）對我們而言，也不再那麼可怕。最新研究發現，與陌生人交談有助於拓展自我，為自己開拓新機會、新關係和新觀點。這可以舒緩內心的孤獨，對於我們居住的地方更有歸屬感，就算外在環境一直變化也不會影響我們。多與陌生人交談吧！不管是移民，還是和你不同政治傾向的人，你會少一點成見，放下黨派偏見，把日益分裂的社會凝聚起來。哲學家克瓦米．安東尼．阿皮亞（Kwame Anthony Appiah）在探討與陌生人的交流時曾說：「當陌生人不再是想像，而是真實存在的人，人類社交生活就成立了。你可能喜歡對方，也可能不喜歡，你可能同意對方，也可能不同意，但只要你們有心交流，終會互相理解。」

讀者在閱讀本書時，請逐頁逐頁看下去，由淺入深。我先援引心理學最新觀點，探討與陌生人短暫交流會發生什麼事，然後深入探究箇中緣由。為什麼只是與陌生人短暫交流，卻有如此暢快的感受？這一切要從人類誕生之初說起，答案就藏在人類的始祖人猿身上。人類是如何成為科學家所謂的「超強合作力人猿」（ultra-cooperative ape）？對陌生人的態度極其矛盾，既需要陌生人，又恐懼陌生人。人類祖先在狩獵採集的時代，為了求生，想出各種與陌生人安全交談的方法。

本書也會說明為什麼善待陌生人會成為文明的基石，宗教界的變革長才如何和素未謀面的陌生人拉近距離。城市之所以興起，是因為大家想多被陌生人包圍；人類文明之所以出現，是因為人類願意放下對陌生人的恐懼，強調陌生人帶來的機會。接下來，我們前往靜悄悄的幸福國度芬蘭，找出哪些原因會妨礙我們和陌生人交談，包括科技、政治、公民資格等。

當你開始閱讀本書，想必會因關注而「認識」書中很多的陌生人，除了街頭民眾，還有社運人士和研究人員，他們正忙著建立和陌生人交談的文化，解決現代最迫切的社會問題。你絕對能從中學到一些寶貴經驗，在未來的人生中更懂得如何和陌生人相處。我自己也想嘗試其中一些技巧，精進自我社交能力。

本書大約從兩百萬年前說起，最後回到現代。我想向大家證明，陌生人是值得交談的對象，雖然這些年來，無論媒體、政治人物、學校或警方，都不斷灌輸民眾「提防陌生人」的觀念，但其實不和陌生人交談，反而危險多了。

和陌生人交談，不只是生活之道，還是生存之道。

PART 1

和陌生人交談會怎樣？

Chapter 1

教室裡的陌生人

我不遠千里從美國飛到倫敦，重新學習超入門的人際技巧，最後卻搞得渾身不自在——肯定有什麼事要發生了！

第一天上課，天氣晴朗，我來到倫敦攝政大學的小教室。我因為有些許時差，呆坐在椅子上，握著我今天的第三杯咖啡。同場還有四位同學，幸好他們的精神比我好！大家都是來學習如何和陌生人交談，講師是喬琪．南丁格爾（Georgie Nightingall），現年二十九歲，活力充沛。喬琪在倫敦創立人際交流組織，名叫「觸發對話」（Trigger Conversation），專門舉辦社交活動，鼓勵社會大眾和不認識的人展開有意義的對話。我是聽了一位知名心理學家的推薦，來上喬琪的課程，你們待會就知道是哪一位心理學家了。我主動與喬琪聯繫，她提到她正在規劃為期三天的深度工作坊，教大家如何和陌生人交談，我立刻買了機票，隨即降落倫敦，一大早就進教室，準備好一堆咖啡，蓄勢待發。

二〇一六年，喬琪創立了觸發對話，她的學經歷背景包羅萬象。她在二〇一四年從大學畢業，取得哲學學士學位；而她的碩士學位論文是研究「從心理學和語言學的角度，專攻情緒、信譽和欺騙的議題」，所以她對語言和對話感興趣。她在碩士畢業後嘗試過一些工作，曾在新創企業當實習生，做過專案經理等職務，也曾待過全球知名的生醫研究機構法蘭西斯克利克研究中心（Francis Crick Institute）。「那就是我最後一份工作了！」喬琪說。從此以後，她就自己出去闖蕩了。

喬琪從以前就很健談，但若是要和陌生人交談，仍會躊躇不前。她這樣解釋：「一部分是因為和陌生人交談，不是一般人會做的事。」她也受不了和陌生人打招呼寒暄時問對方：「你是做什麼（職業）的？」、「今天過得如何？」這種不著邊際的話，這樣根本不可能有什麼深度的互動。她希望讓大家明白，陌生人之間的對話不一定這麼無聊或制式化，也可能妙趣橫生、妙語如珠，充滿樂趣。她在創立觸發對話時，寫下了這段宣言：「我們在對話中都是冒險家，都是沒有目的地的旅人。不預設任何期望，勇於探索未知。人人都是老師，人人都是機會。」

喬琪想要探索的未知，可說是一種特別危險的對話。全球提倡和陌生人交談的重鎮，就在英國，尤其是倫敦，一大原因是英國全國上下正努力對抗無形的傳染病——孤獨。英國紅十字會近期研究顯示，每五位英國人就有一位經常或總是感到孤獨。二〇一八年英國任命首位「孤獨大臣」，官階頗高，專門制定政策來修復磨損的社會關係，加強英國社會的凝聚力。

近年來，英國冒出不少草根組織，鼓勵英國人在咖啡館、酒吧或大眾運輸上與陌生人交談。英國人發起「聊天咖啡館」（Chatty Café）運動，特別在酒吧和咖啡館設置聊天專用桌，鼓勵互不相識的人好好聊聊，後來拓點到全國和全球九百多個地點。二〇一九年BBC推出《跨越鴻溝》（*Crossing Divides*）系列節目，鼓勵大家跨越社會、文化或意識形態的差異，勇於互相連結。BBC還趁機發起「聊天公車日」（Chatty Bus），希望在那一天，大家能勇於和車上的陌生人交談。BBC特殊專案負責人艾米麗．卡斯瑞爾（Emily Kasriel）表示：「這可能是一個人這輩子唯一可以突破親朋好友和同事的繭，與陌生人盡情相遇的機會。」

我可以這麼說吧？這簡直是在挑戰英國人搭乘大眾運輸的習慣，尤其是倫敦人！[1]聊天公車日嚴重違反英國古老的社會規範，卻依然大獲全勝。[2]「這是我搭過最棒的公車了！」一位女性接受BBC訪問時這樣說，她坦承自己長年患有嚴重的社交恐懼症。然而也有些民眾抱持懷疑態度，甚至懷有敵意，認為這些惡作劇充其量只是在測試

---

1 一位從匈牙利移民到英國的人，名叫喬治·麥克斯（George Mikes），在一九四〇年代至一九七〇年代左右，寫了一系列旅行指南，提到英國人的特色就是冷淡，他特別說了下面這個恐怖的故事，教大家偽裝成道地的英國人。

一九五〇年代末期，有個人在密德蘭郡殺了人，全身沾滿鮮血，隨即在命案現場附近搭公車，車上大約有五十名乘客。他下車的時候，公車上遺留了一大灘血，卻沒有半個乘客詢問他發生什麼事。這就是道地的英國人，自掃門前雪……就算哪一天有人拎著人頭上車，大家的反應也不會改變，反正是別人家的事！

2 二〇二〇年八月新冠肺炎疫情期間，絕對伏特加（Absolut Vodka）所做的民意調查顯示，有高達百分之二十三英國年輕人懷念與陌生人聊天的日子。

倫敦人的修養。我約英國的朋友出來喝啤酒，跟他說我來倫敦學習如何和陌生人交談，他竟然回我：「我們和陌生人交談的能力全世界最差，你難道不知道嗎？」

這就可以理解為什麼喬琪創立觸發對話之初，一整個膽顫心驚了。光是在地鐵和陌生人聊天，倫敦人想到就怕。如果喬琪真的舉辦陌生人交談活動，恐怕吸引不到半個人參加，或者民眾實際嘗試後，可能敬謝不敏。喬琪第一次舉辦陌生人交談活動時，就必須打破大家心中的社會規範和焦慮恐懼。該說些什麼好呢？該如何開場？該如何參與對話？參與者的心中有好多問號。「不知道該如何是好。」喬琪說。「如果你跟大家說，這活動要和陌生人展開有意義的對話，可是我們不聊工作，也不問對方住哪裡，大家會想，『那**還可以聊什麼**』，頓時不知道什麼該聊，什麼不該聊。」

喬琪明白了，如果要打破初次見面的尷尬，必須給學員最少的自由，而非最大的自由。她把學員分組，大概二、三個人一組，隨機發給他們寫著問題的卡片，並限時回答完畢。和陌生人交談，主要有幾個程序要做，包括相遇、開場、找件事來聊。如此一來，被拒絕的機率微乎其微，也不用擔心如何收尾，隨時可以加入，時間一到，拍拍屁股立刻走人，毫無罪惡感。喬琪說：「無拘無束！」

自從二〇一六年喬琪創立觸發對話以來，已經在倫敦和全球各地舉辦一百多場活動、好幾堂陌生人溝通課程，參與者涵蓋個人、企業、社區、大學和社團。比如二〇二〇年，她與倫敦大學學院合辦一門課程，教大學生如何促進人際交流。我們待會再來聊，現在大學生有多麼不擅長人際交流。她親眼見證民眾參加後，整個人蛻變成更有自信和更具好奇心，相信可以把這些對話融入日常生活中。「很多學員都有這個疑問，『該如何落實到現實生活中？我想要和陌生人交談，但總不可能遞給他一張問題小卡，問他願不願意回答吧？』」喬琪說。

學員這個顯而易見的需求，給了喬琪一個靈感。她想開一門課，教大家如何在日常生活中展開對話。她開始參加自我成長課程，同時廣泛閱讀，找出和陌生人交談的基本要素。她思索著，「該如何瞬間破冰，讓場子熱絡起來？該如何提出適當的問題，與陌生人建立關係，或者激發創意和樂趣？該如何保持真誠？我們是不是對自己或別人有什麼觀感，以致於我們綁手綁腳，無法盡情冒險？」

喬琪發現對很多人來說，和陌生人交談最大的困難，其實是開啟對話這一關，包括上前攀談，讓對方安心，迅速傳達自己並非別有用心，只是單純想表達善意和好奇。

依據她的觀察，普遍來說，老年人比較容易開啟對話，年輕人的戒心則重了一點。她也注意到，如果大家願意認真回覆「你好嗎？」這個問題，其實可以在陌生人之間創造一點連結，開闢一條對話的蹊徑。唯有真實的答案會示弱和表達好奇，激發對方做出善意的回應。她自己試了好幾次都成功，大多數陌生人都能樂在其中，甚至創造無數有價值、有意義的對話。

當她努力尋找靈感以及嘗試各種技巧，就越清楚和陌生人交談的潛在價值。喬琪回想起她剛開始辦活動時，活動結束後，有一位學員特地來向她道謝：「這活動太棒了！那個人不是我平常會主動攀談的對象，但我們實際聊了之後，卻發現彼此有太多共通點，原來截然不同的人之間，也可能建立緊密的連結。」

喬琪說，她現在每天都有這種感覺。「當我能看見自己與別人之間的特殊關聯性，我會更喜歡對方、更信任對方，感覺我們都屬於世界的一部分，而非彼此孤立。我再也不隨便惱怒生氣，因為我知道大家都跟我一樣，存在這個世界中，雖有各自的故事，但說到底並沒有太大差別。」

她也開始相信（這一點很重要！），養成和陌生人交談的習慣，絕對不只是製造一點好感。這當中還要有衷心的喜悅、深度的對話和真心的交流。如果大家多多練習，想必能夠修復分裂的社會。她說：「這不是個人的問題，而是全世界的問題，是另一種全新的生活之道！」

喬琪站在教室的最前方，聰明、迷人、口齒伶俐，跟我們介紹未來幾天的課程。她期望同學們，「從不自覺不勝任，再到自覺不勝任，再到自覺勝任，甚至最後的不自覺勝任」。換句話說，最低階的不自覺不勝任，意味著不太會和陌生人聊天，卻渾然不自覺，還好我們會發現自己的不足，然後設法改進。最後，我們會變得很厲害，習慣成自然。

我們在教室走來走去，自我介紹。我說，我來這裡上課是為了寫書。我寫這本書是因為看到爸媽和陌生人聊天，竟是如此的自然，我也想要學。同學賈斯汀大約四十歲出頭，從澳洲搬來倫敦生活，澳洲文化鼓勵大家和陌生人交談，深得她的心，可是自從搬到倫敦，每次她想展示善意，英國人就開始提防她。她和酒吧裡的男人打招呼，只是單純想表達善意，完全沒有一點調情的意思，對方卻隨即回她，自己已經「死會」了。倫敦人的反應一再傷害她的自信心，導致她開始退縮，甚至有點懷疑，大家是因為她胖，才不願意和她交談。她說，她發現自己坐地鐵的時候，身旁的空位總是空最久。她平常在家工作，本來就沒什麼機會接觸人群。她想要和陌生人交談，也不確定該說什麼好。

下一位同學寶拉，快三十歲了，既聰明又美麗。她說自己是工作狂，而她的工作講求效率和禮貌，可能有一點冷漠。等到有機會和別人聊天，她說的話好像又缺乏意義，因為她不習慣分享真實的自己，就連老朋友也說過，不是很清楚寶拉是怎樣的人。寶拉說：「這會妨礙別人和我交流，我聽到老朋友這麼說，心裡真的很受傷。」但是她也擔心，如果她真的敞開心，別人會不會想聽她說的真話。

另一位同學尼奇，二十幾歲，低調文靜，從小在農場長大，最近剛搬到倫敦市郊。他說，他和別人聊天會緊張，不太會表達自己的想法。他希望自己更有創意一點，能夠提出更好的問題。後來我們一起吃午餐，他說他要精進和陌生人交談的技巧，是為了「讓自己自由」。他嚮往旅行，他相信精進社交技巧，無論到哪裡都可以融入當地。對他而言，學習和陌生人交談，是一把打開世界的鑰匙。如此一來，他到世界各地都不會感到陌生。

最後一位同學瑪格，年紀最小，只有二十歲出頭。她說，她對任何人都不感興趣，但仍想跨出自己的小世界。她性格多疑、固執又文靜，說話直來直往，不拐彎抹角，可是她自己也說了，這對於人際交往並沒有加到分，因為這樣的交談往往難以給人留下情面。有一次喬琪要我們想像一個情境，你會想和對方建立連結，然後向對方提問，於是我就說了「服務生」。

「你怎麼會想和服務生說話啊？」瑪格問。

我說：「人家送餐點給我，我不說一點話，把對方當機器人，這樣非常尷尬。」瑪格說：「那是因為你是美國人！」後來我們有一次加強版的對話練習，一方要抒發自己的感想長達數分鐘，另一方不可以打斷，一直要等到對方說完，才可以抒發一下感想。那次我的搭檔是瑪格，她說我看起來很穩，卻讓她想起自己的父親，帶給她安心又可怕的感覺，我聽了都不知道怎麼回話。

何止那一次！那門課有太多尷尬的時刻了。那幾天，我們必須和同學一對一交談，長時間對望。如此一來，未來和陌生人交談時，我們能夠用心觀察對方的感受和自己的想法。我們還要碰觸對方的手臂，表達善意。我的尷尬不只限於課堂、校園或倫敦，未來還有無數的尷尬處境等著我面對！我明明是要來精進和陌生人交談的技巧，讓自己成為社交達人，最後卻發現，我要學的還多著呢！

Chapter
2

我們快要遺忘的幸福泉源

我們明知道和陌生人交談，心情會更愉快，身體會更健康，還會少一分寂寞，但我們卻不這麼做，因為我們不確定，陌生人是不是「人」。

最近有越來越多心理學研究，探討和陌生人交談會怎樣，我一定要先來個文獻回顧，否則應該說服不了你，為什麼每個人都值得上**陌生人溝通課**。過去十五年，研究人員發現和陌生人聊天，不僅心情更美麗，還會加深個人與其居住地的連結，讓頭腦更清楚、身體更健康，而且更願意信任別人，心態也更樂觀。本章將整理這些研究，看一看心理學家有什麼大發現，為我們未來相處的每一刻打好基礎。首先，我想介紹一個人給你認識，她早已活出許多心理學家的偉大發現。妮可是住在拉斯維加斯的護理師，她因為和陌生人交談，而改變了一生。

妮可在加州海灘小鎮聖塔克魯茲市（Santa Cruz）長大，她的父親脾氣暴躁，母親的內心則充滿創傷，把自己人生的創傷都轉移到女兒身上，以致妮可從小怕東怕西。妮可曾經對我說：「我的腦袋天生怕人，總覺得**人性本惡，別人一定會傷害我**，我以前覺得每件事都好可怕。」

她以前確實如此。妮可小時候總在逃避人群。她說：「那樣我才會感到心安，我有一堆書、一隻狗和幾隻貓，偶爾還會有老鼠來陪我，這樣就夠了。這些動物很懂我，不會傷害我，讓我覺得安心。」

妮可的青少年時期並不順遂，她有埃及裔猶太人和蘇格蘭的血統，髮絲粗，滿臉青春痘，在普遍都是白人的學校特別顯眼。她說：「大家經常騷擾我。」但是，被同學排擠也是有好處的，她結交的朋友不是特立獨行，就是和她的背景截然不同。如果學校有新來的非裔或拉丁裔學生，他們會很自然的混在一起。妮可回想起：「我遇過一位法國女孩，那時她剛轉來我們小學，我沒有朋友，她也沒有朋友，於是我們就成為好朋友了。」她們都遭到同學排擠，友誼就這樣展開。

妮可受到母親的影響，從小就害怕陌生人，再加上美國經常灌輸小孩「提防陌生人」，這樣的觀念早已深植每一位小孩心中，可是當妮可有機會接觸陌生人時，她覺得陌生人既不危險也不可怕，反而帶給她慰藉和歸屬感，拓展她的世界觀。她的人生因為這些陌生人，變得更美好了！她說：「我小時候遇見很多大好人，『一切』就這樣開始了，**我和陌生人處得很好，但好像很不應該**。」

妮可所謂的「一切」，正是灰狗巴士療法（Greyhound Therapy）[3]，她長大以後，用這個練習克服對陌生人的恐懼，在世界占有一席之地。她恐懼的根源在童年，她們全家人因為恐懼，從未出門旅行過。小妮可哪裡都去不了，**心中想要離開家**的欲望非常強烈。她說：「我在那時便下定決心，我一定要離家。」小時候她曾遇過特別的陌生人，讓她在單調偏執的童年裡，對世界其他地方產生好奇。她當時心想：「**上帝在地球創造了無數人，我一定要見一見他們**。」

妮可做到了。在她十七歲那年，她有機會和高中同學到歐洲旅遊，那一段經歷帶給她非常大的衝擊。她說：「陌生人竟然來**找我**聊天耶！歐洲人知道我來自美國，就來找我攀談，我因此遇見很多有趣的人。」這提升了她的自信心。「歐洲人願意找我攀談，可見我不差嘛！」她心想。「如果我**找他們**聊天，應該也不會怎樣吧！」

十八歲那年，她第一次自駕旅行，獨自開車去加州尤里卡（Eureka），沒有為什麼，只因為她喜歡這個地名。她獨自一人在當地旅館住了一晚，隔天就開車回家。雖然只是小旅行，卻再度提振她的自信心。從此以後，她踏上更多旅程，和更多素昧平生的人交談。雖然她還是會焦慮，怕東怕西，習慣想好最壞的打算，但每次結果都很美好。她回想起：「那是我真正下定決心要拓展視野，盡情和陌生人攀談。」這就是她灰狗巴士療法的起點，基本上就是趁著搭乘長途巴士的時候，找身旁的乘客聊天，只不過妮可擴及四面八方的陌生人，哪怕是餐廳、公車站牌或超市，任何有陌生人的地方。

不過，人生不可能一帆風順，二十一歲的妮可從護理學校畢業，過了幾年，她和一

3 這裡不是貶義，只可惜在美國經常是貶義，意指病情棘手的人，就醫遭到醫院踢皮球，並沒有獲得必要的治療。

位男子論及婚嫁，他們兩人都喜歡開車和車子。妮可的父親是卡車司機，可見妮可這個嗜好是遺傳自父親，這也是她唯一可以和父親聊的話題。後來她和那位男子結婚了，沒想到男子婚後脾氣變得暴躁，動不動就對妮可拳打腳踢。兩人結婚不到一年，妮可就到醫院縫了好幾針，連牙齒也斷了。

離婚後，她遇見一位更厲害的人物，甚至為了他搬到紐約。她說：「他是天生的紐約客，傲氣十足，總帶著貴族般的優越感，跟我完全相反。」他在大學餐廳當廚師，放假的時間多，和妮可一樣有流浪癖，他們自駕去阿拉斯加，再開去墨西哥，再開回紐約，一路上逢人就聊天。他們在一起四年，可惜廚師生涯對他產生負面影響，後來他沉迷於毒品，並開始酗酒，像變了一個人。妮可緊急踩了煞車，離開那個人。不過，雖然他有毒品和酒精成癮的問題，但他對妮可的正面影響卻是一輩子的！

妮可迎來一段感情空窗期，自己待在陌生的紐約，獨自住在一間公寓裡，備感寂寞。她說：「我還滿驚訝的，我明明個性內向，竟然也會感覺寂寞，於是那段期間，我拚命做灰狗巴士療法，盡量找人互動，趕走我的寂寞。」

「有用嗎？」我問。

「天哪，超有用！」她說。「我會帶著美妙的故事回家，雖然沒有人可以分享，但我會把故事留存在心底，完全屬於我。」她認為這是在考驗她的勇氣，她和別人互動的次數越多，就越有自信。

這改變了她的一生。現在妮可是位成功的護士，擁有一種不可思議的天賦，不僅和病人處得好，還和一位親切體貼的男士再婚，兩人一起住在拉斯維加斯，她覺得這種感覺棒極了！她還是經常去旅行，當她獨自逛街，仍會盡量找機會進行灰狗巴士療法，不僅在公車上和旁邊的乘客交談，也會和單獨坐在餐廳或酒吧的人聊天，但如果對方正在用手機，或者對交談不感興趣，她就讓對方靜一靜，可是如果對方也有這個意願，她就會上前打招呼：「你好，我是妮可。」看看會發生什麼事。她並不魯莽，也不天真。她絕對不會在陌生的城鎮，主動和暗巷裡的陌生人攀談。她父母那麼愛大驚小怪，所以她偵測危險的雷達很強，懂得洞悉人心和環境，提早發現問題。她和陌生人交談通常很順利，每一次都在說服她，「並不是每個人都會傷害妳」。

妮可說：「我人生中曾遇過幾次嚴峻的考驗。」但她主動攀談的那些陌生人，幫助她通過這些考驗，讓她相信這個世界是善良的，人是有可能找到歸屬感的，她也因此學到寶貴的經驗：「永遠不要小看那些短暫的正向連結」。

那麼，短暫的正向連結有什麼力量呢？根據心理學研究，妮可所謂的交流，稱為「最低限度的社會互動」。大約在十年前，加拿大心理學家吉莉安．珊德斯特倫（Gillian Sandstrom）也有類似的領悟，只不過她的對象是賣熱狗的攤販老闆娘。珊德斯特倫展開一系列的研究，探討我們和陌生人的交談，以此奠定了她在社會科學的學術地位，目前她是倫敦西北部艾塞克斯大學（University of Essex）的學術新星。

珊德斯特倫現年四十八歲，從小在加拿大長大，雙親都是性格外向的老師。她對我說：「我父親超級會和陌生人交談，他就是忍不住想和大家聊天。」她母親也會和陌生人攀談，通常是鎖定單獨的大人或小孩，或者遭到大家排擠的人，讓他們有融入當地的感覺。珊德斯特倫一直以為自己是內向的人，直到有一天，她發現一件事，當她獨自走在街上，老是看著地板，每次一和路人對上眼，就連忙低頭看人行道。

她說：「我覺得這行為好蠢！」於是她開始**抬頭挺胸，與路人眼神交會**。「這是我和陌生人交談的第一步，但起初只是想改掉奇怪的習慣。」當她開始抬頭挺胸，她發現和路人眼神接觸並不奇怪，感覺還很好，雖然大家並不習慣眼神交會，但路人似乎也不反感。她兩次在多倫多搭地鐵，乘客甚至還主動問她：「妳不是本地人吧？」她追問之後，才知道原因出在她雙眼會直視其他乘客。她驚呼：「我心想，太悲哀了吧！真沒想到多倫多人寧願盯著天花板或地板，也不願看看其他人。」

不久以後，珊德斯特倫不只會看著陌生人，還會和陌生人交談。她沒想到執行起來還挺容易的，也很好玩。她說：「我終於明白了，**為什麼我爸這麼愛和陌生人交談！**」她想起有一次搭乘地鐵，有位女乘客抱著一大盒杯子蛋糕，每個蛋糕上都有華麗的裝飾，珊德斯特倫問起這些杯子蛋糕，兩人就這樣聊開了。珊德斯特倫說：「我也不知道怎麼聊開的，她竟然還告訴我，人可以騎駝鳥。」和陌生人聊天，就是這麼簡單。「我**被打動了**，這是一個愉快的對話，我好想一直體驗下去，從此以後，我更常找不認識的人攀談。」有了這份頓悟，她未來的研究方向也越來越清楚。

二〇〇七年，珊德斯特倫有了第二次頓悟。當時她正在多倫多瑞爾森大學（**Ryerson University**）攻讀碩士學位，研究所並不好讀，她總覺得自己不配成功（研究生常有這種苦惱，坦白說，人生中也常有這種自我懷疑），她老是一邊走路，一邊擔心自己不夠好。她和指導教授的實驗室剛好在不同棟，途中要走一段路。每天走這段路，都會經過一間熱狗攤。有一天，她對著熱狗攤的老闆娘微笑揮手，沒想到老闆娘竟然也向她微笑揮手。珊德斯特倫靈光乍現，從此這變成她每天必做的事。「每次我經過那個地方，就開始找尋老闆娘的身影，試著和她做一些小連結。」她說。「我看到她，她認得我，這種感覺好棒，會讓我覺得**我屬於這裡**！」她回想起自己的荒謬行徑就覺得好笑。「我的歸屬感，竟然是因為老闆娘認得我。」

珊德斯特倫開始好奇背後的原理：為什麼這些連結會如此的美好？她和她在卑詩省大學（University of British Columbia）的博士論文指導教授伊莉莎白．鄧恩（Elizabeth Dunn）共同執行一項實驗。鄧恩教授是全球知名的心理學家，專門研究幸福感。她們招募了成人受測者，要求受測者每天早晨去星巴克買咖啡時，趁機和咖啡師閒話家常，這個要求非比尋常，畢竟早晨買東西，通常是效率第一，尤其在大城市。咖啡師和顧客通常不太會聊天，甚至連眼神的交會也沒有。但這些大家習慣的日常，在珊德斯特倫和鄧恩眼裡卻覺得，**不和櫃檯人員互動，就是把他們當成毫無感覺的服務機器人**，但大家明明可以透過互動，獲得潛在的好處！她們不禁好奇：「歸屬感和幸福感的泉源，難道就藏在這裡？」

在當時的心理學界，這可是很新潮的概念，至今依然如此。近年來終於有大量研究發現，人際關係的品質是快樂和幸福的最佳指標。如果有良好的人際關係，身體和心靈會比較健康；反之，則容易罹患心理疾病或心血管疾病。簡單明瞭！只不過，這些研究通常只關注親密關係，舉凡家人、朋友、同事，但珊德斯特倫和鄧恩好奇的是，**和陌生人互動是不是也有好處**呢？這並非要取代親密關係，而是作為補充，幫助我們攝取更均衡的社交營養。

珊德斯特倫和鄧恩在繁忙購物區的星巴克門口，招募了六十位成人（分別有三十位男性和三十位女性，跨越各個年齡層），有一半受測者必須和咖啡師互動，包括「微笑、透過眼神交會來建立連結、簡短的談話」，另一半受測者則盡可能快的結完帳，兩組人員之後再回報結果，果然與珊德斯特倫和鄧恩假設的一樣！和咖啡師聊天的顧客，歸屬感更強烈，心情更美好，對整體購物經驗更滿意。因此，她們在二〇一三年的研究論文中，做出以下結論：「下次當你需要飲料提神時，不妨和星巴克的咖啡師互動一下，把他們當成舊識，而非只是店員，為自己爭取這份唾手可得的幸福吧！」

大約在同一時間，珊德斯特倫和鄧恩又做了一份調查，目的是為了證明珊德斯特倫每天和熱狗攤老闆娘打招呼確實會增進歸屬感。心理學研究早就發現，人在社交機會比較多的日子，心情會比較快樂，但沒有人研究過「**弱連結**」（**weak tie**）的社交互動，比如萍水相逢的點頭之交，只見過幾次面但稱不上朋友的人。珊德斯特倫和鄧恩好奇這些互動是否會影響幸福感和歸屬感，她們招募了五十八位學生做實驗（男同學十五位、女同學四十三位），每一位學生都拿到紅色和黑色的計數器，每當遇到強連結（例如親朋好友）時，就按紅色計數器；每當遇到弱連結（例如熱狗攤老闆娘）時，就按黑色計數器。

每天晚上會結算互動次數，並詢問受測者有沒有感到與社會連結、有沒有感到寂寞、有沒有感受到社會的支持，因而產生社群意識。結果研究團隊發現，那些與強連結互動最頻繁的人最幸福，最具有社群意識，這並不令人意外，但大家絕對想不到，那些與弱連結互動最頻繁的人，竟然也比較快樂，有更強烈的歸屬感。此外，人在與弱連結互動比較頻繁的日子，也過得比較快樂。

只可惜，這些受測者都是大學生，恐怕無法代表整個社會大眾，於是珊德斯特倫和鄧恩針對二十五歲以上成人再進行了一次實驗，她們招募了成人女性三十位、男性十一位參與實驗，結果還是一樣。這兩次實驗都發現，在整體互動比較少的日子，如果可以與弱連結進行互動，作用就更大了。現在是人類史上最寂寞的時代，能有這樣的發現實在太有價值了。我們與弱連結的互動，宛如止饑的食物和止渴的開水，在孤獨的日子裡滋養了人心。

這個新領域不只有珊德斯特倫感興趣，二〇一三年芝加哥大學心理學家尼可拉斯．艾普利（Nicholas Epley）和他的學生朱利安娜．施羅德（Juliana Schroeder），看到尖峰時段人擠人的地鐵竟鴉雀無聲，不禁好奇**智人**這種愛好社交的動物，面對與陌生人交談的機會時，怎麼會猶豫再三？他們指出：「無論是火車、計程車、飛機或候診室，陌生人明明坐得很近，卻對彼此視而不見，把對方當裝飾，而非幸福的泉源。人類似乎從人與人的連結獲益良多，現在有機會靠得這麼近，為什麼要互相孤立？人類明明是高度群居的動物，為什麼偶爾會抗拒社交呢？」艾普利和施羅德推測，大家不和陌生人交談是因為心想，獨自一人比較快活。

他們設計一系列的實驗，要求受測者在大眾運輸、計程車和候診室，盡量和陌生人交談。首波實驗在美國伊利諾州郊區募集了九十七位通勤者，平均年齡為四十九歲，其中百分之六十一為女性。這些受測者被分成三組，第一組受測者「今天必須和火車上的陌生人聊天，盡量建立連結，找出那個人有趣的地方，也要讓對方知道自己有趣的地方，聊天的時間越長越好」；第二組受測者「不要和其他人往來，今天就在火車上好好享受獨處，利用這段時間坐著想事情，把注意力放在自己和嶄新的一天」；第三組受測者則依照自己往常的習慣。之後，每位受測者都要填寫問卷，陳述自己的個性和通勤的經驗。

一如預測，那些和陌生人聊天的受測者，通勤的經驗果然愉快不少，平均交談時間為十四點二分鐘，對於他們所交談的陌生人只留下好印象，沒有人回報負面經驗。無論受測者是什麼性格，內向或外向，都獲得美好的體驗。

既然趁著通勤的時候和陌生人交談是如此愉快，為什麼大家不這麼做呢？艾普利和施羅德為了解開謎團，招募了六十六位通勤者，其中百分之六十六為女性，平均年齡為四十四歲，受測者要想像上述實驗的三種情境（和陌生人交談、不理會其他人、和往常一樣），體會內心有什麼感受。在上一個實驗中，實際和陌生人交談的受測者有比較正面的通勤過程，但是在這一個實驗中，想像和陌生人交談的受測者，卻預料通勤過程會很糟。

之後，艾普利和施羅德又在芝加哥市中心進行了公車通勤者的實驗。這一次受測者的平均年齡為二十七歲，百分之四十九為女性，結果還是一樣。通勤者預料自己和陌生人交談會是負面的經驗，但實際體驗後都是超級正面的經驗。另一個實驗把場景搬到計程車上，結果還是一樣。如果乘客願意和司機聊天，比起不和司機聊天的乘客，旅途會更愉快，對司機也會更有好感。

後來，艾普利和施羅德又進行了一次實驗。這一次想要確認妨礙人與人互動的因素，是不是害怕被陌生人拒絕。果然是這個原因！

受測者擔心的是，自己落花有意，對方流水無情。受測者預料，如果貿然找陌生人聊天，願意聊一聊的陌生人不到百分之四十七。由此可見，大家把攀談想得太困難，但他們錯了，這其實比想像的更簡單。陌生人都想要聊天，沒有半個受測者攀談遭拒。艾普利和施羅德在論文中寫道：「通勤者似乎都以為，和陌生人交談容易被拒絕，但到目前為止，我們沒有發現這個可能。」

有些讀者看到這裡，可能會半信半疑，我自己剛讀完這些研究時也曾想過：如果你是主動攀談的人，當然會覺得愉快，但那個陌生人呢？他們也樂在其中嗎？畢竟你我都曾有過被陌生人疲勞轟炸的經驗，對方不管你有沒有心情聊天，硬纏著你說個不停。

為了測試是否賓主盡歡，艾普利和施羅德又進行了一個實驗，在實驗室模擬等候室的情境。他們派給受測者一些與實驗無關的任務，讓他們分不清實驗的真正目的。在每一個任務之間的空檔，請受測者到等候室休息。受測者被分成三組，第一組要在等候室找別人聊天；第二組不可以找別人聊天；第三組則隨心所欲。找別人聊天的受測者（包括主動攀談以及被攀談的人），比起沒有聊天的受測者，獲得更正向的體驗。無論是實驗指定要攀談的人，還是自己主動想攀談的人，無論當事人是什麼性格，都獲得比較正向的體驗。

最後，艾普利和施羅德接受BBC委託，將實驗場景搬到英國倫敦，以免大家覺得之前的實驗不公正，畢竟美國中西部的人民比較友善，倫敦人應該沒有美國人那麼期待與人互動吧？但實驗結果還是一樣。艾普利和施羅德表示：「倫敦通勤者原本預期陌生人願意交談的機率只有百分之四十，結果每一位受測者親身嘗試後，都發現旁邊的乘客很樂意聊天。」

施羅德大方秀出他們的問卷，有一位受測者寫道：「結果意外得好！我是倫敦人，不習慣在大眾運輸上和陌生人攀談，但我換車的時候，身旁剛好有一對夫妻，我向他們詢問下一班列車時間，我們因此聊了十分鐘，直到他們的車班來了，那感覺真棒！」另一位受測者表示：「感覺真好！我樂在其中，以後應該多和陌生人聊一聊。」

這些研究結果振奮人心，原來和陌生人聊天比我們想像還要輕鬆愉快，但研究數據也透露了警訊。研究團隊在結論中寫道：「就連沒必要社交的情況，或者社會不允許社交的情況……和陌生人交談都會比自己待著更愉悅，可見……大家對人際互動的誤會可大了。當人類變成高度社交的物種，卻開始忽略人與人的交流，誤以為與其和陌生人交流，還不如要自閉。人明明是社交的動物，卻不為了自己的幸福著想，主動和別人多交流。地球上的人口日益增加，如果再不明白人際互動的好處，恐怕會製造更多問題。」

受測者原本以為，和陌生人互動可能會不順利（難以開啟對話、對方可能會拒絕等），最後卻發現根本沒這回事。當他們實際開啟對話，心情變得更快樂，感受到更強烈的歸屬感。既然如此，為什麼大家不在地鐵上聊天呢？艾普利和施羅德推測，大家並非真的喜歡鴉雀無聲，而是誤以為別人不想聊天，因此預料主動和陌生人攀談，大概會以失敗收場。這在心理學稱為**人眾無知**（pluralistic ignorance），基本上，大家對別人都有錯誤認知。

不過，這背後還有更深層的原因。受測者不僅預料自己會被拒絕，也對於和陌生人交談沒有期待，怪不得最後會如此驚喜！他們萬萬沒想到，陌生人會如此友善、親切和有趣。簡單來說，**我們就是不把陌生人當「人」看**。

施羅德跟我說，地鐵實驗背後的概念很簡單：「你不和周圍的人互動，就是不把他們當『人』看。」換句話說，人類是社交的動物，而你不僅抹煞自己的人性，讓自己失去社交的機會，同時也抹煞別人的人性，因為不和別人說話，就是把他們完整的人性過度簡化。施羅德說：「最好的例子就在大城市，大家把陌生人都視為障礙物。」這會形成惡性循環，既然大城市居民把陌生人看成物品，當然不會和陌生人聊天，也不會想到他們是血肉之軀。雖然我們的頭腦知道陌生人也是人，但我們的行為似乎沒有這種意識。[4]

這就是**次級心靈壁壘**（lesser minds problem），二〇一〇年艾普利和心理學家亞當．魏茲（Adam Waytz）自創的概念，既然我們摸不清別人的想法，「乾脆就假設別人的心靈不如我們複雜，不如我們精深」。我們長期以來低估陌生人的智力、意志力、感受情緒的能力（如自豪、尷尬、羞恥等），怪不得會預料和陌生人的互動不順利，因為我們下意識覺得陌生人胸無點墨。[5]多麗絲．克恩斯．古德溫（Doris Kearns

Goodwin）在關於西奧多．羅斯福（Theodore Roosevelt）的篇章裡，巧妙描繪出人與人交流的動態：

羅斯福連續好幾個星期，都去拜訪莫頓．霍爾（Morton Hall），跟著愛爾蘭裔和德國裔的勞動階級移民一起休閒娛樂，夥同無數的肉販、木工和馬夫，和他們一起喝酒、抽菸，聽他們的故事、和他們打牌，完全沉浸在陽剛味十足的放歌縱酒之中。「我常去那裡，讓那些人熟悉我，也讓我熟悉他們。」羅斯福後來說。「我們形成

---

4 澄清一下，我並沒有評斷任何人。我自己住在紐約市，出門買個午餐，看到前方人行道上，有人走路慢吞吞，走走停停，難道我還要停下來想一想，這些人擁有思考能力或能動性，懷抱著夢想和感受，擁有豐富而獨特的經歷嗎？抱歉，我辦不到。我就是把他們混為一談，看成愚笨又遲鈍的障礙物，而我就是不想看到他們。

5 突然想起，我剛開始寫這本書的時候，我逢人就說，如果你願意和陌生人聊天且完全沉浸在其中，你會發現每個人至少有一件事值得分享，至少有一件事！但我現在覺得，我這種說法還是太高姿態了，我向全世界道歉！

共同的語言，不自覺就忘了布雷特．哈特（Bret Harte，美國十九世紀作家）所說的，『陌生人就是有缺陷』。」

每個人都有次級心靈壁壘，尤其是面對與自己不同背景的陌生人，亦即**外團體**（**out-group**），包含不同的種族、國籍或黨派等。[6]學術研究發現，我們總認為外團體的思考力、感受力或自我控制力不如我們。卡爾頓大學（Carleton University）心理學家麥克．沃爾（Michael Wohl）展開一項研究，向加拿大受測者發出一則假消息，聲稱阿富汗軍隊為了火力誤傷事件道歉，但這則消息並未達到預期效果，因為受測者心中早已認定阿富汗人不可能會有罪惡感。次級心靈壁壘通常隱而不顯，歷史上的例子太多了，一旦遭到挑釁，次級心靈壁壘就可能展露醜陋的一面（待會再來探討）。

永遠不把別人當人看，顯然不太好，對人類文明進步也是致命傷。我們該如何解決這個問題呢？施羅德這樣說：「既然我們看事情的角度失能了，那就和對方坐下來，展開有意義的互動，過程中就會用到語言。這就是語言誕生的原因，語言的存在有其社交意義，可以理解別人內心的想法。」

換句話說，和陌生人交談，問題就解決了。

好了，我們回來珊德斯特倫的研究。她的開創性研究吸引國際媒體注意，於是她深入探討為什麼人們不善用這個「唾手可得的幸福泉源」。根據艾普利和施羅德的推測，這是次級心靈壁壘和悲觀心態在作祟，拉開了人與人的距離。珊德斯特倫倒是提出更簡單的解釋：人們只是不知道該怎麼做。

這其實是她與倫敦團體合作的心得。「跟我說說話」（Talk to Me）創立於二〇一二年，創辦人是兩位女性，分別是波麗・阿克赫斯特（Polly Akhurst）以及安・唐・波斯可（Ann Don Bosco）。這個組織發送「跟我說說話」的徽章，當你把徽章戴在身上，別人就知道你想在公共場合聊天。這個組織也在酒吧、公車站牌等公共空間設立「說吧」（talk bar）。除此之外，也提供聊天問題大全，讓大家不怕沒有話題可聊。

---

6 一位社運分子出於善意，向人類學家霍坦斯・鮑德梅克（Hortense Powdermaker）提問，好奇他在新幾內亞原住民部落的日子：「原住民和一般人沒有兩樣吧？原住民接受別人的善意，也會衷心表達感謝吧？」

大多數人可能會認為，倫敦人一定對此抗拒到底，畢竟這違反了倫敦人神聖的社會規範，但阿克赫斯特卻說效果立即可見：「有人說，倫敦感覺不一樣了。看見陌生人**真實的樣子**，就覺得倫敦安全多了。」

二〇一四年，「跟我說說話」獲得國際媒體的關注，唐．波斯可主動聯絡珊德斯特倫，邀請她一起合作。珊德斯特倫也有這個意願，於是他們開始思考可以做些什麼。珊德斯特倫說：「有一天，我靈感突然湧現，當時我在彈鋼琴，有一個念頭一閃而過：**大家只是不知道該怎麼和陌生人聊天。**」她隨即拿出手機，記下工作坊的細節，她要教大家如何和陌生人閒聊。

珊德斯特倫總共舉辦了六場工作坊，除了宣導和陌生人聊天是多麼有益和有趣的事情，她自己也趁機歸納出「恐懼清單」，也就是妨礙對話的因素，結果與艾普利和施羅德的研究不謀而合。工作坊學員主要的擔憂有：擔心別人並不想和他們聊天、擔心得不到別人的允許、擔心自己不會收尾，也擔心無法樂在其中，再來是擔心和陌生人聊天會不自覺吐露太多私事（根據我的經驗，這應該是英國人最大的恐懼）。後來，珊德斯特倫和同事分析了七份調查，證實這些恐懼不分男女，但如果是個性害羞或有社交恐懼症的人，恐懼感會更強烈。

從此以後，珊德斯特倫開始善用技巧，幫學員克服和陌生人交談的恐懼。她建議每位學員，順著自己的好奇心，去發現別人的特殊之處，進而讚美別人，向別人提問。但她仍期許工作坊的學員「從做中學」，當他們跨出第一步，能夠和別人聊天時，自然而然就會知道該怎麼聊。一開始，難免會支吾其詞，冷場尷尬。珊德斯特倫會鼓勵學員挑一個沒聊過的人，直接上前攀談。一旦克服最初的困難，之後就駕輕就熟了。她說：「沒多久，他們就聊了起來，甚至聊到停不下來，太棒了，連我也無法阻止他們，我就喜歡這樣！」

二〇一八年，珊德斯特倫加入心理學家埃里卡．布斯比（Erica Boothby）的研究團隊，一起進行無數的實驗，實驗地點遍及實驗室、大一新生宿舍、社區的個人成長工作坊等，總之就是讓受測者有機會和陌生人互動，隨後受測者會回報自己對陌生人的好感度，以及推測陌生人對自己的好感度。

他們的研究團隊一再發現，個人感知和現實是有差距的，大多數的受測者以為自己喜歡陌生人多一點，陌生人喜歡自己少一點，尤其是個性害羞的受測者，特別容易有這種錯覺，研究團隊稱之為**好感差距**（liking gap），這就不難理解為什麼大家害怕和陌生人交談了。只要你認定對方沒那麼喜歡你，即使聊天過程很順利，你也不會再去找陌生人聊天，也就享受不到和陌生人交談的好處，除了幸福感和歸屬感會瞬間激升，還有一些長期效益，例如認識新朋友、開啟新戀情、找到生意夥伴等。研究團隊做了這樣的結論：「人與人的對話，可以把陌生人變朋友，把約會對象變另一半，化面試機會為工作機會，但開啟對話或維持對話之所以這麼難，是因為大家低估對方對自己的好感度，完全沒想到對方也很享受自己的陪伴。」

為什麼會有這種差距呢？問題就出在長久以來的社會規範，以及自己的社交恐懼症和對陌生人的誤解。與陌生人之間的對話，容易陷入「客套的共謀」，雙方都隱藏自己真實的感受，於是讀不懂對方的心思，這絕對比和熟人聊天更費神，你不清楚對方是怎樣的人，所以要聽得更仔細，記住他所說的話，思考你要說的話，並設想對方聽了會怎麼想。[7]因為你在交談上耗費了很多心力，所以往往會忽略對方釋出的善意。你甚至以為自己內心的想法和感受（例如尷尬或不安），對方都看在眼裡，但其實對方沒那麼在意。

更何況，我們往往會和自己的最佳表現做比較，以為別人也這樣吹毛求疵，但弔詭的是，人就是律己甚嚴，待人甚寬，次級心靈壁壘倒成了神助攻，降低我們對陌生人的期待。於是，我們自我期待太高，對自己的行為常感到失望，但是對於別人卻沒有期待，以為對方愚笨無用，最後卻發現原來對方**是一個有思想、有感受的血肉之軀**，當然會很驚喜。我們還真是嚴以律己啊！

珊德斯特倫持續進行研究，她發現和陌生人聊天的阻礙，除了擔心自己無法勝任（這點比較好解決），還有一個隱匿的敵人，那就是社會規範。社會規範羅列了我們不該做的事情。至於文化的阻力或助力，稍後還有深入探討[8]，現在先介紹一些，讓大家

---

7 心理學家奧斯卡·伊瓦拉（Oscar Ybarra）從兩份調查發現，和陌生人聊天確實會提升認知功能，原因就在於這件事跟運動一樣有難度。

8 如果是在芬蘭，有幾個因素會妨礙人與人交談，包括多元性、擔心傳染病、貧富差距、大城市的生活作息、公共建築設計不佳、居住地等。

有一點概念。

二〇一三年，珊德斯特倫在倫敦泰德現代美術館（Tate Modern）進行實驗，親眼見證社會規範如何妨礙我們和陌生人交談，只可惜這份研究最後沒有刊載。她要求志願者在渦輪大廳主動找其他參訪者攀談，一起討論展覽品。這些志願者在事先並未了解展覽品，也不知道對話該如何進行，只知道要詢問對方看了展覽品有什麼想法或感受。

研究團隊訪談志願者及其對談者，結果發現每一位對談者和陌生人交談過後，都和這場展覽、其他參訪者，甚至全人類建立了更深的連結；志願者也比起沒有交談的人，感到更快樂和感受到更深的連結。珊德斯特倫回想起一位志願者的心得：「這比我想像的還要順利，沒想到大家會樂在其中。」可是，當珊德斯特倫詢問他：「未來還會主動和陌生人攀談嗎？」志願者連忙說不。珊德斯特倫推測，這是社會規範在妨礙大家和陌生人交談：「志願者參與這項研究，徵得與別人攀談的許可，但若是沒有許可，她死也不做。」

珊德斯特倫的實驗很成功，可惜大家只會和陌生人交談這一次，所以她開始想辦法推翻社會規範，否則每一位參與者徒有正面的體驗，卻無法細水長流。她說：「當你詢問受測者，下次還要不要和陌生人攀談時，他們又開始焦慮了。」她想營造一個特殊的環境，讓大家能不斷和陌生人交談，一旦習慣成自然，就會擺脫常有的恐懼和社會阻礙。她的招數就是「讓大家**拚命練習**對話」，練習的次數夠多，終會克服焦慮，而時間久了，就會改變習慣。

二〇一九年，珊德斯特倫運用一款名為 GooseChase 的手機 APP，設計了一個尋寶遊戲，總共招募九十二位民眾，每個人都拿到一張人物清單，包含面帶微笑的人、文青風的人、手上大包小包的人、傷心的人、親切的人、時髦的人、運動風的人、身上有刺青的人、領帶醒目的人等，這些是受試者要攀談的對象。珊德斯特倫在指派任務之前，要求受測者設想下列幾個問題：陌生人想和他們交談的程度？他們要經歷多少次失敗，才會遇到願意交談的陌生人？開啟對話或維持對話的難度有多高？對話可以維持多長的時間？果然，受測者都不抱期待。珊德斯特倫表示：「大家對於和陌生人交談，抱持著極度悲觀的想法。」

每個人至少要交談一次，並回報交談的經過，你大概猜得到初步研究發現，受測者只有百分之二十四預料自己會一舉成功，但最後卻有高達百分之九十的受測者第一次和陌生人攀談就上手，而且交談時間還是預期的兩倍長呢！

令珊德斯特倫好奇的是，如果對話次數越多，會不會修正民眾的悲觀心理。她從美國和英國各挑選一所大學，共招募二百八十六位受測者，其中包括二百零九位女性、七十五位男性，以及兩位不願透露性別者，平均年齡落在二十歲。她把受測者分成兩組，第一組連續五天都要找陌生人攀談；第二組只要從尋寶遊戲APP的清單中挑選交談的對象，並不用真的去攀談。

實驗結果相當引人注目。受測者萬萬沒想到，和陌生人開啟和維持對話竟是如此簡單，每次對話時間都是他們原本預期的三倍。有百分之八十二的受測者表示，他們從交談中學到新東西，整個過程很開心，也和陌生人建立了關係；而有百分之四十二的受測者和對方交換聯絡方式，彼此成了朋友，並開始約會，一起喝咖啡。很多受測者都覺得認識新朋友很棒，珊德斯特倫料得沒錯，受測者對於和陌生人交談不再那麼悲觀，他們心中的期望越來越貼近現實。經過一個禮拜的尋寶遊戲，受測者對自己的交談能力更有信心，也沒那麼害怕被拒絕。

珊德斯特倫讓我看了受測者的心得，我發現有幾位大學生的感想太深刻，已經超乎他們的年齡。

- 大部分的交談對象都深得我心……原來和陌生人交談，竟然比和朋友聊天容易，因為陌生人不清楚我的疑難雜症。雖然只是寒暄一下，卻帶給我好心情，因為你會發現別人也有不順遂的日子、也有看不慣的天氣。
- 我覺得經過這個任務，我以後對別人會更親切一點，否則以前的我才不會主動找人聊天。雖然彼此只是聊幾句，但我感覺自己更開心，也更滿足了。
- 陌生人大致都很友善，也很願意幫忙。
- 我平常很享受獨處，喜歡自己一個人，但我最近有一點想念人際接觸，我似乎忘了怎麼交朋友，還好有這個研究計畫提醒我，大多數人都很友善，只要你願意踏出去。
- 我和這個世界的連結變多了，也發現周圍的人更親切了。這些談話很棒，雖然有時候我會無話可說，但陌生人會試著暖場，讓我好感動。
- 這次的經驗太美妙了……我是這學期新來的交換學生，幾乎不認識當地人或其他同學（除了一些交換學生）。這個研究計畫會幫助「外來者」和社群連結，順便舒緩我的思鄉之情（哈哈！）……我和從未聊過的同學交談，也結交了幾個新朋友，以後上課還會再遇見。很感謝你們，給交換學生這個機會！

- 我遇見一個好女孩，態度超級友善。結交新朋友的感覺，就是這麼棒！
- 結交新朋友，就是這麼簡單！
- 我遇見的那些人，我覺得我們會成為好朋友。我竟然還在女生廁所交到朋友！
- 新朋友萬歲！

這些經驗當然和大學的情境有關，這次實驗的受測者有一些共通點，包括年齡相仿、過著校園生活、共用廁所等。儘管如此，研究結果還是振奮人心。珊德斯特倫表示：「看到很多人交到新朋友，我超開心的！但我真的沒想到，現在的學生會有交朋友的問題。」

新冠肺炎疫情爆發後，珊德斯特倫又進行了一個實驗，這一次她想知道的是，和陌生人交談能不能治癒孤獨。孤獨本來就是嚴重的社會問題，現在因為疫情而更加惡化。她請學生透過Zoom、Google Hangout等視訊平臺和陌生人聊天，一如往常，她先詢問受測者幾個問題，例如你覺得和陌生人聊天的難度有多高？你覺得可以聊多久？這次她還多問了幾個新問題，例如你覺得一般人有多友善？你有多孤單？有多孤立？有多少人際連結？即使是透過線上視訊平臺，受測者仍覺得和陌生人聊天比想像中容易，交談時間也比想像更長，和陌生人交談後覺得沒那麼孤單和孤立，更願意相信大多數人都是和善的。

我讀了那些受測者的心得，不時想起我每次和陌生人交談完，那一種如釋重負的感覺。**為什麼我和陌生人聊得很愉快，會有如釋重負的感受呢？**我問了珊德斯特倫，她想了一下，這樣回答我：「那種如釋重負的感覺，是因為你曾經相信這世界是個可怕的地方，可是當你和陌生人聊一聊，從頭到尾都很順利時，你不禁心想，**這世界沒有那麼糟嘛！**」這段話令我想起妮可的故事，雖然她從小怕東怕西，但灰狗巴士療法趕走了她的恐懼。

我們不禁反思這個大問題：**為什麼呢？**為什麼尋常短暫的互動，竟會如此美好？為什麼我們要排斥和陌生人交談？為什麼每次想到要和陌生人交談就擔心、害怕，但實際和陌生人交談後，卻覺得自然不過？答案很簡單，**因為這才是我們該有的樣子！**這不僅是人類長時間演化的結果，也是人類能夠進化的原因。自古以來，人一直在和陌生人互動。

人類從很早以前，就開始遇見陌生人，不再逢人就殺，不再逢人就避。從陌生人身上學習，和陌生人做生意。我們享受陌生人的資源和陪伴，充分利用與陌生人的關係，認識遠在天邊的鄰居，享受他們的資源、能力和想法。人類文明誕生了，一種全新的物種誕生了，人類開始期待和陌生人聊天、和陌生人打招呼、和陌生人眼神交會。人類這種生物，只要處於最佳狀態，自然而然想要認識新朋友，這就是科學家所謂的「驚人的演化反常」，人類成了超強合作力人猿，自然界難得有野獸願意和陌生的同伴一起工作和居住。

如果你好奇人類始祖有什麼樣的遭遇，才演化成現在這個樣子，我們一起去一趟美國喬治亞州，那裡有位女士會和大家聊一聊黑猩猩。

Chapter 3

對他人展示善意，也助於生存

人類在演化上有兩大近親，一個超愛陌生人，另一個遇到陌生人就暴怒。從牠們的演化過程，可以洞悉人類的演化歷程。

喬伊絲．柯恩（Joyce Cohen）博士是耶基斯國家靈長類研究中心（Yerkes National Primate Research Center）動物資源部副主任，這個機構隸屬於美國喬治亞州亞特蘭大的埃默里大學（Emory University）。她偶爾要帶黑猩猩去認識陌生的同伴，可能是牠原來的群體中有黑猩猩死亡，其餘的黑猩猩要打散到其他群體，也可能是研究中心正在規劃資深特區，打算把年長的黑猩猩集中管理，或者是研究中心有區域正在整修，只好暫時把所有黑猩猩集合起來，以便騰出更多空間。無論是哪個原因，研究人員都要小心為妙，因為黑猩猩看到陌生的同伴，可是很容易暴怒的。

「這需要來回溝通無數次。」柯恩博士停頓了一下，回我一記冷笑。「我是說照顧黑猩猩的人啦！」這些人包括每天和黑猩猩相處的飼養員、提供黑猩猩醫療服務的獸醫，以及瞭解黑猩猩性格的行為管理師。整個團隊會收集特定黑猩猩的所有資料，列出適合配對的名單，搜尋特定黑猩猩與其他黑猩猩相遇的相關紀錄。然後，他們再來考慮關係結構。如果把黑猩猩 A 放在群體 B，對於既有的權力結構有什麼影響？多了這個新成員，同盟關係會不會受影響或遭破壞，或者形成新的同盟關係？柯恩博士說：「黑猩猩的社會很在乎誰是同夥。如果你和別人起衝突，誰會站在你這一邊？所以我們要小心分群。」

先讓外來者和群體的其中一個團員建立關係，這樣比較好融入。那位團員會願意為牠擔保，就像人一樣，只是有時候，工作人員別無選擇，仍會直接把外來者安插到群體中。至於這種情況，柯恩冷冷的說：「難度很高。」

工作人員為了避免騷亂，仍會盡量從群體中挑選一隻黑猩猩，會一會新來的黑猩猩，希望雙方相處過後，有可能形成同盟關係，幫助外來者融入大群體。兩隻陌生的黑猩猩，絕不會關在同一個房間，而是分別關在兩個相鄰的圍欄，圍欄與圍欄之間有「小門」，可能是透明的隔板，也可能是有洞的隔板，總之，兩隻黑猩猩能看得見彼此。

科學家在一旁觀察，柯恩博士表示：「如果出現高度攻擊行為，我們會重新思考策略。」但如果兩隻黑猩猩看見對方也覺得無妨，經過一段時間，工作人員會在小門開個小縫，讓兩隻黑猩猩可以手指碰手指。如果很順利，工作人員會讓兩隻黑猩猩面對面，有些黑猩猩會開始建立連結，發出開心的喘噓聲，或者互相擁抱。如果是這樣，工作人員會考慮讓兩隻黑猩猩相處幾天或一個禮拜，建立更深的連結。如果這個也達成了，工作人員會從群體中再挑一隻黑猩猩，讓三隻黑猩猩組成小小的同盟，但也可能讓外來者和其他黑猩猩單獨相處，把上述流程再進行一遍。如果兩隻黑猩猩處不好呢？工作人員有可能將兩隻黑猩猩分開，一切重新再來，也有可能讓黑猩猩自行解決。黑猩猩可能會大吼大叫，跳到對方身上，或者互咬互打，摸索彼此之間的關係。如果情況好一點，雙方會達成和解，做出握手、輕拍或擁抱的姿勢。柯恩博士表示：「有時候黑猩猩會自己找出路，那就無妨。」但有時候不是這樣啊！

她說：「那就糟了！會有黑猩猩死掉的！」[9]

如果換成另一種黑猩猩，會發生什麼事呢？倭黑猩猩，又稱巴諾布猿（Bonobo），牠的基因幾乎和黑猩猩相同，所以與人類差不多。可是倭黑猩猩的行為模式有別於黑猩猩，在野外生活時，不僅會和其他群體混居，還會和不認識的倭黑猩猩分享食物。由此可見，對倭黑猩猩來說，與其和自己的群體相處，還不如和陌生人相伴。

幾年前，杜克大學的布萊恩．黑爾（Brian Hare）和譚景致（Jingzhi Tan，音譯）等人組成研究團隊，在剛果民主共和國的蘿菈亞倭黑猩猩保護區（Lola ya Bonobo Sanctuary）展開一系列實驗，確認倭黑猩猩是不是喜歡和陌生的倭黑猩猩混在一起。他們把一隻倭黑猩猩安置在糧食充足的籠房，可以通往另外兩間籠房，一間關著牠不認識的倭黑猩猩，另一間關著跟牠同一個群體的倭黑猩猩。牠可以選擇自己吃光食物，也可以選擇打開門，跟朋友或陌生人分享食物。

結果呢？倭黑猩猩不只愛分享，而且還是**喜歡和陌生的倭黑猩猩分享**，之後改變實驗設計，依然屢試不爽。每一次，倭黑猩猩都選擇分享食物，而且是偏好和陌生的倭黑猩猩分享，但如果沒機會遇見陌生的倭黑猩猩，就會自己吃光所有的食物。這點和黑猩猩完全不同，倭黑猩猩毫無攻擊行為，甚至可以接受陌生的一方數量比較多。二〇一三年研究團隊寫道：「這有別於野生黑猩猩的排外行為。如果是黑猩猩遇到陌生的一方數量比較多，便會直接速速撤退。」

為什麼倭黑猩猩會這樣呢？原因很簡單。以倭黑猩猩來說，對陌生的倭黑猩猩慷慨大方，利大於弊，每一隻陌生的倭黑猩猩都有可能變成朋友。倭黑猩猩還真是務實呀！人類建立人際網絡也是同樣的道理。人想要建立連結，擴大社交圈。譚景致表示：「自從你遇見陌生人的那一刻起，陌生人便有可能是你未來的朋友或盟友……你當然想善待未來對你而言重要的人。」

如果黑猩猩和倭黑猩猩的基因幾乎相同，為什麼倭黑猩猩對陌生的一方會如此熱

---

9 柯恩博士的團隊做得很棒！她在耶基斯國家靈長類研究中心任職的十五年期間，並沒有黑猩猩因此死亡。

情，而黑猩猩卻如此敵對？答案就藏在蜿蜒的剛果河畔。黑猩猩和倭黑猩猩有共同的祖先，卻在二百一十萬年前至八十七萬五千年前分支了。根據哈佛大學靈長類動物學家理查．藍翰（Richard Wrangham）的說法，一開始發生在更新世冰期，地球的氣候開始變冷、變乾。降雨趨緩，使得剛果河逐漸乾涸，水位低到黑猩猩得以渡河的地步，這可是牠們以前做不到的事，有的黑猩猩就這樣渡河了。渡河之後的那一區也有大猩猩，但因為大猩猩的食物在山區，並沒有遷徙到對岸。

經過幾個世代，雨量終於恢復正常，剛果河的水位回升，河水再度把黑猩猩分隔開來，剛果河兩岸再度長滿了植物，可是有一個最大的差別，已渡河的黑猩猩必須和大猩猩爭奪地盤，另一邊的黑猩猩則獨享一大片土地，生活比較安逸，於是演化成倭黑猩猩。倭黑猩猩不用為三餐煩惱，反觀黑猩猩除了必須和大猩猩競爭食物，還必須獨自長途跋涉覓食。

藍翰說，黑猩猩習慣獨自覓食，為雄黑猩猩製造可乘之機，雄黑猩猩會鎖定落單的雌黑猩猩，強迫其與之交配，以致最有攻擊性的雄黑猩猩，最有機會達成交配。長期下來，黑猩猩群體當然會選擇最具攻擊性和握有主控權的雄黑猩猩當王。倭黑猩猩就不同了，牠們不用長途跋涉覓食，雌倭黑猩猩一起待在家附近，社會關係較緊密，也有數量上的優勢，可以抵禦雄倭黑猩猩的攻擊。

雌倭黑猩猩握有的權力，比雄倭黑猩猩還要大，在選擇交配對象的時候，偏好攻擊性較小的雄倭黑猩猩，於是形成母系社會，性格溫馴。雄倭黑猩猩和媽媽感情好，不太會強迫雌倭黑猩猩交配，也不會阻止其他雄倭黑猩猩交配。雄倭黑猩猩從小到大，沒看過互相殘殺的場面，一旦關係緊張，也只會透過嬉戲和性愛來解決；黑猩猩則會巡邏邊界，奪取外團體的領土，一有正面對峙的機會，通常會殺掉對方。倭黑猩猩和外團體的關係，可以是正面的、嬉鬧的，甚至可以發生性關係。倭黑猩猩隨時都可以分享，但黑猩猩不喜歡分享，就連對自己的孩子也一樣吝嗇。雄倭黑猩猩也比雄黑猩猩多子多孫，因為雄倭黑猩猩不把時間浪費在打架和耍手段上。如果要把外來者引進黑猩猩的群體，那確實傷腦筋，可是若換成倭黑猩猩就容易多了。黑爾表示：「倭黑猩猩沒有這個問題，就連幼小的倭黑猩猩也可以輕易融入新的群體。兩個內有雄性倭黑猩猩的群體，即使分開數週、數月或數年，也可以透過玩耍和性愛重新恢復連結。」

黑猩猩仍是群居動物，有感情基礎，會互相幫助，性格聰明，懂得合作（至少在自己的群體裡），但關係比較緊張，以利益交換為主。黑猩猩的同盟關係很重要，卻會無預警地說變就變。一九七八年，傳奇靈長類動物學家珍・古德（Jane Goodall）在坦尚尼亞貢貝保護區親眼目睹驚悚的一幕，有一群黑猩猩莫名其妙消滅了另一群黑猩猩，襲擊了一對黑猩猩母女，還吃掉十隻剛出生的黑猩猩寶寶。珍・古德當時和《科學新聞》（*Science News*）說：「我一直以為黑猩猩（比人類）親切、溫柔，現在我才明白，黑猩猩竟然和人類這麼像。」[10]

黑猩猩和倭黑猩猩的差異，不只是在行為，長相也有一點不同。靈長類動物學家法蘭斯・德瓦爾（Frans de Waal）同時研究黑猩猩和倭黑猩猩，他發現：「黑猩猩是肌肉結實的運動家，但倭黑猩猩則像極了讀書人。倭黑猩猩有細長的頸子、如鋼琴家般修長的手指，看起來就是知識分子，而不是運動健將。」話說倭黑猩猩雖有「知識分子」的外表，腦袋卻比較小，不過雄倭黑猩猩的臉龐確實比較柔美。倭黑猩猩與黑猩猩相較，頭骨較短而寬，犬齒較小，嘴唇和尾巴的顏色也比較淺。倭黑猩猩體內的血清素較高，所以比較不具攻擊性，而且倭黑猩猩腦部的灰質區比較大，可以感受別人的痛苦並控制攻擊衝動。雄黑猩猩過了青春期，體內睪固酮的濃度高（會把分享看成冒險的行為），反觀雄倭黑猩猩體內的睪固酮極低。

倭黑猩猩的生理特徵，正是科學家所謂的「馴化症候群」，通常會出現在家畜身上，例如愛人類豢養的銀狐、狗和天竺鼠等，其攻擊性比沒有馴養的野生種更少，也更友善和更愛玩，但倭黑猩猩格外特別，因為倭黑猩猩是自我馴化，並沒有人去馴化牠們，而是**自願展示善意**，因為這樣對生存最有幫助，可說是一種適應環境的策略，還有另一種猿猴也是如此，那就是**我們**。

10 可是人類在防禦的時候，通常會努力克制不吃別人的孩子。

還有另一種猿猴，經過長期演化，也可以和陌生人坐下來，盡情享受連結。一切多虧了三個因素：天氣、肉和謀殺。

Chapter 4 人類結交朋友的歷史

幾年前，我在曼哈頓地鐵第二大道線月臺候車，見證暖心的一幕。一位白人母親，年約三十歲，推著嬰兒車正要下樓梯，這時有一位黑人青年和其女友迎面而來。在紐約市地鐵站推著嬰兒車下樓梯，應該是司空見慣的事情，但黑人青年看到了，立刻衝向前扶住嬰兒車，而白人母親也接受他的幫忙。年輕人舉起嬰兒車，那位母親抓住後側，兩人合力把嬰兒車扛下髒兮兮的樓梯（紐約市地鐵站的樓梯都是這副鬼樣，一堆刮痕和水漬）。

那對母子和年輕人下樓的時候，F線電車剛好進站，年輕人的女友因著急而不耐起來。就在他們走完最後一階臺階，車門剛好關起來，女友的不耐瞬間化為憤怒。年輕人把嬰兒車輕放在月臺上，嬰兒的母親向他道謝後，隨即離開。女友開始數落他錯過上一班車，這時候有一位西裝筆挺的老人，經過他身旁，對他說：「年輕人，好樣的！」我也做了和老人相同的事，我對年輕人說我的孩子剛出生，直誇他做這件事很有意義。我之所以這麼說，一方面就像老人說的，年輕人確實做了一件好事，另一方面是看到他笑容滿面，不忍他被女友責備。我們聊了一下子，下一班車進站了，車門一開，那對情侶就揚長而去了。

我說了，在紐約市地鐵站推著嬰兒車下樓梯，應該是司空見慣的事情。平均每四點四分鐘就有一位嬰兒出生，全紐約將近五百個地鐵站，只有四分之一設置了電梯。現在我們停下來想一想，年輕人幫了一位陌生女性，與自己不同的性別、種族和年齡，而且以前從未謀面，未來也不會再相見，畢竟紐約市有八百四十萬個陌生人，全美國有三億二千八百萬個陌生人，奉行極度病態的個人主義，歷史上還有種族歧視的紀錄。當然，這兩人在外表上仍有共通點，例如雙方都穿著西式服裝；無庸置疑都知道紐約大都會運輸署越做越差；雙方都沒有鬼吼鬼叫，也沒有持鐵鎚攻擊乘客。

儘管如此，他們仍是陌生人。年輕人幫這個忙，付出兩個成本。第一個是時間成本，他可能會遲到；第二個從生物學出發，坦白說，他在揮霍自己傳遞基因的機會，在自然界尤其如此，每一次競爭都是為了繁衍後代。如果這三個人換成黑猩猩，整個局勢會大翻轉，母親可能遭受攻擊，嬰兒可能被吃掉，以致樓梯變得更髒亂。

為什麼年輕人要出手相助呢？十八世紀思想家亞當．斯密（Adam Smith）認為，人人天生都希望自己「值得稱讚」。那位年輕人確實值得讚揚，但是聽到兩個陌生人和一個死經濟學家說「好樣的」，卻被女友指責，似乎沒什麼安慰效果。我們先把這個例子暫時擱著。

為什麼有人會幫助陌生人呢？演化科學家和哲學家苦思多年，稱之為**利他主義悖論**（altruism paradox），這是人類經驗的共同特徵，有助於探討人類和陌生人的特殊關係。如果人類演化只追求適者生存，只偏袒自己和近親，不惜一切也要把基因傳遞給下一代，那我們怎麼有可能經常耗費時間、心力和金錢（甚至甘願冒著生命危險），幫助以前從未見過、未來不會再見也不可能回報的人？這些年來，經濟學家認為這種情況是特例（家族之間的利他主義，一不小心外溢到朋友和陌生人，就好像笨手笨腳的服務生端湯，有可能不小心滴出來），或者是算計過的結果，我們是基於自私和理性才這麼做，經過理性計算之後，發現利他反而會利己。

如果你閱讀本書一陣子後，聽到人類是理性的動物絕對會立刻笑出來，但這種從悲觀角度出發的人性觀點，一直受到很多人支持，怪不得大家老是說人難免會墮落，包括亞當和夏娃、潘朵拉的盒子、湯瑪斯·霍布斯（Thomas Hobbes）所謂的自然狀態（所有人對所有人的戰爭），就連十八世紀傳教士喬納森·愛德華茲（Jonathan Edwards）也說了，人類的行為令上帝痛心不已，《絕命毒師》（*Breaking Bad*）、《副人之仁》（*Veep*）等影集也是在宣傳這個概念，一再強調人心是無可救藥的自私和可怕。人類文明的成就，再怎麼高雅和守法，都只是一塊易碎的岩殼，搖搖欲墜，因為底下是卑鄙、貪婪和暴力的大汽鍋。人類歷史上，確實不乏這樣的例子。

我當然也知道人類互相殘殺可以做到多麼殘忍。我是愛爾蘭裔的波士頓人，我們這個族群最出名的就是在永援聖母（Our Lady of Perpetual Antagonism）的聖殿做禮拜。我又住在紐約，有整整五分之一的時間都在怒斥別人，包括擋在地鐵車廂門口卻不下車的乘客、拿著高爾夫球傘走在擁擠人行道上的路人、不好好遵守交通規則的駕駛人等。

這些人的行為，一再證明愛德華茲說得沒錯。

因此，我根本不認為人類是溫馴的動物（如同倭黑猩猩自我馴化，喜愛親近陌生的倭黑猩猩）。[11]我剛聽到人類是溫馴的動物這個說法時，第一個念頭是這也太諂媚、太天真了吧！但是反過來一想，我們不覺得人類溫馴，可能是標準太高了。我在地鐵車廂上遇到粗漢，頂多只是互罵幾句，如果換成五十隻黑猩猩在地鐵車廂裡，應該會發生大屠殺吧！

自我馴化是一個關鍵的概念，能夠解釋為什麼人類可以和陌生人同住，為什麼人類和陌生人聊天會如此愉快，可見和陌生人連結是人類的本能，這項能力是人類不自覺適應環境的結果，因為和陌生人交談具有演化優勢，所以每次這麼做，就會獲得獎勵。為了探究人類演化的過程，我們暫且把那位年輕人留在地鐵月臺，祝他一路順風，現在要回到人類久遠的歷史。

這段歷史大約始於二百五十萬年前，同樣是在更新世冰期，倭黑猩猩也是在那時候分支出來的。隨著氣溫降低和雨量減少，人類遠古的始祖只好離開森林，前往廣大的乾草原，猶如亞當和夏娃被逐出伊甸園，突然來到陌生的國度，到處潛伏著掠食者，還要不斷忍受饑荒和乾旱。在這種環境生存很辛苦，人類需要全新的社會關係，才能夠成為現在這個樣子。

首先，這和食物有關，大約在二百萬年前，或者更早以前，人類原本只會撿拾大型動物屍體，後來才開始自己狩獵。[12]吃肉的好處多，肉是高營養、高脂肪的食物，只可惜很費力。一望無際的大草原，人類無所遁形，容易淪為掠食者的獵物，還要與獅、虎、

---

11 啟蒙運動思想家約翰·弗里德里希·布盧門巴赫（Johann Friedrich Blumenbach）也有類似的看法。他說，人是溫馴的動物，為了馴服其他動物，這個物種率先脫離野性，隱藏原始野性，久而久之就變溫馴了。人的溫馴是天生的，被大自然選為最溫馴的動物，反觀其他動物都是透過人，才達到極致的馴化狀態。由此可見，人是唯一靠自我馴化的動物。

12 目前尚不清楚確切的時間點，近年來都認為是**巧人**（第一個出現的**人屬**動物）開始撿拾大型動物屍體，把肉類納入人類的飲食中，但還要再過一百萬年，人類才開始自己狩獵。近期肯亞有一份研究顯示，有些人早就會用石器狩獵；再來是二〇一一年，在肯亞圖爾卡納湖（Lake Turkana）發現一整套出自三百三十萬年前的工具，比早期人類早了數十萬年。

豹等貓科動物、鬣狗等爭奪獵物和動物屍體。人為了生存絕對要成群結黨。**巧人**（Homo habilis）是最早出現的**人屬**（Homo）物種，大約誕生於二百五十萬年前。英國人類學家史蒂芬．米森（Steven Mithen）寫道：「巧人只有一百五十公分，體重頂多五十公斤，只會投擲石塊，根本不可能和鬣狗近身肉搏，所以群居生活是必要的。」最後演變成我們現在所知的狩獵採集者或流浪覓食者，亦即地球上最古老的人際結構，在人類歷史中占了百分之九十九之多。

多吃肉會促進身體和頭腦的發育，大約在一百五十萬年前，更高大、更聰明、更長腿的**直立人**（Homo erectus）開始到處移動。古人類學家瑞克．帕茲（Rick Potts）負責統籌史密森尼國家自然歷史博物館的人類起源領域，他曾經寫道：「這是人類首度完成大群體的流浪。」**直立人**有一雙長腿，還有機會吃肉，比起短腿又挑食的動物，當然更有生存優勢。在當時，不管什麼肉都很值得吃，否則亂吃路邊的野草和蕈菇，最後怎麼死的都不知道。

就算人類覓食的時候，懂得躲避掠食者，但獵殺大型動物有賴運籌帷幄，包括追蹤和獵殺、把獵物拖回營地、宰殺、準備和分配等，這些工作關係到後勤和社會的問題，超過其他動物的理解範圍，還好人類始祖學會了合作，堪稱一大創舉。大多數猿猴都是獨自採集食物，但早期人類竟學會團體行動，因為他們別無選擇。杜克大學發展心理學家麥可．托瑪塞羅（Michael Tomasello）做過不少猿猴和人類的演化研究，他認為：「如果合作失敗，並沒有後路可走。人只好每天都和別人合作，不然就等著餓死吧！」

我們對人類始祖一知半解。誠如科學家所言，人類始祖的行為並不會變成化石供我們研究，狩獵採集者也不會把對話備份，但近期有一些狩獵採集社會的田野調查，讓我們有機會一窺端倪。人類學家金．希爾（Kim Hill）自一九七〇年代開始駐紮在巴拉圭東部森林，針對阿奇人（Aché）展開田野調查，提到阿奇人的社會是怎麼分享食物的：

煮肉的時候，年長的男性（並非狩獵者本人）通常會負責分割肉片，或者分成幾堆肉，另一位男性在旁邊幫忙，並負責唱名，呼叫每一個家庭來領肉。有些人會在旁邊提醒，還有哪個家庭沒分到肉（沒拿到的人不會主動說，都是靠別人提醒）。每一個成人都會分到等量的肉，但狩獵者通常不吃自己的獵物，雖然他的妻子和子女會吃，但也是和其他人一樣，不多也不少。

人類學家在全球都有觀察到這種狩獵採集文化，只是各地可能不太一樣。這就是我們與猿猴不同之處，黑猩猩是以牙還牙的合作者（你幫我理毛，我就幫你理毛，稱為**直接互惠**），人類始祖合作的能力更靈活、更有效，經時間證明很有影響力，稱為間接互惠。**間接互惠**有點類似保險，和別人一起分攤風險，但大家至少要有基本的信任和真誠，也願意延遲享樂。如果你今天狩獵的運氣不好，可以依賴別人來彌補損失，別人出手幫你，不是期待你下次還他等量的肉，而是對整個體制有信心，哪天他自己的運氣不好時，也可以安然度過。

人類必須培養幾個新的心理能力，才能夠過這種互助合作的生活。首先是**聯合意向**（joint intentionality）和**集體意向**（collective intentionality），能夠整合不同目標，和別人一起實現；第二是**心智理論**（theory of mind），能夠理解別人有不同的想法，推斷別人會怎麼想；第三是**人我平等**（self-other equivalence），願意把夥伴看成凡人，給予他們應得的同情。

人類早期遊群（band）的成員身分隨時有可能撤回，一切端視你有沒有出力幫忙或維繫關係。對群體而言，合作是最重要的部分，不容忽視，也是因果，宛如一股超自然力量，尊重合作的人會獲得獎勵，違反合作的人便會遭受懲罰。制裁的形式很多，可能是來自同儕的批評、流言蜚語、嘲笑、羞辱、放逐，甚至處死。如果做得更極端一點，說不定會直接撤銷其成員身分，貶為陌生人、非人、動物，不再歸屬於**我們**，終至被遺忘，套句姆巴提人（**Mbuti**）的話：「把麻煩的東西趕回森林。」[13]至今這句話仍在剛果流傳。

值得注意的是，大家團隊合作，不是要展現善意、不是要追求更高的道德境界，

13　一九六一年英國人類學家柯林·特恩布爾（Colin Turnbull），基於他在剛果姆巴提人部落的研究，強調狩獵採集遊群如何運用疏遠來威脅不守規矩的成員。獵人瑟夫（Cephu）偷了大夥一起狩獵的肉，套句特恩布爾的話：「對矮黑人來說，這可是滔天大罪啊！」當瑟夫回到營地，氣氛瞬間凝結，就連年輕人也不給他椅子坐，這對老獵人而言，是天大的恥辱。瑟夫跟其他人要椅子，卻得到這樣的回應：「動物都是席地而坐。」戰火一觸即發，另一位成員甚至說：「真想用矛射死他，就像射死動物那樣，天底下只有動物會偷肉吧？」瑟夫說自己是最優秀的獵人，不應受到這種對待，整群人吵了起來。大家不斷譏笑他，揚言要驅逐他與其家人，他終於不敵大家的疏遠，哭著道歉，並且歸還他所偷的肉，其他人才願意重新接納他，承認他作為人的資格。

也不是要展示美德，而是為了求生存。[14]發展心理學家托瑪塞羅廣泛研究人類的演化，對他來說，人類為演化所做的努力，才是人類道德規範的開端，以全新的方式平衡個人和群體的需求，以全新的方式建立人與人的關係。當人類一起狩獵、一起用餐、一起養兒育女，不自覺就能理解別人的想法和需求，於是消弭了人我之間的界線。大家仍有自己的性格，但是能明白沒有**我們**，就沒有**我**，或者說沒有**我**，就沒有**我們**，總之，人開始有了穿透性，不再稜角分明，而是會受到別人影響，能夠對其他成員展現同理心。**我**與**你**融合，形成了**我們**，這是人類史上第一波社會復興（稍後會有深入探討），主要是為了因應生存威脅。

你可能會想這有什麼了不起，不就是部落主義嗎？人就是對自己人體貼親切，對陌生人惡劣至極。這很普遍呀，這才是真實，這才是人心，每個人都有的本性，甚至從體內化學物質就看得出來。人體會分泌催產素，這種激素關乎母嬰關係，例如刺激泌乳。母親養育小嬰兒時，催產素會幫母子建立連結。催產素也可以凝聚大群體，當體內分泌催產素，我們對自己人會產生好感和同理心，遵守團體規範，信任同伴，互相合作。反過來，如果受到外團體的威脅，催產素會幫助我們抵禦外侮，不把外人當人看，漠視外人的痛苦。人類的可愛和可怖，都是拜這個可怕的小分子所賜！

沒錯，人天生就是偏袒自己人，這大概是心理學最根深蒂固的事實吧！但部落主義絕非大家想的那樣。大家總以為人類打從二百萬年前，就與自己的部族長相廝守，固守一小塊土地，拒陌生人於門外，一直到某場意外或嚴重誤判，才突然搬到滿是陌生人的大城市和大都市。如果這麼想，就錯了！人類自古以來就一直在遷徙，一直與陌生人混居。哈佛遺傳學家大衛．里奇（David Reich）專門分析古人的DNA，研究古人遷徙的歷史，他發現以前對人類的理解都錯了，我們原以為是一個人開枝散葉，才有現在多元的族群，但經過科學證實，「人類從古至今都是混雜而居。混雜是人類的根本特徵，我們要接納這個事實，而非否定它。」

14 怪不得我們至今仍打從心底厭惡那些愛占便宜的貪心鬼。大多數人都看不起貪得無厭，不善盡本分的人。綜觀人類的歷史，為人貪婪，愛占人便宜，必定死路一條。

隨著人口成長，狩獵採集遊群持續遷徙，與陌生人接觸的機會變多了，就可能遭受附近的遊群暴力入侵，因而喪失領土。這就是靈長類動物學家所謂的**致命聯盟攻擊**（lethal coalitionary aggression），是雄黑猩猩拓展領域時愛用的戰術，但文化人類學家雷蒙．凱利（Raymond Kelly）認為，科技創新可能會阻止人類開戰。[15]

凱利主張，大約四十萬年前，人類發明了長矛，加速人類拓展勢力範圍。長矛從很遠的地方就可以將人射殺，如果還想靠武力奪取土地，這後果也太致命了。以前的攻擊，講究人多勢眾，十個人拿斧頭應戰，自然勝過兩個人，絕對可以成功奪取領土，可是有了長矛，襲擊的代價提高了！即使你派了十個人潛入別人的領土，人家只要躲在樹上射出長矛，一下子就能殺掉三個人了。人類別想再靠武力統治其他群體，於是開啟凱利所謂的「舊石器不開戰時代」。[16]

長矛的發明，阻止了武裝暴力衝突，帶來了更長久的關係，從此遊群和遊群之間，更能夠建立正向的人際關係。二〇〇五年凱利在論文中寫道：

> 這些發展顛覆了群際致命暴力以及鄰近群體關係……在這種條件之下，攻擊不再是擴張領土的好手段，反之要設法避免衝突，發展群際之間友好、互惠、共享和合作的關係。

我們就這樣演化了，成了會在地鐵站幫忙陌生人的生物。

大約在三十萬年前，**智人**出現了，亦即「有智慧的人」（這麼說有點超過，但就像燈泡的英文「light bulb」有一個「亮（light）」字，偶爾還是會不亮一樣）。在那個年代偷取別人的土地，要冒著胸部被長矛刺穿的危險，但是人口越來越多，該怎麼辦？若不能依靠打仗，就必須尋找新土地。凱利認為，人為了避免衝突，只好逃到更遠的地方，促使早期的人類跨出非洲，這是人類另一個主要發展特徵，稱為能走動的物種。我們既是流浪者，也是徒步旅行者，既是陌生人，也是寄居者。考古學家克萊夫．甘布林（Clive

15 凱利當然清楚人性的黑暗面，他在巴布亞紐幾內亞的艾托羅部落（Etoro）進行田野調查，就遇過一個人，一直放火燒他的茅草屋。

16 「戰爭」一詞定義不明。理查．藍翰等科學家認為，戰爭是人與人聯合起來對付敵人，亦即偏向黑猩猩的衝突模式。可是，人類學家並沒有發現古人類大屠殺的證據，最早的人類大屠殺發生在一萬年前，大約是農業革命初期。

Gamble）和人類學家提摩西．厄爾（Timothy Earle）寫道：「我們現在明白了，長途遷徙是人類史上最根本的進程，我們似乎天生就有旅行的能力，在遷徙中持續進步。」

當我們到處遷徙和雜居，人口持續增加，人類也開始自我馴化，長相和以前不太一樣了，眉毛變淡，臉變短，長相越來越秀氣，犬齒變短，顱腔容量縮小，這是因為馴化動物體內的血清素會增加，記起來了嗎？血清素會控制攻擊行為。人類的眼睛變大了，加上鞏膜色素減少，人類有了眼白，能讓對方知道我們正注視何處，但如果換成黑猩猩或野狼，這可是天大的劣勢。你能想像足球四分衛每一次傳球，眼睛都在給對手打信號嗎？人類就不同了，雖然敵人會猜到我們的下一步，但透過非言語表達來快速傳達意圖，會促進我們和別人的合作，好處可大著呢！

智人也開始會說話了，但至今仍不清楚人類的語言在何時出現。很多科學家推測，語言是人類群體不斷擴大的結果。英國人類學家羅賓．鄧巴（Robin Dunbar）發現，當靈長類動物的群體擴大，互相理毛的時間也會增加。理毛不只是在清理而已，也是在連結和溝通。然而，隨著群體的規模擴大，不可能再使用這種表達關心的方式，反之要使用更有效率的方法傳遞人際訊息，鄧巴認為這個方法就是語言。

自我馴化對狩獵採集者有什麼好處？第一個好處是方便移動。如果你願意和陌生人合作，陌生人也願意和你合作，你就有戰鬥或逃跑以外的選擇。一百五十年來的當代研究顯示，狩獵採集者過著**分裂融合**（fission-fusion）的生活。所謂分裂融合的社會，人在不同遊群之間遊走，你離開原本的遊群，加入其他的遊群；你嫁到新的遊群，或者其他女性嫁到你的遊群；你的堂兄弟姊妹離開了，卻來了你沒見過的朋友（你不可以跟堂兄弟姊妹結婚生子，但跟這個新朋友可以）；有時候遊群變得太大了，只好分成幾個小群。

人在群體之間來來去去，群體會變得比想像更多元。二〇一一年統計分析探討了三十二個當代狩獵採集社會，結果發現平均只有四分之一的成員，彼此之間的基因有關聯，其餘四分之一有婚姻關係、四分之一有姻親關係（例如妯娌），甚至有四分之一毫無親緣關係，套句科學用語，沒有基因關聯的陌生人，卻享受家人般的待遇，現代人類學家稱為**榮譽親屬**（honorary kin）。

狩獵採集生活仍有衝突性或領域性，這是免不了的，如果空間越來越擁擠，或者必須競爭資源，人內心的黑猩猩就會出現。美國人類學家道格拉斯．弗來（Douglas

Fry）專門研究狩獵採集社會的暴力行為，無人能出其右。他把狩獵採集社會稱為**流浪覓食社會**（**nomadic forager**）。這種分裂融合的社會，會形成關係網絡，「有效防止」我們對別人的敵意，避免人類史上天大的不幸。誠如弗來所言，這是因為「群體之間的界線模糊，人就沒必要效忠團隊」。沒有永遠的**我們**，也沒有永遠的**他們**。

二〇一三年，弗來和同事派翠克．索德伯（Patrik Soderberg）從二十一個真正的狩獵採集社會，收集代表性的致命施暴案例，同時參考了過去的田野調查。他們兩人就是看不慣其他學科口口聲聲說，早期的人類征戰不斷，卻沒有真正研究過狩獵採集社會。（有些人列舉的是更複雜的社會體系，人與人之間已有身分與地位之別；有些人列舉的確實是狩獵採集社會，只可惜已經不夠純粹，比如曾與更複雜的社會體系交手，或生活中可以取得酒精等物品。）根據弗來和索德伯的分析，狩獵採集社會傷亡最慘重的意外，「大多是個人犯下的，幾乎有三分之二是意外、家族之間的紛爭、團體內部的處決（針對違反規定的人）或人際相關動機（例如爭相追求某位女性）。」其中有三個狩獵採集社會從未發生殺戮事件，群際衝突也極為罕見。

人類歷史上，大多數時間都沒有殺害陌生人的道理。[17]人類學家研究狩獵採集社會後發現，排外和暴力行為要付出慘痛代價，未來行動和選擇恐會受限。你想想看，連地勢都無法預測了，糧食一下子充足，一下子不足，水資源一下子充足，一下子不足，遊群勢必要與其他遊群打好關係，時運不濟時，至少還可以仰賴鄰居的支援，時運亨通時，也可以助鄰居一臂之力。人類學家波莉・維斯納（Polly Wiessner）曾寫道：「我們對這些平等主義社會一知半解。很顯然，人與人之間、群體與群體之間，一旦建立平等的關係，對於分享、互惠和移動都大為有利。」

人類學家羅伯特・湯金森（Robert Tonkinson）在澳洲西部大沙漠研究馬杜人（Mardu），收集第一手觀察資料。二〇〇四年她寫道：「任憑群體與群體互相衝突和

---

17 我想起維斯納曾跟我說過一個關於喀拉哈里沙漠儒瓦西人（Ju/Wasi）的故事。有一次，她對儒瓦西人說，美國經常有謀殺陌生人的事情發生。「大家聽了都在笑。」她說。「他們想不通，為什麼要謀殺不認識的人，如果你兄弟擁有你沒有的東西，你想謀殺他還情有可原，可是為何要謀殺不認識的人？」本書稍後會探討謀害陌生人以及遭到陌生人謀害的機率。

仇恨，加深人際界線和領土疆界，形同自殺行為，畢竟任何群體都無法確定手上的水資源和糧食能否撐到下一次雨季來臨，怪不得馬杜人並沒有『仇恨』或『戰爭』的概念，也沒有群際仇恨的相關證據。」

我之前說過，大家把人類想得太壞了，誤以為人類始祖對陌生人充滿了恨意和暴力，心想人性就是仇外，與陌生人和睦共處只是特例。我們長期以來對狩獵採集社會的誤解，強化了這種偏見。一九七六年人類學家艾利諾．李考克（Eleanor Leacock）感嘆：「『部落』一詞持續使用，讓大家誤以為人類組織有固定的領地，服從團體規範，受制於權威，殊不知以前的人四海為家，根本不是什麼『部落成員』，反之可以到處遷徙、做生意和談判，有很多行動選項可以考慮。」[18]

弗來也說了類似的話：「分裂融合的文化組織，真是有趣的概念，反映了我們現在的世界（至少西方有世界主義的影子）。所謂世界主義，個人不屬於特定的群體。大家一聽到世界主義，都以為是現代的創舉，但是看了流浪覓食者研究就明白了，人類的群體認同向來都不固定。」簡單來說，套句弗來和索德伯的話，狩獵採集社會「不容易開戰，流浪覓食者本來就與鄰人和睦相處，不發動戰爭。根據流浪覓食者研究，無論是探討戰爭、和平或人性，和平不開戰永遠是金科玉律。」

這就是我們和黑猩猩的差別。生物學家彼得．里克森（Peter Richerson）和人類學家喬．亨里奇（Joe Henrich）指出：「黑猩猩光是看到不認識的黑猩猩，就會心生恐懼，產生敵意和攻擊性，反觀人類面對其他人，在不確定對方是敵人或是否具有威脅性之前，都相信有合作的可能。」這就是自我馴化。

不同的遊群相遇了，社交圈擴大，彼此建立關係，彰顯了間接互惠的精神，**我們**不再侷限於自己的遊群。黑爾主張「自我馴化假說」，他認為這是「獨樹一格的友善」，「人類文化創新之所以這麼快，是因為創新者達到了數百人，甚至數百萬人，願意獨

18 李考克指出，這些遊群也強調男女平等，並不存在高度發展社會的屈從或疏離。她提到：「平等主義的遊群社會結構，不會特別尊敬男性，女性不用為了滿足男性的需求和感受，而受到社會經濟責任的束縛，反之亦然。」男女各司其職，並無高低之分，畢竟女性負責的煮飯和育兒，就如同男性負責的打獵和防禦一樣重要，攸關整個遊群的生存，應當受到尊重。

排眾議接納陌生人，與陌生人展開合作。」人口密度越高，想法就越多，做法就越好，還會有更多潛在的婚配對象和友伴。人類學家亨里奇在其著作《我們成功的奧祕：文化如何驅動人類演化、馴化人類，讓人類變得更聰明》（*The Secret of Our Success: How Culture Is Driving Human Evolution, Domesticating Our Species, and Making Us Smarter*），以絕佳的隱喻解釋人類大規模合作的價值：

假設在人類誕生以前，有兩個大族群，分別是**天才**和**蝴蝶**。天才比較聰明，每隔十個世代就有新發明，蝴蝶比較笨，每隔一千個世代才有新發明，可見天才發明的速度比蝴蝶快一百倍。只不過，天才不太會交際，身邊只有一個朋友可以學習，蝴蝶則有十個朋友，交際能力是天才的十倍。現在這兩個族群都想要增加發明，靠自己加上靠朋友。如果你的朋友早就會了，你只要花一半的時間學習。當個人學習已經到了極致，該是向朋友學習的時候了，你覺得創新最多的是天才還是蝴蝶呢？

天才創新的比例比較低，每五個中只有一個（百分之十八），一半都要靠自己想出來，反觀蝴蝶創新的比例則高達百分之九十九，百分之九十九點九都是靠眾人的力量，只有百分之零點一是靠一己之力。

早期人類仍偏袒自己的群體，但隨著群體規模變大，一定要設法彰顯成員身分，讓別人一眼就能看出是哪一個群體，於是所謂的文化就這樣誕生了，發展出共同的方言和習俗，以具體文化來證明歸屬感。人類學家在非洲和亞洲西南部，發現七萬至九萬年前的貝殼裝置和雕刻品，可能是陌生人初次見面所進行的買賣，或者被當成禮物贈與陌生人，向陌生人證明自己並非真的陌生人。這也是人體特殊的化學物質在作祟。黑爾說：「當陌生人逼近我們，即使還有一段距離，在催產素的作用之下，我們仍會看見彼此的相似點，對陌生人感到親切。」這就是人類下一個社會復興。

心理學有一個概念，稱為**微乎其微的歸屬**（mere belonging），剛好能解釋文化的功用。文化把我們對陌生人的恐懼，一下子緩和下來。舉例來說，我偶爾會戴紅襪隊的球帽，但我住在紐約，戴紅襪隊的球帽有點格格不入，不過這點算是紐約人尚可容忍的少數，還不到令紐約人痛恨的地步（比如波士頓人就很討厭洋基隊球迷）。當我戴著紅襪隊球帽走在紐約街頭時，陌生人會來找我聊天，屢試不爽，這就是紅襪隊球帽的魔力。那些陌生人根本不認識我，可是我的球帽透露了訊息，讓陌生人覺得可以安心和我說話，絕對有共同話題可聊。

問題是，我好久沒有追紅襪隊的賽事了，大概在幾年前幻滅的。我之所以戴紅襪隊的球帽，是因為我的家鄉在波士頓，還有紅襪隊的球帽是大聯盟中最好看的。昨天晚上，又有陌生人來找我聊球賽，我必須向他解釋自己那段與紅襪隊的恩怨情仇，足以寫成一本書（心理學教科書）。那個人滿臉不解，覺得我這個人真奇怪！我好比戴著穆斯林女性頭巾，正好有一位穆斯林男性向我打招呼：「平安！」我卻連忙解釋：「噢，你說這個啊？我其實是蘇格蘭聖公會教徒，只是單純覺得戴頭巾很美。」[19]

社會心理學家葛瑞格利．沃爾頓（Gregory Walton）和傑弗里．柯恩（Geoffrey Cohen）提出微乎其微的歸屬，認為「人對於社會連結的小線索極為敏銳」。當我們發現些微的相似點，「象徵我們與其他人或其他群體之間有社會連結，這就是社會關係的入口通道。」人很需要歸屬感，每當遇到陌生人，就拚命尋找**偶然的相似點**，象徵彼此之間有共通點，都是集體的一分子，心才會安定。無論共通點有多麼支微末節，我們都有很大機率把陌生人當成自己人，進而喜歡他、信任他，和他交談。這些共通點可能是一頂紅襪隊的球帽（但不保證陌生人看到後，一定會保持冷靜，彬彬有禮），也可能是一隻寵物狗（但希特勒也有養狗，取名叫金髮女郎，後來這隻狗病死，希特勒傷心難過極了）。

大量研究都在探討共通點的力量，就連無關緊要的共通點，也可以讓兩個陌生人互有好感、互相幫助。心理學家亞羅．丹恩（Yarrow Dunham）統籌了一項研究，他招募五歲孩童一起進行實驗，把這些孩子分成紅隊和藍隊，完全由孩子自己擲硬幣決定。紅隊的孩子穿紅色衣服，藍隊的孩子穿藍色衣服。接下來，研究團隊拿出同樣也穿紅衣服或藍衣服的陌生孩子照片，讓受測者進行好感評分。每位受測者手上有五枚硬幣，準備分發給照片中陌生的孩子。受測者同時要在心裡想：哪一個孩子會為朋友做餅乾？

19 我在為本書找尋相關資料時，很榮幸可以和猶太教祭司伊森·塔克（Ethan Tucker）交談，當時他騎著腳踏車逛紐約，剛騎完四十哩。他跟我說：「我騎腳踏車到處跑，和三萬多個陌生人聊過天，我和陌生人小聊的次數竟然有這麼多！」他萬萬沒想到，人與人的對話，竟然如此容易！「我們彼此是陌生人，但是從身上的配件，可以看出是紐約的少數。紐約街道上的店鋪都關了，我戴著引人注目的紫色安全帽套，顯得有點奇怪！大家都在克服相同的生活難題，陌生感不見了，只剩下單純的直覺。」他說的對，就是這樣！

哪一個孩子會偷偷把錢拿走？還要挑選一起玩耍的對象。最後發現，小孩子最喜歡的是和自己同性別的孩子，再來有絕大多數喜歡與自己穿同色衣服的孩子，不僅分發給他們更多的硬幣，還想和他們一起玩，對他們的個性也有比較正面的評價。

其他研究也有相同的結果，共通點再怎麼無關緊要，仍會激發陌生人之間的好感。有一份研究招募大學生進行實驗，當大學生知道自己和陌生人的生日是同一天，或姓氏相同，或者有類似的指紋時，會更願意順著陌生人的要求，例如捐錢或填寫意見表等。另一份研究也發現，如果我們知道業務員和自己的生日是同一天，更容易對業務員產生好感，也會更願意跟他買東西。

心理學家詹姆士．瓊斯（James Jones）進行了類似的實驗，讓受測者知道自己和陌生人之間有一些毫無意義的共通點，例如名字有幾個字母一樣等。實驗人員還會參考受測者的生日，發給他們類似的號碼牌，然後詢問他們：你對於接下來的談話對象有多期待呢？你覺得認識她之後，會有多喜歡她呢？果不其然，受測者比較容易受到有共通點的陌生人吸引。瓊斯後續的研究，甚至刻意製造威脅的感受，要求受測者寫下潛在約會對象最大的缺點，但受測者還是容易受到有共通點的陌生人吸引。由此可見，就連面對威脅時，我們仍會向歸屬感靠攏，即使那份「歸屬」一看就很荒謬。

一九八九年，心理學家約翰．芬奇（John Finch）和羅伯特．席爾迪尼（Robert Cialdini）也進行了類似的研究，把荒謬程度推到最高點。他們讓兩組受測者閱讀俄國妖僧拉斯普丁（Rasputin）的文章，第一組受測者知道自己和拉斯普丁同一天生日，而第二組受測者並不知道拉斯普丁的生日，結果第一組受測者對於殘酷成性的自大狂妖僧，展現了更多的認可，可見歸屬感的力量有多大！這證明我們不僅偏袒自己人，對於自己人的定義也極為彈性，從古至今，人類就是這麼容易把陌生人當成自己人。只要條件對了，根本不用花太久的時間。

我要澄清一下，這並不是說人性本善。人類向外擴張也不是出於善意，而是為了拓展版圖、繁衍和賦權。高度合作是雙面刃，人類可以合力撫養陌生人遺留下來的孤兒，但也可以滅了那孩子的親族。人有合作和拓展版圖的本能和才能，印證了人擅長和陌生人建立連結、和陌生人團隊合作，還有和陌生人聊天，這些都是與生俱來的。近兩萬年前，羅馬皇帝馬可．奧理略（Marcus Aurelius）描述他的同伴：「我和他天生就要共事，好比每個人都有一雙手、一雙腿、一對眼皮、上下兩排牙齒，如果硬是要對立，豈不是違反自然法則嗎？」

如果陌生人來一個，人類始祖殺一個，人類這個物種不可能有長足的進步。如果人類保持高度警覺，死守自己的營地，老死不和陌生人往來，永遠在開戰，這樣的人類當然不會旅行，不會發展高階文化和科技，也不會適應各種氣候，更不會興建大都市，讓無數人和平共處。我想到這裡就熱血沸騰，難怪我找不到半本童書在推崇雄性的致命聯盟暴力。

由此可見，人性不是本善或本惡，而是會**變來變去**。靈長類動物學家法蘭斯．德瓦爾（**Frans de Waal**），把人類稱為「兩極的人猿」（**bipolar ape**），深得我心。杜克大學的艾倫．布坎南（**Allen Buchanan**）以及波士頓大學的拉塞爾．鮑威爾（**Russell Powell**）專門研究紀律，想出了更好的比喻。他們認為人內建道德調節器，可以視情況調整自己的包容性和排他性。包容性是賦予陌生人同等的道德地位，和陌生人平起平坐；排他性是藐視陌生人的人性，認為陌生人可以任意拷打或殺害。

群際戰鬥要等到相當晚近，才有大屠殺的人類學紀錄。根據人類學家的記載，最早的大屠殺發生在肯亞圖爾卡納湖，大約是一萬年前，人類剛進入農業時期不久。德國也有類似的大屠殺歷史，發生在七千年前，所有受害者的脛骨都被打碎，後來研究學者對那些骨骸進行同位素分析，證實都是外來者。

大約在一萬兩千年前，農業誕生之初，狩獵採集者的社會結構逐漸沒落，讓位給比較複雜的社會型態，例如酋邦和國家，隱含了財富、地位和財產的概念，有東西可以聚藏、貪圖和爭奪。農業導致人口暴增，這是人類第一次在土地上扎根，往後再面對衝突，就無法躲進森林，一走了之。現在人類有了要抵禦的東西，他們的鄰居也是如此，這也表示鄰居有了值得偷的東西，於是我們所知的戰爭爆發了，社會階層化也來了，階級和政治位階的出現，引發圖謀和嫉妒。新的社會模式強調支配，而非合作，女性的社會地位低落，因為貿易和戰爭才是重點。宗教出現了，同樣也是男尊女卑，與政治權力和征服慾望密不可分。

狩獵採集社會逐漸式微，後來與歐洲探險家和殖民者接觸，更是加速沒落。平等主義社會的微妙平衡，完全在歐洲探險家和殖民者手中毀了，甚至消失殆盡。早期人類學家口中那些最暴力、最排外的傳統社會，幾乎都接觸過高度發展社會的陌生人。

一八三五年，艾力西斯．德托克維爾（Alexis de Tocqueville）記錄美國原住民的情況：「歐洲暴政拆散了原住民的家人，藐視原住民的文化，破壞原住民的記憶……以致原住民開始任性，趨於野蠻。」美國地理學家傑迪狄亞．摩爾斯（Jedidiah Morse）的觀察又早了十五年，一八二〇年他拜訪美國原住民群體後，寫信給美國當時的戰爭部部長：「印地安人幾乎沒接觸過白人，他們對待我的態度，一直是親切又好客。」

這種事層出不窮。安達曼島人居住在孟加拉灣的列島上，介於印度和緬甸之間，他們是出了名的排外。五萬年前，安達曼島人從非洲遷徙而來，至今仍不太與外界接觸。這些與世隔絕的安達曼島人，被稱為「地球上最謎樣的族群」。大家總以為，安達曼島人對待陌生人的態度，正是人類的本性，殊不知他們有一段受創的歷史。外來者曾屠殺安達曼島人，帶來病原體，從此以後，安達曼島人對陌生人的恐懼，已經像超自然力量一般深信不疑。一九〇六年，人類學家A.R. 拉德克利夫．布朗（A. R. Radcliffe-Brown）做了下列觀察：「無論陌生人是自然死亡或他殺而亡，他的屍體都不會被埋起來，而是會被直接丟入大海，或者肢解後燒掉。這種習俗是為了驅趕對陌生人屍體的恐懼，以免留下不好的影響。死者的血液和脂肪隨著大火的煙霧飄散到天空，就沒有害處了。」

狩獵採集者有謀殺陌生人的能力（這情形有可能發生），但也有合作的傾向（這情形經常發生），只可惜當人口持續增加，社會結構越來越複雜時，我們的道德調節器便扭曲了，朝著排外的方向加速前進，一整個煞車失靈，可是我們時而大逆轉，無限制的定義「自己人」。我們確實會偏袒自己人，但「自己人」的定義毫無章法可言。**我們**和**他們**的文化與心理界線，經常遭到現代犬儒學派、理論家和極端主義者誤解，誤以為嚴格不可侵犯，但其實只要條件滿足了，就像柵欄一樣布滿間隙，完全看我們自己願不願意和陌生人相遇。

Chapter 5

如何同時和一群陌生人交談？

大量的研究證據顯示，和陌生人交談對我們有益。我決定重新培養自己的社交肌肉，同時和七位陌生人以及一位戴黃帽子的人聊天，結果我討論敏感議題的能力變好了，竟然沒有講到大動干戈或互相謾罵呢！

好了，大家有學到東西嗎？我們現在知道了，和陌生人聊天會更快樂、更健康、更聰明，還可以在這個紛亂疏離的世界找到歸屬感。和陌生人交談遠比我們想像的容易，別人也比我們想像更樂意聊天。只要我們願意跨出那一步，經常會驚喜不已，很顯然，這是因為我們**藐視**陌生人，期待放得太低的緣故，但我還是相信，我們有這個本能，值得好好培養。

我有心精進自己和陌生人聊天的能力，但是不想一步登天，希望從入門開始。若能有一個事先安排好的環境，一來可以避開社會規範，二來不用害怕被別人拒絕，也不用擔心自己搞砸。我需要簡單的練習，於是我來到曼哈頓中城的一家小餐廳，走到一位頭戴黃帽子的男性對面，找一張椅子坐了下來。

羅恩．葛羅斯（Ron Gross）是位作家，也是哥倫比亞大學的名師，現年八十四歲，創辦了「紐約聊聊吧」（Conversations New York，簡稱CNY），營運至今已二十五年。「紐約聊聊吧」會定期舉辦免費的團體聊天活動，參加者大多是彼此不相識的陌生人。葛羅斯發給參加者的行前信中提到他會戴著黃色帽子，說這是受到伊曼努爾．康德（Immanuel Kant）的啟發，我不太懂，反正我到了現場，一眼就看到他戴著鮮黃色的帽子。他向我解釋：「我出去演講或辦活動都會戴上這頂黃帽子，如果有人要來接我，那個人絕對找得到我。」

我聽了之後問：「這和康德有什麼關係？」

葛羅斯說：「你想必很熟悉康德的定言令式（categorical imperative），我們待人處事必須以成為普世法則為依歸。幾年前有位司機對我說：『戴黃帽這個點子還真棒，真希望我載的客人都戴黃帽子！』我心想，**這個人可真妙**，如果每個人都戴黃帽子，誰還認得出我來？但我還是打從心底同意他的看法啦！」從此，戴黃帽便成了「紐約聊聊吧」志工的標準打扮。

葛羅斯不太像這種組織的營運者。雖然他和別人一對一聊天，可以聊得熱烈起勁，但如果要他和陌生人閒聊，他就不在行了。他的個性內向，有一年夏天，他不敢踏進他長島家附近的社區游泳池，理由竟是因為泳池畔有一堆人正在聊天，最後是他老婆看不下去，強迫他出門，他說：「我把工作帶在身上，找一個有桌子和椅子的地方，就像現在這樣。其實，我自己也沒想過，我竟然會經營這樣的組織！」

為什麼他要這麼做？他說了：「我總算開始有點覺悟，我好像總攔著自己不去做很多事。我真的應該痛改前非，克制一下我喜歡宅在家的習氣。」他從自己的工作（包括蘇格拉底的名著）中學到，對話是極為重要的學習工具，正如他所言，他也想知道「對別人敞開心胸會怎麼樣」。

「紐約聊聊吧」聊天活動通常在大學或公園舉辦，每一次聚會大約有四十至八十人參與，所有參加者會被分成幾個小組，連續交談一個半小時，討論一連串的主題或哲學問題。這些聚會竟然吸引形形色色的人，跨越了年齡、性別、種族、族群和性格。大家坐下來一起聊天，葛羅斯在一旁監督、聆聽、引導，偶爾提醒一下話太多的組員，讓其他組員也有機會說話。

表面上，對話的內容似乎是重點，大家互相交流意見和分享故事，殊不知葛羅斯還有其他想法，和我們現代人大有關聯。他想要和大家分享，如何和別人愉快的交談。他說：「我想讓大家明白，對話的時候要維持雙重意識，甚至三重意識。首先是覺察對話的內容，再來是覺察自己想說的內容，最後是後設意識，包括**自己對聊天的過程有沒有正面貢獻？自己是不是太盛氣凌人了？自己是不是離題了？自己有沒有主動對話？**也就是檯面下的暗潮洶湧。」

他所謂的三重意識，剛好印證本書第二章所說的，和陌生人聊天其實很耗費心力。我從事記者工作，每天都是三重意識全開，不僅要專心聊天，還要認真聆聽，更要扣緊採訪主題，除了不離題，還要讓對方喜歡我，有時候問不到想要的素材，便會開始慌張寫不出好新聞，拿不到稿費。我和別人一對一談話，始終覺得難，我的注意力維持不了太久，如果說我和松鼠一樣容易分心，對松鼠可能是一種侮辱呢！可是，我仍想參加

「紐約聊聊吧」的聊天活動，對我來說，現在正值美國吵翻天的時刻，可以和各行各業的七個人，心平氣和坐下來聊天，還真是不錯的練習！

我參加過兩次「紐約聊聊吧」舉辦的聊天活動，大家聊得很起勁，興致盎然，尤其是見證團體對話的開展，還真是精彩，團體會自行找出路，取得某種平衡，彰顯了本書第四章提到的很多元素。大家聚在一起聊天，會有集體意向。我們也知道彼此想法不同，所以會試著理解對方（這才是重點），彼此平起平坐，沒有人可以禁止別人說話，這些經過多年養成的能力，再搭配語言，對話才能夠進行。

說到底，團體對話就是團隊合作，當然要花一點時間找出最好的安排，確定每個人該負責的事項，大家該如何互相搭配。有一次討論的主題是種族主義，我的組別中有一位美國原住民、兩位亞裔美國人、一位將選票投給川普的人、一位已退休的白人企業高級主管、一位年輕黑人女性，一開始大家劍拔弩張，互不相讓，有點陷入僵局，其中兩人更是直接開罵。這完全可以理解，你不清楚每個人的背景，坦白說，你沒有一點期待。你以為別人都照著刻板印象過活，所以不認真聽他們說話，甚至還沒聽到他們說話，就早已在心中藐視他們。

但是，當你和這些人面對面坐著時，還是忍不住會在意他們的想法或說法，畢竟他們人就在現場啊！你注視著他們的眼睛，聆聽他們的聲音，觀察他們的肢體語言，一下子就明白了，他們絕非等閒之輩，誰都無法否定他們的人性。當他們開口說話，不落俗套，複雜性就展現出來了。這有別於在臉書或推特上辯論，因為在網路上羞辱別人，看不到對方臉上的痛苦或憤怒，加上自己的盟友拚命按讚，推波助瀾，你就更有誘因簡化別人的複雜性。但和這些人面對面辯論時，沒了網路替身，對話將更有品質，不致偏離正軌。

過了尷尬的十五分鐘，大家終於清楚狀況，開始凝聚起來，彷彿魔法般，自然而然發生了。大家越來越自在，逐漸展現真誠；允許別人探問自己不願觸碰的議題；勇於提出反對意見，無須擔心這些互動被誤認為是人身攻擊，也不擔心自己遭到對手攻擊。每個人都敞開心胸迎接陌生人的驚喜，我猛然驚覺，我太常待在同溫層，好久沒有像這樣，聽到令我衷心感到驚奇的話了。有人在說話，其他人專心聆聽。聆聽一直是我的弱點，老婆總愛說我是「說話王」，不太會遵守對話的限制，但我現在可專心呢！

時間一分一秒過去，大家聊得越來越深入，開始分享個人的故事，為自己的論點背書，當然也允許別人這麼做，不知不覺中，大家展開深層的對話，吐露令人意想不到的一面，例如前企業主管在越戰期間曾經拒絕參軍。後來我們聊到好奇心可以防止偏見，他說：「對別人保持好奇，好奇他們為什麼這樣想，也好奇自己怎麼會這樣想。」年輕亞裔女性回想起遭到歧視的痛苦經歷，說得義憤填膺：「我唯一改變不了的，就是我的膚色。」川普支持者安慰她：「以後再有人給妳貼標籤，妳就回他：『謝謝喔，你現在高興了吧？』」還有一位參與者聊到個人悲慘的往事，極度痛苦地說：「我就是我，但我不再是以前的我了。」每一次自我表露，都引發更多的自我表露，比我們原本的主題有趣多了。

這可是有研究證實的，如果有人訴說自己的故事，別人也會跟進，一樣的深層表露自我。這就是**表露互惠效應**（disclosure-reciprocity effect），讓彼此的對話不斷深化。此外，自我表露本身就是愉快的事情，就連身體也感受得到。心理學家黛安娜・塔米爾（Diana Tamir）研究發現，人在自我表露的時候，會刺激中腦多巴胺系統，這個腦區和獎勵有關。塔米爾說：「自我表露本身就有好處，所以人類自然而然就想吐露個人經驗。」自我表露會促進對話的深度，加深連結，進而建立新的關係，或者鞏固舊的關係。

這個言論聽起來，怎麼像是過度分享者的擋箭牌，好讓自己肆無忌憚傾倒內心的想法和恐懼？心理學家南希．柯林斯（Nancy Collins）和林恩．卡洛．米勒（Lynn Carol Miller）倒認為，大家都比較喜歡會自我表露的人（前提是做法得宜，不隨便對陌生人表露自己最奇怪、最黑暗的一面），如果是本來就認識的朋友，這個效應會更強，但研究團隊特別強調一點：「千萬不要小看對陌生人自我表露的效應。」而且他們發現這個效應是雙向的。人類偏愛會自我表露的對象，也是適應環境的結果，畢竟自我表露能夠增進親密感，幫助我們發展新關係，並深化舊關係。

根據心理學家齊克．魯賓（Zick Rubin）的分析，這些交流是在建立彼此的互動模式，當一方設定互動的標準，另一方就會跟進，加以改良，有點像即興創作。魯賓說：「人會觀察對方期待怎樣的回應，如果你身旁的乘客聊起燃料短缺，你可能會附和他，但如果他開始聊私事，說他最近剛離婚，若他正好是整場對話的主導者，你可能也會覺得聊私事很正常，沒什麼不妥。」

這也和信任感有關。魯賓表示：「別人願意向你吐露私事，你可能會覺得對方喜歡你或信任你，一般人的反應就是讓對方安心，證明自己是值得喜歡或信任的人。」這時候不附和對方，就是在評斷對方。舉例來說，如果我參加「紐約聊聊吧」的聊天活動，當一位夥伴說到：「我昨天搭火車，有人對著我罵種族蔑稱，我一整個崩潰大哭。」如果我還反問她：「妳昨天晚上竟然沒看球賽？」她應該會覺得我不值得信任，對話瞬間嘎然而止。

現在回到「紐約聊聊吧」舉辦的聊天活動，我們那組人一開始都覺得時間過得很慢，後來卻都覺得時間過得飛快，一下子就結束了。最後，各組聚集起來，圍坐成一個大圓圈進行簡報，葛羅斯在一旁監督。有些人沒想到會聊得這麼順利。大家紛紛提出問題來討論，有一位男性提問：「我們有沒有可能尊重自己不喜歡的人呢？」他羞怯的說，自己這輩子有兩個討厭的人。「只有兩個？」葛羅斯疑惑地問。「我可以想到幾十個耶，你沒有說實話！」一位名叫天使的拉丁裔男性，說他和一位濃眉大眼的老人搭檔，沒錯！那個人就叫撒旦，天使大呼：「只有這裡才會發生這種事！」一位中年黑人男子聊到他那一組：「我們一起成長，一起長智慧。」

葛羅斯表示，參加者一再稱讚「紐約聊聊吧」的活動帶給人深層的感受，就連不太發言的人也有這種感受。「有一位參加者說：『我只是想告訴你，今年參加紐約聊聊吧的活動對我意義重大。』我聽了很驚訝。」有一位參加者來信，說他在人生低潮時開始參加「紐約聊聊吧」的聊天活動，那段經歷幫助他重新站起來。「我沒料到會有這些效應。」葛羅斯說。「我從沒想過，這些活動會對一些人造成深遠的影響。」

我也不例外，我第一次參加「紐約聊聊吧」的聊天活動（我參加過好幾次）後，回到寒夜的街頭，搭地鐵回家。我的身體感覺疲累，畢竟和陌生人對話很傷神，但內心卻很愉悅，甚至有一點振奮。

我不認為我因此長了智慧，但是和不同背景的陌生人深度交談，可以趁機提醒我自己，追求智慧之路，永遠要結交新朋友，遇見素昧平生的人。雖然這不是唯一的路，卻是一條好路。

Chapter

6

和陌生人交談：舊石器時代的版本

我們在圖書館遇見陌生人，透過打招呼的儀式，把陌生人化為朋友、同伴和合作對象。

前陣子，我到住家附近的圖書館工作，突然想上廁所，於是我俯身向前，問一問我對面的男士。「不好意思喔。」我小聲說，他抬起頭來。「可以幫我看一下電腦嗎？我想去洗手間。」我問。「好啊，你去吧。」他用濃重的英國口音回答。我去了，回來跟他道謝。「不足掛齒。」他說。過了幾分鐘，他的手機來電。「我接個電話。」他說，然後指著他的筆電。「可以嗎？」

「沒問題，你去吧！」我說。

我的筆電大約價值一千美元，輕薄短小，幾乎感受不到它的存在，根本沒什麼重量。我若是丟了筆電就糟了，我猜他也是很寶貝自己的筆電。如果我們兩人只顧著忙工作，宵小就有可乘之機，搶了筆電，拔腿就跑，消失得無影無蹤。雖然紐約是法治社會，但警察不可能大費周章的搜索一臺失竊筆電。雖然偶爾有俠義之士當街追捕小偷，把小偷扭打在地，但是要在圖書館遇到這種人不容易，我自己也好多年沒揍人了，再說我也討厭跑步。

我想說的是，筆電很容易被偷走。

可是，我們不偷別人的東西，二話不說就答應幫別人看管財物，畢竟我深愛的圖書館仍有可能出現奸惡之徒，最好小心為妙。我請那個陌生人幫忙看我的財物，等到他需要幫忙時，我剛好回報他的恩情，就這麼簡單。我們都是自我馴化的動物，合作力爆表的人猿。

後來，我到圖書館外面吃午餐，他來找我聊天。他說，他來自海地，搬來紐約一年了。如果沒有差事要忙，他就會來圖書館看書學習，他最喜歡的就是坐在外面和別人說話，練習英文口說。他的個性文靜、友善、熱心，很高興他可以來到紐約。他的存在，一再提醒著我，我與生俱來享受的幸福，別人竟要如此奮力追求，我想到就覺得慚愧。

我們兩個人發生的事，輕鬆平常，大家也經常遇到，但我們做得如此自然，不假思索，這本身就值得觀察！這種約定俗成的互動行為由來已久，證明人類是不折不扣的社交天才，人類發明了一套機制，幫助自己與陌生人和睦共處，從人與人的互動中受惠。人類學家稱之為**招呼儀式**，等你了解招呼儀式的原理和演進，你就知道它有多普遍了。[20]

狩獵採集遊群不容易遇到完全陌生的人（亦即身邊熟識的人都與那個人毫無人際連結）。隨著社交圈持續擴大，大約在十萬年前，出現了一個全新的人際分類，稱為**內團體的陌生人**（in-group stranger）。哈佛人類學家喬．亨里奇這樣解釋：「這些人並不是與你毫無人際連結，只是你從未見過他，除非你有幾百年的壽命，否則不可能見過團體內的每個人。」人類學家估計，整個群體（稱為**遊群人際連結**）可能有七百至一千人，第四章曾說過，這些人因為文化而結合。

團體內的陌生人初次見面會怎樣呢？每個社會都不一樣，更何況人類學家所研究的社會也可能和遠古社會不同了，所以誰也無法準確地說明，但全球很多社會都有發展出招呼儀式。亨里奇表示：「這是特定的互動方式，讓陌生人得以靠近。」也讓我們打量陌生人，不排除任何有效的交流，同時提防陌生人興風作浪。

這裡複習一下心理學背景知識。先前介紹過次級心靈壁壘（總覺得陌生人沒有自己好，尤其是外團體的陌生人，心靈更是低劣）。再說，人類也偏袒自己人，心理學稱為**內**

團體偏私（in-group favoritism），我們也不是討厭外團體，只是在面對實際或想像的威脅時，道德調節器會猛然一轉，抹煞陌生人的人性，把陌生人視為動物、病原體或惡魔。我最喜歡舉一個例子，印尼西巴布亞省的科羅威人（Korowai），把外人稱為雷利歐（laleo），有兩層含意，第一層含意是「外來的人」，第二層含意是「喪屍魔鬼」，但這個例子輕鬆多了，因為在現實生活中，科羅威人和外來者貿易頻繁，向來和睦相處，甚至對自己的吸客力引以為傲。

招呼儀式是為了反制內團體偏私和次級心靈壁壘。當我們遇見陌生人，總以為對方的

---

20 重要提醒：下文中列舉的觀點和觀察，都是取自人類學家對狩獵採集社會的田野調查，大多是二十世紀，甚至更早以前的調查。為什麼要針對狩獵採集社會呢？因為人類在地球上，高達百分之九十五的時間都過著狩獵採集的生活，研究人員參考人類學的紀錄，推論遠古社會是如何運作的，但仍有不確定之處，就像我之前説的，古人的行為並不會變成化石供人研究，所以這些都只是推測。

意志力不如我們，也不如我們聰明，想到就覺得心慌。這完全可以理解。亨里奇表示：「陌生人的可怕之處，是因為你不知道他會做出什麼事情，如果你和陌生人商量好，初次見面該有什麼儀式，至少有慣例可循，大家會心裡有數：『好，大家希望可以和睦相處，那麼只要照著儀式走，沒有人越軌，每個人都會感到安心。』」他舉了一個例子：「當你去拜訪澳洲原住民部落時，不可能直接進入他們的營帳，這樣他們會抓狂，跟你打起來，反之你要在遠方紮營，把武器放得遠遠的，等他們主動接近你。」

最近有一個例子就是因為擅闖原住民部落，而惹上殺身之禍。二〇一八年，美國傳教士趙約翰（John Chau）獨自拜訪孟加拉灣的安達曼島人，深信北森蒂納爾島（North Sentinel Island）居民受到撒旦奴役。他一上岸就說了一串英文，大喊耶穌基督的救贖力量，最後被安達曼島人亂箭射死。他生前的日記中寫道：「我當然會害怕，但更多的是失望，他們竟然沒有立刻接納我。」但是，他有必要這麼失望嗎？隻身前往傳統社會，用這種方式介紹自己，絕對是失策中的失策，難怪會付出自己的性命。

然而，如果陌生人做好招呼儀式，就可以展現自我克制力和智力，證明自己並非威脅，還可能是助力。這一套有條有理，密切監控的流程，可以緩解陌生人之間的緊張關係，拉近彼此的距離，有希望建立新關係。換句話説，招呼儀式就像隔在兩隻陌生黑猩猩之間的小門，只不過，這是人與人之間的版本。

人種誌記載了形形色色的招呼儀式。一九三二年，人類學家唐納・湯普森（Donald Thomson）記錄了在澳洲北部約克角（Cape York）發生的一幕。

有三個人從灌木叢中走出來，拿著長矛、擲矛器和火把，朝著營地前進。他們的蹤跡隨即被發現了，營地一陣暗潮洶湧。這三人很低調，只是緩慢靠近，大約在距離營地北界的四十呎處，三人分別間隔幾呎蹲在地上，將武器擺放在面前……一句話也沒說，就這樣安靜了十至十五分鐘。然後，一位看似營地裡的掌權者（老人家）走出營地，沒有攜帶任何武器，朝著左側的男子走去，在男子旁邊的地上挖一個淺坑（當地人在坐下之前，都有這個習慣），然後就蹲在男子身旁，大約距離一碼……一言不發，甚至沒看對方一眼，大家都盯著地面。

過了幾分鐘，老人低聲說了幾個字，我站在幾碼外的地方聽不太清楚，另一個人低聲回應。三人依舊看著地面，唯恐露出一絲的情緒。最後，老人終於大喊：「火！」有位年輕人從營地拿出一小片悶燒的木頭交給老人。老人把木頭放在他和訪客之間。如果是在以前，招呼儀式已經完成了，但這裡的老人點燃菸管，交給訪客。第二位訪客離開營地，到處閒晃，跟另一位訪客說話，準備製作禮物回贈，以表禮尚往來。

四十年後，澳洲人類學家尼可拉斯．皮特森（Nicolas Peterson）也記載了類似的儀式：「以大洋洲為例，如果訪客一來就大聲張揚，領主會因為擔心訪客發動攻擊，於是先發制人，但如果訪客照著禮儀走，反而有機會和領主共享領地的日常資源。」

一九三四年，人類學家維克托．采爾特（Viktor Lebzelter）和理查．紐斯（Richard Neuse）觀察喀拉哈里沙漠的桑人（San，又稱布希曼人），發現了其他招呼儀式。[21]「如果有兩個互不相識的布希曼人手持武器，看到對方迎面而來，會在第一時間放下武器。無論是去村莊或農家，布希曼人都會把武器放得很遠，耐心坐下來等候，直到有人出來詢問為止，動輒要等候數小時。」

一九五七年，美國人類學家洛娜．馬歇爾（Lorna Marshall）記錄她在喀拉哈里沙漠進行田野調查的時光。對喀拉哈里沙漠的昆人（!Kung）而言，對話有什麼意義呢？馬歇爾表示：「昆人把陌生人稱為 **ju dole**，ju 是人的意思，dole 是**陌生**或**有害**的意思，一個詞就隱含兩個概念，只是在昆人的語言裡合成單一的概念。」儘管如此，壞人還是很容易漂白成好人。「如果昆人遇見的陌生人，名字剛好和他親戚的名字一樣……頓時覺得安心，多了一份歸屬感。」

馬歇爾寫道：

尤（!U）的兄弟小高（Gao），幫我們去哈達姆（Kha-dum）辦事。從高恰（Gautscha）往北走一百一十五哩，就是哈達姆了，大約距離我們所在地四十哩。小高第一次去哈達姆，當地的昆人叫他 ju dole，他連忙攀關係，他說哈達姆有人的名字和他爸爸一樣，還有人的兄弟也叫做小高。哈達姆人馬上回他：「你叫小高啊！名字一樣耶！」隨即帶小高去烤火，還送他食用膠。

有些招呼儀式比較粗暴，可能會有考驗或競賽，有點像在戲弄人，同時兼具兩個

21 桑人不算是單純的狩獵採集者，早在一千多年前，桑人就已經和牧民接觸過了，但他們奉行的招呼儀式，和這裡探討的狩獵採集者挺相似。

目的，一是歡迎陌生人，二是打量潛在的盟友。我最喜歡一八八五年人類學家法蘭茲·鮑亞士（Franz Boas）所描述的招呼儀式，出自於加拿大巴芬島（Baffin Island）東南方的因紐特人（Inuit）。

如果有陌生人來了，當地居民會以盛宴來迎接陌生人。如果是東南部的部落，原住民會排成一列，最前排是一名男性。陌生人會慢慢靠近，雙手交叉抱胸，頭稍微往右傾。第一排的原住民男性使出全力，揮向陌生人的右臉頰，隨即頭往右傾，等待陌生人還擊。第二排的原住民男性輪番上陣，開始打球和唱歌，一直持續到有戰士敗陣為止。

西部的部落也大致類似，實際拜訪過的人，還提到了「拳擊、摔角和刀器考驗」。至於戴維斯海峽（Davis Strait）和其他國家，每次有陌生人來訪，必玩「千方百計」的遊戲，兩個人坐在一張大毛皮上，先脫光上半身的衣服，然後千方百計將對方的手臂拉直。這些競賽可能有危險性，因為勝方有殺掉對手的權利，但最後的盛宴通常會和平收場。[22]

狩獵採集者也會在其他管道遇見陌生人，但無論如何都有避免衝突的方法。賈德·戴蒙（Jared Diamond）是美國人類學家、歷史學家兼地理學家，著有《槍炮、病菌與鋼鐵：人類社會的命運》（*Guns, Germs, and Steel*）一書，正好說明了這些相遇如何和平收場。「（緊張的情勢）也有可能化解，雙方坐下來，分別說出自己的名字、親戚的名字，以及自己和那些親戚的關係，看一看彼此有沒有共同的親戚，如果彼此有一點關係，就沒有互相攻擊的必要了。」這可能會耗上數小時。如果最後沒發現任何關係，還是有兩個選擇：戰或逃。

後來，人類社會的人口數和複雜度大增，但招呼儀式依然存在，只是形式變了。當人類定居下來，建立農業社會，吸引新成員反而有好處，可以提升領導人的威望，有些村莊甚至標榜當地有吸引陌生人的魔力。一九七二年，人類學家奧圖．弗德列．

22 一九七七年，人類學家朱利安．皮特．里弗斯（Julian Pitt-Rivers）記錄了這種招呼儀式，他不禁好奇：「雖然勝方可以處死敗方，但這項權利並不強制執行，於是失敗者的命『可以先欠著』，真有這個可能嗎？這種做法在某種關係下，確實受到社會的認可。如果為了自己的性命，和另一個人拚鬥，最後輸了，被對方饒了一命，但是不打不相識，雙方再也不只是泛泛之交了。」比如一起當兵、一起參加體育競賽、一起經歷災難等，都可能讓陌生人之間產生深層的連結，所以這個招呼儀式也可以。

勞姆（Otto Friedrich Raum）描述非洲南部的祖魯人（Zulu）：「對部落來說，外來者是經濟資產，不只會增加部落的人口，還會帶來貨物資源、專業知識技能，也可能和部落通婚，繁衍下一代……陌生人大受歡迎，因為陌生人讓部落更多元，注入更多個性和趣味。」但前提是陌生人要安全無害。在祖魯人的心目中，陌生人既強大又弱小。陌生人之所以強大，是因為神祕，可能是一股危險的外來勢力；而陌生人之所以弱小，是因為不屬於**我們**。招呼儀式必須同時在陌生人帶來的威脅和機會中求取平衡。

勞姆說：「陌生人進入村莊，必須通過一連串的障礙。」陌生人先抵達大門，行禮致敬。一位年輕人走出來，詢問陌生人從何而來。年輕人走回去，轉告村莊領導人。年輕人聽從領導人的指示，把陌生人帶進一間小茅屋，通常是那位年輕人的住所。勞姆說：「陌生人不會貿然離開小茅屋，如果他這麼做，村莊的人會懷疑他精神失常。」

一九七七年，人類學家哈麗特．恩古巴內（Harriet Ngubane）記錄她在尼蘇瓦保護區（Nyuswa Reserve）的觀察：「當地人會趁這段時間觀察陌生人，確認陌生人有沒有『危險性』，能不能融入他們的社交生活，唯有通過觀察期，附近的居民才會開始接納陌生人，陌生人才可以建造自己的家。這時候會有一位當地的巫師，以當地的巫術保護陌生人及其家園，幫助陌生人融入新環境。」

說了這麼多儀式，有一點值得注意，那就是無論如何，招呼儀式都是一種規則，彼此互相尊重，經過時間的考驗，有意義的交流，也有一定的公共性。當你遇見陌生人，你知道該如何行動，於是就這麼做了，向對方證明你是穩定的人，願意親近其他文化，對當地的主人展現尊重。[23]為了遵守這些規則，有時候要放下武器，呆坐數小時，甚至讓別人毆打你的臉，無非是在展現自我控制力，證明你不會帶來混亂，你擁有所有人類美好的特質，你是聰明的人，所以安全無害。

現在回到我和陌生人在圖書館的互動。我主動與他接觸，但我不是把筆電丟在他面前，命令他幫我看管。反之，我刻意營造平靜穩定的氛圍。我先和他眼神接觸，但絕非怒視著對方。我輕聲細語，先委婉徵求他的同意，才進入他的空間（包括生理和心理空

---

23 招呼儀式也是基本的禮貌。勞姆專門研究祖魯人，他證明了「儀式化行為可以區分有禮貌和沒禮貌的人」。

間），使用他的資源，讓他自由決定幫不幫這個忙。我早就預料他會答應，因為一般人都會答應的。正如同狩獵採集部落，徵求同意是非做不可的，但只要問了就會成功。

他同意了，於是我們建立互惠的關係。如果他有需求，我有義務回報他，而我也確實回報他了，但即使沒有我的回報，他以後仍會繼續幫助別人。本書之前聊過間接互惠的概念，所以他可能心想，他是把友善的硬幣投到了宇宙善意銀行，有一天終會收到回報的，這個回報可能是透過別人或超自然力量之類的。他是合作力爆表的人猿，所以不會想這麼多。人類行為通常是為了解決問題，當類似的行為做得夠多，自然會植入我們的基因，成為不假思索的自然反應。

後來我沒再見過他，有可能這輩子再也見不著，但是那一刻，我們形成小小的**共同體**，把彼此當成榮譽親屬。多虧了人類數萬年的累積，兩位陌生人才能夠在公共圖書館度過井然有序、安穩、平靜的片刻。這種事在無數的大城市上演，即使陌生人有著不同的長相、說不同的語言。這種事太輕鬆平常了，以致我們視為理所當然。在這個絕望的時刻，我們要記得，人類締造了如此偉大的成就！

接下來，我們要搭很久很久的火車。

Chapter 7

遇見其他次元的人

我搭了兩天的長途火車，希望可以精進和陌生人聊天的技巧。在這趟旅程中，我結交了新朋友，認識了吃綠色蔬菜的好處，體驗到跨維度旅行的可能性。

加州和亞利桑那州的交界附近，天將破曉之際，有兩個人正聊著高麗菜。其中一個人個子高，棕褐色的皮膚，塊頭大，穿著法蘭絨上衣，看起來像在農場工作，我姑且叫他「牛仔」，年約六十五歲。另一個是中國裔美國人，正在閱讀《植物的逆襲：所謂的健康蔬果其實是文明病的真正禍首》（*The Plant Paradox*），我就叫他「素食者」。現在是清晨五點半，大家竟然都醒著，因為美國鐵路公司莫名其妙地硬要選在這時候發早餐。我面無表情的喝著咖啡，坐在觀景車廂望著窗外，朦朧的景致一掠而過，清晨微光閃耀，我們正遠離樹叢茂盛的亞利桑那州，朝著加州前進。

牛仔閒晃過來，看一看素食者手上的書，一屁股坐在他旁邊的座位上。

「你對科學有興趣？」他問。

素食者說他有興趣。牛仔問這本書在說什麼，素食者娓娓道來。原來這是在探討凝集素（lectin）的危險性，這種植物性蛋白質廣泛存在於蔬果中。他們不知不覺聊到斷食和節食。素食者自從退休之後，茹素多年，也經常斷食。我忍不住插話，問他斷食會不會脾氣暴躁。我身後的大鬍子突然說話了：「要是我，一定會！我不能沒有肉！」素食者點點頭，他坦言斷食確實會累一點，但大致可以忍受，他覺得斷食的感覺很棒！

牛仔想一想，皺了皺眉頭，他問：「你覺得高麗菜怎麼樣？」

「高麗菜？」

「對，高麗菜。」

「高麗菜很好啊！」

「真的嗎？」

二〇一九年五月，我搭上這班火車，從芝加哥開往洛杉磯，行車時間四十二小時。我為了精進和陌生人聊天的技巧，特別找了一個場合，一來每個人都可以自在聊天，二來不像「紐約聊聊吧」的聊天活動那麼制式化。如果你想找一個非聊不可的場合，美國絕對是你聰明的選擇。就連現在這個危急的歷史關頭，美國人還是喜歡閒話家常，這在西方國家是異類，卻是我最愛的特色之一。唯有在美國的訃聞上才能看到的這句老梗：「他／她的字典裡沒有陌生人這個字。」十分討喜、可愛、善良。

英國名演員大衛・尼文（David Niven）在其一九七一年的回憶錄中，提到他年輕時曾經搭郵輪旅行。「那是我第一次遇到大批美國人，是一次很愉快的經驗。美國人的慷慨大方和好奇心，令我措手不及。大家聊個幾分鐘，就開始問一些私密問題，訴說自己的人生故事，還真是特別。再不然就是邀請陌生人一起共餐，同桌還有自己的親朋好友。」

我決定了，我要在美國做這個練習，但要在美國的哪裡呢？我突然想到火車上。我讀過小說家和旅遊作家保羅・索魯（Paul Theroux）一九七五年的作品《大鐵路市集》（*The Great Railway Bazaar*），內容描述一邊搭火車環遊世界，一邊和陌生人聊天的事蹟。有一次和陌生人暢談結束，索魯寫道：「這一次交談，令我回想起之前火車上無數的交談，我們在共同的旅程中感到自在坦率，愜意享受餐車的時光，體會到世上所有的相遇，都有可能是最後一次。」我最近閱讀雜誌，也剛好看到火車旅行，作者發現搭火車的人「把寒暄這件事，當成和吸毒一樣提神醒腦」。我也這麼覺得。

然而，真正吸引我的是一種更深層的東西。美國人對火車很著迷，火車改變了美國，也改變了美國人。我一直與美國音樂家加百列・卡漢（Gabriel Kahane）保持通信，在二〇一六年美國總統大選之後，卡漢為美國感到悲哀，他決定花兩個禮拜搭火車旅行，走出自己的泡影，和美國同胞好好相處一下。他其實想和陌生人聊聊天，他所謂的陌生人，包括他不認識的人，以及和他有著不同文化和政治理念的人。這段旅程就記錄在他二〇一八年知名的專輯《旅人之書》（*Book of Traveler*）中。

卡漢跟我說：「這完全改變了我！我越發覺得，我們從數位濾鏡看出去的民意極度扭曲。大家彼此的意識形態並沒有天差地別，當你面對的是血肉之軀，而非匿名的數位替身時，那些差異根本沒什麼好在意的。」卡漢說，有了那一段經驗，他開始正視自己對其他同胞的偏見（但政治立場還是偶爾會出來攪局）。他和其他人的對話，自然而然圍繞著家人、對家人的愛以及為家人所做的犧牲。卡漢說：「我開始相信人性了。」

我被打動了，於是我預訂了美國鐵路西南酋長號的臥鋪火車。出發的那一天，我搭計程車去拉瓜地亞機場（LaGuardia Airport），一位親切的報攤老闆娘問我要去哪裡，我回答芝加哥，但我是要從芝加哥搭火車去洛杉磯。

「天哪？要搭多久的火車？」

「兩天吧！」我說。

「為什麼不搭飛機？」

「因為我一直想搭火車，而且還和我的工作有點關係。」

「我不懂。」她說。「為什麼不搭飛機？」

「搭火車很有趣！」我說。她不解的看著我。

「這是一場冒險！我會遇見新朋友。」我說。「從火車上看出去的風景很美！我也有床可以睡！」

「旅館也有床可以睡。」

「好了，我不可能改變主意的！」

她笑了，祝我好運。我準備登機，正走在平面電扶梯上，看見一個人拿著奇形怪狀的大塑膠盒，我突然想起了珊德斯特倫說的，人要追隨自己的好奇心。

「這裡面裝了什麼？」我問。

「屍體。」他回答，然後停頓一下。「開玩笑的啦！是貿易展的攤位。」

幾小時後，我抵達洛杉磯聯合車站，搭上一列長火車，找到我的車廂。我們出發吧！

火車緩緩開動，我終於展開火車之旅。列車長是天生的表演者，有哥倫比亞的血統，開始對雙層臥鋪車廂廣播：「車上的咖啡是熱的，新鮮濃烈，來自哥倫比亞，剛好我也是。這輛車沒有無線網路，兩個月前拿掉了，你們只能夠互相聊天，希望你們還喜歡對方。」他介紹臥鋪車廂的規定和設施，旅客正忙著串門子，走到每個房間探探頭，並自我介紹，互相問候：「你是我們的鄰居嗎？」

我對這趟旅程的期望頓時實現了。搭長途火車的美妙之處，正是陌生人二話不說就開始交流，自然而然就聊開來了，完全是一個流暢的社交環境，正如同狩獵採集社會，過著分裂融合的生活。人與人不斷的交流和相遇，把自己認識的新朋友介紹給別人，也不用擔心和陌生人交談會尷尬。你在火車上，就有動機聊天（這才是社會規範），最好的開場白莫過於：「你要去哪裡？」

大家隨時有聊天的準備，所以你找其他乘客攀談，根本不需要連忙賠不是或找藉口。火車上的乘客如果不是正在聊天，就是正在加入別人的聊天行列中。你聽到任何有趣的主題，大可維持基本禮貌，悄悄靠過去一起聊。如此開放的社交氛圍，我認為有幾個原因。首先，這些人主要來自美國南部和中西部，天性就喜歡和陌生人聊天；第二，我們同在這個金屬大容器裡，一下子就能認出誰是誰；第三，除非四人一起出遊，否則用餐時一定要和陌生人併桌。如果你和我一樣獨自一人，一走進餐車，就會有人向你招手，馬上就開始聊天了。

第一天晚餐，我和一對退休夫婦併桌，潘妮和比爾來自南卡羅萊納州，要去加州探望比爾的親兄弟。比爾是退休海軍，他因為工作的緣故，經常帶妻子遊歷世界各地。潘妮說，他們搬了二十九次家。有一次，本來要去加拿大新斯科舍省（Nova Scotia）度假，比爾卻臨時取消，說要去巴黎，潘妮本來喜出望外，但聽了比爾說要搬去巴黎後，她深受打擊，因為她不想再搬家了。她不會說法文，到巴黎說不了話，對她這種愛說話的人來說，實在太痛苦了。「我媽常說：『潘妮，不要說話了，安靜吃飯！』老師也曾在聯絡簿寫下：『潘妮說個不停！』這就是我啦！」

她說，還好她在巴黎養了狗，名叫馬芬。養狗這件事，成為她和陌生人之間偶然的共通點，瞬間打破藩籬。她會趁著蹓狗的時候，向迎面而來的人打招呼。有一天，那個人開口問了：「哈囉，妳的狗叫什麼名字？」她說叫馬芬，那個人回答：「不不不，她在巴黎耶……應該叫可頌！」以後他們在街上巧遇，他就會說：「哈囉，潘妮！哈囉，可頌！」後來漸入佳境，潘妮無論走到哪裡，總會向狗主人詢問狗的名字，她說，這種打招呼方式萬無一失！

我們一直聊一直聊，她聊到他們夫妻倆的冒險經歷，有一次還幫忙朋友，在英格蘭的農場接生小羊。她說到那段經歷時，突然想不起羊的名字，轉身問比爾：「那隻綿羊叫什麼來著？」

「那是山羊。」

「才不是山羊呢！」她說。

「算了，我不知道。」比爾大聲嚷嚷。「我是海軍！」

我們聊天的時候，我真不敢相信自己如此幸運，可以遇到這麼棒的乘客一起併桌。這對夫婦四海為家的生活，讓潘妮成為和陌生人聊天的高手。她說，如果不主動和陌生人說話，她就無法結交新朋友，也無法對當地產生社群意識。她還分享自己的妙招，如果對方問：「你好嗎？」千萬不要回：「很好！」如果是她，她會回：「好極了！我每天都感覺越來越好。」如果她問別人：「你好嗎？」別人只回了：「很好。」她會追問：「真的嗎？」然後對方就會繼續說下去。正如她所言，**每個人都需要聊聊天**。

我們聊了兩個小時，聊到美國鐵路的食物、聊到人生和政治，什麼都能聊，整場聊天順暢到不行。真是一對可愛又迷人的夫妻！潘妮誇我是「國家寶藏」，連說了兩次，**終於有人這麼想了**，讓我不禁要拭淚。事實上，還有一個人和我們併桌，是一位身材勻稱的中年女性，一身小麥膚色，只可惜她沒有說什麼話，只說了移民在加州橫行，痛批這是犯罪陰謀。她說，她的出生地是英格蘭。當天她穿的上衣上，印有「愛」的字樣。

那一天晚上，列車長告知乘客，由於堪薩斯州淹大水，火車無法行駛。大家連夜下火車，轉搭巴士，我們要在深夜趕路三小時，但聊天的聲音此起彼落，至少在剛上車的時候。我身後的兩位乘客做完簡單的自我介紹後，竟發現彼此都曾遇過同一場龍捲風。過了一兩個小時，大夥都累了，車上安靜無聲。這時有一位高瘦的男子往前走，和司機說了幾句話後，又往後走，坐回他的位子上。過了二十分鐘，他又去找司機說話，這一次司機怒氣沖沖地說：「先生，回去坐好！」其他乘客面面相覷。再過了二十分鐘，我們下了高速公路，開進加油站的停車場，已有多輛警車守候。那位高瘦的男子起身，下車向警察自首，一句話也沒說。我們後來才知道，那位乘客叫司機開快一點，直說他要趕去加州殺人。

隔天，那個成為「謀殺犯」的人，成了火車上的話題人物。我在午餐時點了杯血腥瑪麗調酒，和我併桌的乘客中有一位印第安納州的退休人士，以及兩位肯塔基州的年輕女性，我們一邊欣賞窗外的風景，一邊聊起美國西部空曠到有點可怕。那位已退休的男士說，這根本沒什麼。他最近在成人推廣班講解宇宙的大小，他從身上掏出一枚二十五分硬幣，放在桌上：「如果太陽系和這枚硬幣差不多大，銀河系就是一整個美國。」於是我們聊到對天地的敬畏之心。火車突然在新墨西哥州的沙漠停下來，其他桌的乘客驚呼：「哎呀，現在怎麼辦？」

「我也不確定，大概有巴士在外面候著吧！」我開玩笑。

「說不定是那個謀殺犯開的！」另一位同伴說。「他在揮手耶！」她還假裝跟他揮手。

接下來的旅程就像這樣，在無數的交談中度過，有些是閒聊，有些還聊得滿深入、滿私密的。我在這段火車之旅中，和社工、奶農、美術老師等人聊過。大多數人的年紀都在中年以上，但也不全然是；約有四分之三是白人。大家在兩天的旅程中，穿越大半的美國西部，盡情交流。火車上的時間很充裕，還有美景可以欣賞，所以每個人都很自在，完全不須裝腔作勢。大概過了一天，我便覺得自己已找回了對話的能力，放輕鬆坐下來，隨波逐流，因為這是在合作，不是在競爭。火車上發生的一切，令人放鬆，再度恢復活力。我們不會否定其他人的複雜性，每個人都是良伴，大家的故事都很精彩。彼此之間夠熟悉了，所以互相連結，卻又有足夠的差異性，所以很有趣。

我們要回到高麗菜了。牛仔和素食者聊完了斷食，換成我和牛仔閒聊。我覺得他這個人以及他說話的方式很好玩，跟他的長相有一點搭不上邊。我問他是做什麼的，他巧妙迴避我的問題，他說：「這些日子，可能太多了吧！」

「你是指什麼？」我不解。

他直說不值一提，馬上聊到別的地方去了。他說，當天清晨，他從房間的窗戶望出去。他始終相信有其他維度的空間存在，他越發覺得，那些空間比我們想像得更貼近。早上有一班貨運火車從反方向開過來，吸引了他的注意，雖然貨運火車擋住他的視線，但他只要瞇著眼斜視，仍可透過車廂間的縫隙，看見月光照射下的沙漠。他想像這班貨運火車是其他維度的空間，裝滿了未知的貨物，車速快到誰也看不清；我們只能透過車廂之間的縫隙，看一看自己的世界。

他說：「我們能否感受到其他維度，大概只是速度的問題吧！」他好奇的是，我們有沒有可能讓腦袋慢下來，用心體會在我們眼前掠過的其他維度呢？他知道有其他維度的存在，內心感到安慰，也很開心可以彼此保持距離。他說：「我可不想隨便走一走，就走進了其他的維度。」說完就笑了。

然後他陷入沉默，我也開始思考，我對陌生人也有同樣的感受。陌生人的身上承載了未知的貨物，承載了整個宇宙，每天在我們面前默默經過，我們卻渾然不知。一些傳統島嶼文化也有這種想法，認為陌生人是來自其他維度的訪客，超乎原住民自身的理解範圍，這點還滿有道理的。如果我們不學著用心看世界，一輩子也不會發現陌生人的存在。

我們兩人凝視著窗外景色，加州的沙漠正好破曉。他說，這是火車才能夠給人的感受，隨即起身離開，我都還來不及問他的名字。

Chapter 8

為什麼人類會開始仰賴陌生人的善意？

殷勤款待陌生人，絕非歷史上的特例，而是人類文明根基的神聖法則，誰敢違抗，就會被天神變成鳥。

有兩個乞丐扮相的人一起走進村莊，挨家挨戶敲門，想考驗村民有沒有善待陌生人，這兩個人是誰呢？一個是耶穌基督，基督教說的上帝之子；另一個是使徒彼得，他是耶穌的得力助手，也是教會的根基。耶穌和彼得來到老農婦的家門口，乞討一些麵包，老農婦只給了一點麵包屑。耶穌決定再給她一次機會，祂使出神力，把她烤箱裡面的麵包變大，讓她有更多食物可以分享，但她仍不為所動。這時候，耶穌和彼得覺得考驗夠了，直接把她變成一隻貓頭鷹。

這是歐洲中世紀的民間故事，但還有其他版本。另一個版本的故事背景是在波羅的海國家，耶穌和彼得把守財奴變成兩條蛇的養母。北歐的版本是把吝嗇鬼變成啄木鳥，德國的版本則是變成布穀鳥。

這些故事不限於基督教，也不限於歐洲或中世紀。摩洛哥的版本甚至還流傳到西班牙、俄羅斯和土耳其，伊斯蘭教的先知穆罕默德扮成了乞丐，有錢人家竟不願意為他宰殺一頭羊，只願意殺一隻貓。穆罕默德氣得把那隻貓復活，把那個人變成貓頭鷹。美國原住民也有類似的民間故事，一對祖孫遭到吝嗇的村民拒絕，於是把村民和小孩都變成了……你絕對猜得到，沒錯就是鳥！

依照日本的民俗傳統，外來的陌生人稱為「異人」，意思是「不同的人」，通常會扮成工匠、外國人、乞丐或受傷的人，但其實是神、牧師、王子或有魔力的人。佛教弘法大師假扮成乞丐來到一個缺水的村莊，向村民要了一杯水喝，有一位村婦走到遙遠的水井，提水回來給他喝，弘法大師為了答謝那位婦人，將法杖往地上一敲，泉水便從地面上湧出，四處噴濺。接下來，弘法大師前往不缺水的村莊，卻要不到一杯水，這次他憤而拿法杖敲擊地面，讓水井乾涸，當地再也無法住人。

古希臘人最喜歡說，陌生人是天神假扮的。陌生人據說受到宙斯的保護，宙斯既是天神之父，也是陌生人的守護神。宙斯經常假扮乞丐，測試民間有沒有善待陌生人。希臘史詩《奧德賽》（*The Odyssey*）寫於西元前八世紀，英雄奧德修斯以前的助手，在相隔多年之後，再度遇見以前的長官，助手沒認出奧德修斯，卻仍熱情款待他，助手說：「你一定要吃點東西、喝點酒，和我聊一聊，你從哪裡來、你遇到什麼困難……」西元前三六〇年，柏拉圖在《法律篇》（*Laws*）提醒大家：「所有流浪漢和乞丐都是宙斯派來的，如果你夠小心謹慎，絕對會一輩子善待陌生人。」這個提醒延續千年，融入全球各地的民俗傳統。美國藍調歌手艾默爾．詹姆斯（Elmore James）有一段歌詞：「我真不明白，怎會有人怕陌生人，我真的不明白，怎會有人怕陌生人，大家應該永遠記得，種什麼因，得什麼果。」

前面幾章提過，人類會有現在的發展成果，主要是因為學會和陌生人合作。我們有能力去建立榮譽親屬，把毫無血緣關係的陌生人當成家人對待。我們有間接互惠的能力，讓我們與其他遊群建立重要的關係。我們的文化開始用簡單的裝飾品，向陌生人證明我們是自己人。我們也發展出招呼儀式，讓彼此可以安全的互動。多虧了這些發展，所謂**智人**的**我們**，已經超乎遠古人類的想像。

我們在充滿陌生人的生活中，向前躍進一大步，開啟了新一波社會復興，也就是**待客之道**（hospitality）。除了榮譽親屬之外，待客之道也是用務實的方法解決新問題，經過時間的考驗，待客之道確實是人類成功的關鍵，早已融入人類的倫理道德之中，我們會不假思索去做，也早已內化到人類的基因中。密西根大學人類學家安德魯．施略克（Andrew Shryock）表示：「人類對待客之道的理解和實踐，不亞於對親屬關係、交換關係或性別的理解和實踐。待客之道跟著人類一起演化，已經成為我們的一部分。我認為要不是待客之道，人類是不可能有社交能力的。」

對陌生人殷勤款待的傳統，當然不只限於民間故事，或者那些討厭鳥的人。待客之道早已存在數千年。愛德華．韋斯特馬克（Edward Westermarck）是一位遊歷世界各地的芬蘭哲學家，被譽為社會學創始人之一，他在一九〇六年出版了《道德觀念的起源與發展》（*The Origin and Development of the Moral Ideas*）一書，書中探討數十個傳統社會如何對陌生人殷勤款待。韋斯特馬克表示：「當陌生人受到殷勤款待，通常享有特殊的榮譽標記。主人請陌生人坐在上好的位子，拿出家裡最上等的食物，把陌生人看得比其他家庭成員還重要，讓陌生人享受非凡的特權。」

如果你負責款待陌生人，你也會特別有面子，以致大家爭相吸引陌生人。韋斯特馬克描述西奈半島上的阿拉伯人：「如果有遠方的陌生人來訪，當天晚上，第一位向大家介紹陌生人的人，無論是大人或小孩，絕對都會興奮得大叫：『我的客人來了！』」韋斯特馬克在很多文化中都發現，殷勤款待摻雜了超自然力量，陌生人既美好又恐怖，宛如來自另一個維度的人。下面援引自韋斯特馬克的著作：

北美原住民易洛魁聯盟（Iroquois）的宗教禮儀師主張：「如果陌生人在你家附近遊蕩，邀請他來家裡，殷勤款待，對他說一些溫柔的話，別忘了要提到偉大的聖靈。」至於新赫布里底群島（New Hebrides）的安納通島（Aneityum），當地人相信殷勤好客之人，可以在死亡之地獲得最大的回報。卡爾梅克人（Kalmucks）也相信，如果不殷勤好客，天神一怒之下會給予重罰。孔德人（Kandha）也認為，天神派給人類的第一個責任，就是待客之道，「如不遵守，便會遭受天譴，不是現世報，就是來世報」，懲罰包括死亡、貧窮、疾病、失去孩子等災難。印度的聖書經常提到，待客之道是每個人的重責大任，如果好好履行這份責任，絕對會獲得重賞。梵唱歌詞說到：「不懂待客之道的人，雖然有在呼吸，卻沒有真正活著。」《毗濕奴往世書》（*Vishnu Purana*）說到，如果刻意忽視窮人和友善的陌生人，沒做到殷勤款待，就會下地獄，反之如果善待賓客，將獲得最大的回報。印度史詩《摩訶波羅多》（*Mahabharata*）也說了：「讓賓客開心一夜，獲得人間至上的幸福；讓賓客開心兩夜，獲得空中至上的幸福；讓賓客開心三夜，獲得天堂極樂；讓賓客開心四夜，獲得無與倫比的至喜；讓賓客開心日日夜夜，獲得無盡的世界。」《吠陀》（*Veda*）也有類似的內容，「將食物施予素未謀面的疲憊旅人，將獲得無上功德。」

很多社會對於待客之道還設下限制。如果陌生人殺了你的兄弟，還請求你殷勤款待，你必須同意；如果有人要殺你的賓客，你必須誓死捍衛賓客的安全。

施略克表示，在很多文化中，待客之道與宗教何止相關，簡直是關係密切。「待客之道是宗教的一部分，跟宗教一起發展。」他說。「很難說是宗教賦予它力量，還是它賦予宗教力量。」換句話說，我們是因為懂得待客之道，才是虔誠的教徒，還是因為夠虔誠，才懂得待客之道呢？這個很難說。施略克花費數年時間研究阿拉伯人的待客之道，稱為**慨善**（karam），他為此前往約旦的貝爾加（Balga）部落，並在二〇一二年寫下這段文字：「一個家如果沒有賓客，沒有可以容納賓客的空間，沒有食物和飲料可以招待，既軟弱，又可恥。」對當地人來說，待客之道是深層的信仰，施略克認為**慨善**「早已烙印在當地人的皮膚上」，「從父親和祖父身上繼承而來」，寶格威人（Balgawi）對施略克說：「**慨善**不只是施予飲食。待客之道必須發自靈魂，發自血液。」

這份責任已經深植人心，據說貝都因人（Bedouin）款待客人時，已經到了失心瘋的地步，稱為**阿拉伯人的狂熱**（hiblat al-'arab），整個人受到聖靈的指引，把一切都給了賓客。施略克花了數年時間，發現約旦河谷的一個民間故事，有個人因為身上沒有半點值錢的東西，只好把孩子給了陌生人。很多故事也在傳達類似的訊息。宗教狂熱者為了有顏面對天神，不惜拋棄一切，**好客之人**（karim）面對流浪的陌生人，一下子就陷入極其有害的待客之道。

現代人說到待客之道，通常會想到飯店、旅館業，收容疲憊的旅客，向他們收取一定的費用後，便不再有人與人之間的對話，取而代之的是無線網路和奢華排場，以及每天早晨七至九點，大廳供應的赭色咖啡，外加塑膠包裝的溼黏馬芬。在遠古的人類始祖看來，這根本不是待客之道。反之，待客之道應該從日常實踐昇華到超自然層次，成為不可侵犯的法則。要是不善待陌生人，就會遭到天神和神職人員的懲罰。[24]

下一個問題來了。為什麼要有待客之道呢？

希臘人對於待客之道一詞貢獻良多，希臘文叫做xenia，xenos這個字根是陌生人的意思，英文的「xenophobia」（仇外）和「xenophilia」（喜愛外國事物）兩個字，都是源自這個字根，但待客之道並非希臘人開創的傳統，而是要追溯到更早的年代，究竟是多早以前呢？我們也不清楚，但根據考古證據顯示，我們現在所知的待客之道，可能從一萬年前開始，大約是農業革命的時期，狩獵採集生活逐漸式微之時。待客之道正如同團隊合作、榮譽親屬、招呼儀式等，一開始並非追求善良和正直，而是要追求效力，人們覺得有用處，所以才去做。

劍橋大學人類學家馬丁・瓊斯（Martin Jones）研究人類剛開始定居農耕的時期，貨物、食物與文化如何長途流動。他說在那個時期，有一些四海為家的人，出發前往更遙遠的地方，比以前的人完成更漫長的旅行。考古學家發現，貝殼竟隨著旅人遷徙了一千七百四十哩，相當於一整條幼發拉底河；黑曜石是刀具常見的裝飾，在土耳其與西南亞之間的路途上，隨處可見黑曜石的蹤跡。現代人看這些距離可能覺得沒什麼，但是在當時卻是非同小可。

根據瓊斯的說法，待客之道催生了長途旅行。人類從狩獵採集轉為農業，從游牧轉為定居，於是社區出現了，可以作為陌生旅人的轉運站。瓊斯寫道：「這些定居者落腳後，打造固定的人為景觀，為旅人實現新的移動機會，長途旅行終於得以實現。持久性和流動性兼具的景觀，創造了全新的人際交流模式，雙方有可能是全然的陌生人。」現代人有城市和城鎮，還有旅館和民宿，以及機場和公車總站，長途旅行變得更加便利，但是早在以前，人類初期的定居地就有這個功能。

---

24 有時候，超自然力量掌握在主人手上。一九五一年，尼可拉斯·阿德里亞尼（Nicolaus Adriani）和艾爾博圖斯·克里斯蒂安·克利伊特（Albertus Christiaan Kruyt）研究印尼南蘇拉威西省（South Sulawesi）托那加（Toraja）山區，有了難得的發現：「有時候陌生人行為粗暴，沒徵求同意就擅闖其他部落，侵占別人的土地。地主不想和其他部落起衝突，打算息事寧人，但其他村民會幫忙打抱不平。「（一個村民說）我們會詛咒那些陌生人……然後祖先就會化身成老鼠，吃光他們的米和玉米，讓他們沒有作物可以採收。」

瓊斯分析古代人類的DNA，發現徒步旅行者多為男性，尤其是非勞動人口的男性。瓊斯推測，當農耕取代了狩獵（傳統的男性工作），男性的勞動人口便會過剩，使得這些男性變得無所事事。若是在現代，有一堆多餘的男性勞動力，尤其是年輕男性，麻煩就大了。政治科學家瓦萊麗・哈德森（Valerie Hudson）和安潔雅・鄧包爾（Andrea den Boer）研究過這個問題，她們認為：「這些勞動力過剩的年輕男性有幾個可循的模式，理論上發現，這些男性比起其他男性，更容易為了追求滿足感而施暴行惡，為了爭取平等地位而掠奪資源。」

只可惜，一萬年前還沒有電動玩具和白人民族主義，這些勞動力過剩的男性只好徒步去旅行。依照瓊斯的推測，這些人成為大批的流浪者和商人，隨身會攜帶身分物件，例如貝殼裝飾、工具和武器，以及鷹嘴豆、無花果、豆莢、各種小麥等食物，在定居地之間來回穿梭，跋涉千萬里，跨越無數迥異的地區。瓊斯寫道：「他們拚命往新的地方去，這可是現代世界公民的重要驅動力。」

大約一千年前，隨著人際網絡無盡延伸，人們會離鄉背井，尋找新的定居地點，於是帶著家畜一起遷徙，同時把農耕、建築等技術，以及文化和宗教等觀念帶到新的地方去。人類社交圈不斷擴大，創新速度加快，人與人有機會相遇，人群和人群有機會交流，形成越來越大的社交圈。人與人的相遇成了傳統，瓊斯認為，這項傳統將成為「文明的基石」。[25]

待客之道對旅人來說很划算，旅人到處旅行，吸引眾人目光，獲得免費的食宿。但待客之道對主人有什麼好處呢？主人有房子住、有食物吃、有衣服穿，為什麼要和陌生人分享呢？陌生人說不定會害人。為什麼要邀請陌生人進入家裡呢？韋斯特馬克也很好奇，他在一九〇六年寫下這段文字：「如果換成其他時空，這些陌生人可是劣等人或敵人，誰都可以搶劫他，甚至殺害他，不用負任何法律責任，但是在這個年代卻享有賓客的特權，這絕對是最奇特的對比了。任何研究人類道德觀念的人，內心可能都想問，為什麼大家會接受陌生人？」

25 我知道其他相反的論點，例如有人主張人類文明是生態浩劫、人類是地球的癌細胞等，如果我們一直過著狩獵採集的生活該有多好，我也贊成這些論點，有可取之處。雖然人類文明還有很多承諾尚未實現，但我還是喜歡它。我發現，我最喜歡的一些人，都是文明人。

這個問題有幾個可能的答案。首先是慈悲為懷，主人可能看陌生人有需要，內心感到同理，或至少同情陌生人的處境，尤其是面對惡劣的氣候，例如居住在西奈沙漠的人，若不殷勤款待陌生人，則形同謀殺，而謀殺是壞事，陌生人站在你面前，只有你可以確保他能安全活下來，雖然如果他死了，地球仍會持續轉動，但你信奉的神可能會大發雷霆、你的鄰居會看不起你，他的朋友也可能會來找你尋仇。無論怎麼看，都值得冒險幫幫他。

不過，待客之道不只是風險管理。陌生人是潛在的盟友，以古希臘為例，地中海地區沒有法律，如果有機會和其他地方的人打好關係，何樂而不為呢？這些關係可以取代國家組織，為你帶來交流、情報和潛在的聯盟，未來你就可以在希臘世界暢行無阻。若你招待其他地方的訪客，等到你有出遠門的需要時，就多了安身之地。若你好客之名在外，別人都想來找你，可以擴大你的社交圈，確立你在世界的定位，為你在無情的年代擋下凜冽的寒風。這一點很重要！歷史學家奧斯卡・尼貝肯（Oscar Nybakken）表示，對希臘人來說，「接待和款待陌生人不僅是榮幸的事情，也是神聖不可侵犯的責任。每次有陌生人光臨，要立刻展現歡迎之情，稍有怠慢，主人就會臉上無光。」

《奧德賽》有古希臘聖經之稱，其中有一幕特別能彰顯這種心態。奧德修斯和其手下遇到獨眼巨人，希望可以在此停留。獨眼巨人卻大罵奧德修斯是傻瓜，並說他不怕宙斯，他們的人比神更厲害，然後就吃掉奧德修斯的手下。奧德修斯大為惱怒：「你瘋了！以後還有誰敢來拜訪你？」即使你是什麼都不缺、什麼神都不怕的獨眼巨人，不歡迎陌生人依然是瘋子才會做的事，因為陌生人真的很寶貴。

待客之道會成為主流，絕不是因為主人相信人性本善。主人不必然相信人是善良的、值得信任的、有趣的、好玩的，他們對陌生人的看法正好相反。賓客一字，在拉丁文是hostis，同時有「陌生人」和「敵人」的雙重含意。待客之道其實是為了減輕恐懼，在不穩定的環境把握機會。陌生人突然出現，任何人都會舉棋不定，畢竟陌生人代表未知，而未知隱含了威脅和機會。為什麼是威脅？因為陌生人有可能殺害你的家人、搶劫你的財產，或者擾亂你和村莊的生活。為什麼是機會？因為沒有人知道陌生人的能耐、財富和身分。

當你款待陌生人，放下那份恐懼，把陌生人請到家裡（這就是馴化），提供飲食和住宿，你的心便會開始放鬆，逐漸認識眼前這個陌生人。哲學家尼采（Nietzsche）認為，待客之道是在「麻痺陌生人的敵意」，也是在麻痺主人的恐懼。你和陌生人同坐，一起吃飯，凝視著對方，互相聊天，連續幾個小時，自然會舒緩緊張關係（如果大家沒有手機可滑的話）。

這時候，雙方形成小小的**共同體**，特別的事情就發生了。一九七五年荷蘭神學家亨利・盧文（Henri Nouwen）寫道：「可怕的陌生人成了賓客，讓主人看見陌生人潛在的好處。」這些好處包括友誼、聯盟或貿易。陌生人可能透露哪裡有水資源，或者給你一些種子，讓你種出新作物，或者教你新的農耕技巧等。陌生人給你的禮物，可能是一把刀、串珠吊飾、一個笑話、一首歌、一個有趣的故事，或者用陪伴趕走你單調的生活。未來有一天，你去他附近的地方旅行，換他招待你。這啟動了狩獵採集社會的間接互惠，互惠是「凝聚整個社會的紐帶」，人類學家朱利安・皮特・里弗斯（Julian Pitt-Rivers）認為，「人與人有了交流，便會建立關係。」

這些交流不只是幫忙或款待，還有更深層的東西，讓我們更貼近本書的核心。過去一百年來，哲學家、人類學家、社會學家和神學家都主張，對陌生人殷勤款待有其他更深層具體的好處，不僅僅是收集情報或集結同盟而已。德國社會人類學家弗洛里亞・

穆弗里（Florian Mühlfried）寫道：「陌生人的到來，斬斷日復一日的生活，讓我們迎接非比尋常。陌生人的力量就是打破日常。」

一九八五年，前耶魯神學院院長湯瑪斯．歐格來崔（Thomas Ogletree）這樣說：對陌生人殷勤款待，是為了迎接新鮮的、不熟悉的、未知的事物……陌生人知道我們沒聽過的故事，改變我們看事情的角度，刺激我們的想像力。這些故事讓我們從全新的觀點看世界。互相分享故事，確實有危險，但也不一定。這會帶來歡樂，心靈跨越社會和文化的藩籬而相遇，令人喜悅洋溢。陌生人不只會質疑或推翻原來的意義體系，還會豐富它，甚至轉化它。

世界上很多地方，已經看不見這種待客之道，尤其在西方國家。政府透過社會福利、國民住宅、避難所、正式移民管道、難民收容所，幫人民款待來自國外的陌生人；飯店、旅館業也幫大家款待國內有資源的陌生人。然而，人類學家施略克研究約旦的貝爾加部落，認為我們這種複雜的社會「反而造成問題，這是大家尚未發現、診斷和解決的」。工業化國家持續吸納新移民、移工和文化陌生人，但是從個人出發的待客之道卻沒落了，個人與陌生人之間**不再接觸**。

人民不會和這些陌生人坐下來聊天，也不會相遇。有些人還是會，例如當志工，或者在新住民團隊工作，但主要仍是國家在照顧陌生人，於是對很多人來說，新住民只是抽象的概念。瑞典研究者畢・普拉寧（Bi Puranen）談起瑞典國內的矛盾，瑞典雖然接納很多中東的難民，卻引起國內強烈的反對聲浪。她在信件中表示：「以人均數來說，（瑞典）比其他國家接收更多的難民，但這就是待客之道嗎？曾經到瑞典人家裡作客的難民少之又少。」

待客之道是在克服恐懼，迎接陌生人所帶來的機會。一旦少了人際接觸，恐懼是難以消除的。我們天生就害怕陌生人，如果再受到刺激，對陌生人的偏見將一觸即發，我們對陌生人的想像會天馬行空，以為這些人都不配當人。我們不太可能回到過去，把每個陌生人都交給個人來款待，但我們還是有款待和接受款待的本能，當起東道主，和新朋友建立連結，是人類千年來不斷練習的結果，讓我們相信款待陌生人不但平安無事，還會從各個方面獲得回報。那麼我們該如何善用這項本能呢？

為了解答這個問題，我們將一起前往洛杉磯，在某個街角烙下深刻的印記，留下有點羞愧的經歷。

Chapter

9

如何傾聽陌生人的聲音？

我做了一點可怕的嘗試，從而發現就連傾聽陌生人說話，對我們和陌生人也會有深刻的影響，包括排解孤獨、增進歸屬感、促進理解。

我站在洛杉磯的街角，拿著一張簡陋的厚紙板，上面寫著「免費聽你說話」（Free Listening），我身旁這位男性叫做班恩·麥特斯（Ben Mathes），他陪我一起等待陌生人上門聊天。麥特斯是演員和表演藝術老師，也是「都市告解室」（Urban Confessional）的創辦人。都市告解室這個組織鼓勵民眾製作簡單的紙板告示牌，站在人來人往的公共區域，為任何想要聊天的陌生人提供傾聽的服務。我看過都市告解室的報導，老實說，有一點半信半疑，甚至有點害怕，畢竟大白天的，拿著如此簡單的告示牌，站在人來人往的街道上，招攬陌生人來向我吐露心聲！儘管如此，我還是聯絡了麥特斯，他邀請我在洛杉磯傾聽陌生人說話。我搭了四十二小時的火車，終於抵達洛杉磯，稍微補個眠，隨即出門和麥特斯吃早餐。

為什麼要做這種事？在大庭廣眾之下，毫無防備，毫無遮蔽，把自己當成容器，無條件接收陌生人吐露的心聲。麥特斯是因為面臨人生危機。他從小在喬治亞州長大，二〇〇五年，前往加州大學爾灣分校攻讀表演碩士。他演過幾個角色，包括出演電影《美國狙擊手》（*American Sniper*），並曾在《羅賓漢》（*Robin Hood*）擔任演員羅素．克洛的語言教練，還有演出其他電影和影集，他平常也有授課，甚至開了一間表演工作室，二十六歲年紀輕輕就結婚，一切非常順利。

「都市告解室是怎麼開始的？」我趁著共進早餐的時候問他。

「我離婚了。」他說。「一切就這樣開始了。」

一如既往，離婚讓人跌到谷底，麥特斯也不例外。

但是他沒有絕望，他以前曾做過志工，父親也經營過非營利組織，專門在海外進行傳教工作。他說：「我知道服務別人本身，對於服務者有復原的效果。」於是他開始想辦法貢獻自己，二〇一二年五月的某一天，他在前往表演工作室時，街上遊民向他乞討一些錢。當時麥特斯沒有多餘的錢，但他內心有一股衝動，竟提議遊民和他一起禱告。

「我從沒做過這種事。」他說。「但我還是做了！」他並未說明原因。他不是要改變遊民，也不是要拯救遊民的靈魂。這只是普通的禱告罷了，套句麥特斯的話，「免費幫你禱告」。遊民和他一起禱告，讓麥特斯萬萬沒想到的是，他竟然感覺自己和那位遊民融為了一體，他們暫時放下一切，只和彼此同在，一起活在當下。

他們做完禱告就分開了，但是那份感覺一直留在麥特斯心中。「我心想，**我還有機會做這種事嗎？還有什麼類似的服務嗎？**靈機一動，**我想到了免費聽你說話。**」那一天，他去工作室上課，向他的學生宣告，那個禮拜四他要去街頭免費聽陌生人說話，有幾位學生表示願意一起響應。第一天，有一位陌生女性來找他聊天，談話的內容很有深度；下一個人則不是來聊天，而是來取笑他們，「免費聽你說話？」她說。「三十年來都沒有人願意聽我說話，你們怎麼可能會願意？」然後她就走開了。

可是，麥特斯迷上了。他每天都去四個小時，就這樣持續了一年的時間，終於把離婚後破碎的自己拼湊起來，還成立了都市告解室。他從中發現，他傾聽的那些人似乎也受到深遠的影響。一旦你排除他們的疑慮，證明自己不是在賣東西，不是邪教，也不是傳教，更不是社群媒體的整人遊戲時，人確實會願意敞開心胸。這對麥特斯本身也有幫助。「我發現每個人都有狀況不好的時候，我可以和他們一起共體時艱。」他說。「暫時不去想我自己的事也很棒。」

後來陸續有其他人加入，都市告解室日益壯大。麥特斯根據自身的經驗，為志工寫了幾點注意事項。首先，**事件的主角不是你**。你不是要受到所有聊天者的認可，也不用證明自己的獨特性。「如果你把事件看得太重，那你就痛苦了。」你要讓自己成為服務者，提供一個單純的傾聽管道。

第二個提醒是「**不平衡的對話**」，又稱為**八十／二十法則**，既然是免費聽人說話，你說話的時間就不能超過百分之二十。第三個提醒是「**同理認同**」，傾聽者只須試著理解對方說的話，但不須做任何評斷，不幫忙解決問題，所以要盡量提出開放性的問題，例如「那樣你覺得如何？」不隨便發表個人意見或建議，不爭論、不評論。第四個提醒是「**非言語的關注**」，例如眼神接觸、點頭、出聲回應，最重要的是不看手機，讓對方知道你有在注意聽。

最後一點是「**尊重沉默**」。有人在述說的過程中會停頓下來，此時你不用急著填補空白，就讓對方好好想一想，把事情理清楚。很簡單，但做起來不容易。

麥特斯說他這些建議毫無科學根據，只是他的個人經驗，但他的直覺很敏銳，大量研究都得出相同的結論，臨床心理學之父卡爾．羅哲斯（Carl Rogers）就曾經說過，同理的傾聽可以療癒人心，緩解社會問題，終止戰爭。

最近有兩位以色列商學院的知名教授專攻傾聽研究，分別是蓋伊．伊茲恰科夫（Guy Itzchakov）和艾維．克魯格（Avi Kluger），特別在《哈佛商業評論》（*Harvard Business Review*）中發表了一篇文章，建議經理人如何成為優秀的傾聽者，剛好和麥特斯的心得不謀而合。「如果無法百分之百專注，還不如不要傾聽」、「不要打斷別人說話」、「不要評斷或評價」、「不要把自己的解答強加給別人」、「提出（好）問題」，可見提問有助於說話者清楚表達。這兩位研究者發現，有人聽自己說話，心中會有強烈的幸福感，比較不會焦慮，進而能夠暢所欲言，不用擔心被排斥或否定，從而卸下防備，更願意說真話。

羅哲斯主張，如果人感到自在，加上面對開放性提問，就有機會深思自己要說的話，確認自己內心的信念，因為沒有必要防備。如此一來，能把想法或經驗更清楚的表達出來，心裡想得更清楚，記得更牢靠，最後自我覺察力也會提升，以前沒有意識到的複雜或矛盾，現在都看得一清二楚。很奇妙吧！有人聽自己說話，反而會表達得更清楚，思考得更透徹，態度更冷靜，頭腦更清晰，細緻入微，自我覺察。

都市告解室的志工上街頭，都是兩人一組。麥特斯制定這個規矩，是為了讓志工安心。對說話者來說，一對二也比一對一放鬆。每當有陌生人上門，志工便會放下手上的牌子，這樣正式談話的時候才不會太緊張或擔心汙名化的問題，因為在外人看來，只是三個人在街上閒聊。對話過程中，他們不會錄音，也不會錄影，所以聊完就煙消雲散，一切只留在參與者心中，不會遭到Google分析，也不會賣給廣告商圖利，也不用擔心哪一天，有競爭對手、敵人或惡人挖你刊登的舊文，刻意中傷你。都市告解室的對話稍縱即逝，無影無蹤。可是，這帶來的好處卻是真實的！麥特斯和他的學生與朋友，做了好幾年免費傾聽服務，一直到最近才受到大家關注。二〇一六年美國聯邦衛生署長維偉克．莫西（Vivek Murthy）等人，呼籲社會大眾關注持續攀升的孤獨人口。「現在社群媒體很普遍，但是孤獨和社會孤立卻大流行。」孤獨也會傷害健康，如今研究人員、社運人士或西方政府，都開始設法解決孤獨的問題，有些人開始去都市告解室做志工，使得都市告解室在一時之間紅遍全國和全世界。全球各地開始詢問麥特斯，該如何參與這些活動，目前都市告解室在全球五十多個國家設有分會。

莎拉．崔西（Sarah Tracy）博士對此也有興趣，她是知名的人類溝通學家，任教於亞利桑那州立大學。她觀察自己的學生，開始擔心人與人之間缺乏面對面接觸。她認為如果人生只剩下數位通訊，人類世代傳承的基本社交能力便會退化。她發現學生越來越孤立，難以與人建立連結，有一位學生甚至不敢打電話訂披薩，因為和電話另一端的陌生人說話，讓她感覺壓力很大。[26]

學術研究也證實了崔西博士擔心的問題正在發生。美國大學健康協會調查發現，

---

26 我不經意在麻州當地的報紙，看到有關丹妮爾．克勞佛（Danielle Crafford）的報導，這位女性是成功的建築師，她把功勞都給了她的父親，因為父親會逼她和陌生人說話。「我爸爸每個禮拜五都強迫我打電話訂披薩。」她說。「我討厭打電話，討厭和別人講電話……但我爸爸逼我去做，他說『妳一定要學習和別人說話』，所以強迫我打電話訂披薩。」

超過半數的大學生感到孤獨。二〇一八年美國信諾人壽（Cigna）展開大規模研究，發現十八至二十二歲年輕人的孤獨感，反而比其他年齡層更嚴重，有百分之六十九的人認為身邊的人不理解自己，反觀其他世代的情況則好多了。研究團隊下了一個結論：「那些經常在人與人之間進行有意義互動的人，孤獨感的分數比較低。」缺乏面對面接觸，不僅會讓人感到孤獨，還會喪失社交動物的基本能力。另一份經過三十年的研究報告，發現大學生的同理心下降百分之四十，因為面對面接觸是同理心的關鍵元素。

崔西博士曾聽過都市告解室，心想這個途徑很管用，可以幫助她的學生。她決定給學生一門功課，沒錯！就是「免費聽你說話」。她希望學生能學會傾聽，更重要的是在線下的世界，和陌生人展開更豐富的連結。她對我說：「人們以為傾聽是與生俱來的能力，但是在現代不可能。」她在信中表示，免費聽你說話這門作業，讓學生有機會體驗到，「只要願意敞開心門，聆聽別人的觀點和故事，不急著回話或下評論，就會獲得無與倫比的回報。學生能藉此發現，別人也經常感到孤獨和缺乏連結，這本身就是在關照自己孤獨的感受，也會驚覺自己太少邀請別人進入自己的世界（尤其是陌生人），還有自己無條件聆聽的能力太差了。」

崔西博士的其中一位學生叫做妮基．楚瑟立（Nikki Truscelli），在加州出生長大，最近在亞利桑那州立大學取得溝通博士學位。楚瑟立一聽到「免費聽你說話」，心裡就盤算著，**無論如何，她都要試一下**。她先在校園試行，結果她愛死了。「一開始不太自在。」她說。「但跨出了第一步，我大致覺得，這不就是我們該做的事嗎？」她也認為對大學生能有所幫助。亞利桑那州立大學的學生人數在美國數一數二，但楚瑟立也發現這些孩子之間不太有連結，她難免懷疑，「我的學生知道該怎麼聊天嗎？」於是她開始在自己的課堂，納入免費聽你說話的功課。

「我不強制每個學生都去執行免費傾聽服務，但那些實際試過的學生，都發現人生變得不一樣了。」她說。「有些學生跟我反應，『沒想到其他同學也會焦慮、憂鬱和想家，甚至身邊還有朋友想自殺』，有些孩子可能只是和教授好好聊一聊，反正就是創造一個特殊的空間，更貼切的說，創造一個社群。我衷心希望，有朝一日，我們再也用不到『免費聽你說話』的牌子。」

二〇一八年，麥特斯和崔西、楚瑟立等學者討論，看看有沒有可能針對「免費聽你說話」進行研究，深入探討實際執行者的心路歷程，其中一位學者是克里斯．提雅索

（Cris Tietsort），他是楚瑟立的朋友，正在攻讀博士。他和他的同事凱爾・漢納斯（Kyle Hanners）展開一項研究，共招募十四位受測者，年齡介於十八至十九歲之間，每週實行免費聽你說話，連續實行五週，再來回報情況。

提雅索把受測者的回應分成幾大類。有一類學生認為，免費聽你說話是「古怪的新玩意」，他們之前從未默默站在校園裡，關掉手機，專注於當下，實行之後才發現，「原來自己都不曾用心觀察周圍的環境」。第二類學生習慣受控的人際互動，無論是線上或是面對面，都希望一切在掌握之中。「這些學生沒試過不受控的對話，不主動和別人聊天，不習慣冷場，不習慣被當空氣，不習慣毫無防備。」有一位學生甚至說，「我只和我**想聊**的人說話」。可想而知，當他們站在校園裡，放下對人際互動的控制權，是多麼不安的事情。

可是，一旦克服了心理障礙，這影響會很深遠。有一位學生回報，陌生人吐露心聲之後，「心情快樂多了，或者說整個人比較放鬆」。另一位學生說自己好像「公僕」，也有學生覺得自己送給社群一個「禮物」，彷彿回到了傳統社會，一般人和陌生人交流時，通常會交換禮物的情形。有些學生本來對自己的直率和勇於表達己見引以為傲，後來發現支配欲太強，反而會關閉對話，斬斷意想不到的洞見、故事和驚喜。有的學生本來怕冷場，最後發現急著插話，反而會妨礙深層的對話，還不如退一步，讓別人想清楚要說的話，任由對話自然而然開展。一位年輕人說了：「還好我有閉上嘴巴，否則我根本不可能真正理解這些人。」

提雅索做了匿名處理，讓我看一看這份研究資料。有一位學生的體驗特別具有代表性，姑且叫她布莉好了。她回想起：「這真的是超級可怕的經歷，光是站在校園裡就夠奇怪了，還要拿著牌子，豈不是更怪？而且要一個人站著，我第一次嘗試的時候，站了二十五分鐘，都沒有人上門，我感覺有點丟臉。」之後有人靠過來，大家開始聊天，布莉還滿喜歡這種感覺的。她發現「這是她從未有過的體驗」，不瞎忙、不說話、不看手機。她說「自己內心很平靜」。

她進行了越多次，受到的影響越深刻。布莉說：「我以為是對我自己的影響，但我每次做完免費傾聽服務都覺得『我現在對人類有信心了』。如果我的日子過得不順遂，傾聽別人的心聲，會讓我寬心不少。我不確定原因是什麼，可能是我活在當下，也可能是有機會和平常碰不到面的陌生人交流，好比我們搭電梯，偶爾也會與共乘的人閒聊。

當你正在做事或等待的時候，別人突然找你聊，那種感覺是如此心滿意足，畢竟現在這樣的機會不多了。」她對研究團隊吐露，自己還算有傾聽能力，可是在同儕之間很少見。「我的朋友們普遍不愛傾聽。」她說，尤其是聊一些沉重的事情。「我朋友會覺得，『噢，我聽了不舒服，我不要聽！』我就會想，『**那你要怎麼和別人產生連結？**』」

個性內向的學生也不例外，只要克服最初的焦慮，就會發現傾聽並不難。有幾位學生本來擔心和陌生人沒什麼好聊，但沒想到放下掌控欲，對話竟然很順利就完成了，甚至還聊得比想像深入。有些學生變得更有連結力和同理心，能放下自己對某些人的刻板印象。有一位學生說，以前他走進階梯教室，會**嫌人太多**，現在他很**慶幸有人在**。另一位學生回報，他從傾聽的過程，學會如何和別人對話。

現在我們回到洛杉磯！我和麥特斯吃完早餐，找了一個合適的街角，準備開始「免費聽你說話」。坦白說，我不是特別愛傾聽的人。雖然為了工作，我必須提問和傾聽，但這是記者的身分使然，我必須照著採訪的規則和流程走，是不得已而為之。我絕非一個會拿著牌子，站在街頭的那種人，我很容易覺得尷尬，而且真的是這樣啊！我一尷尬起來，蒼白的臉瞬間變得紅彤彤。免費聽你說話要求我克制自己，因為重點並不在我，而是在於開放和接納。只要敞開心胸，別人就能感受得到，自然會受你吸引。

「有什麼開場白嗎？」我問麥特斯，我們已經在街角就定位。「如果有人走過來，劈頭就問：『這什麼鬼東西？』你會怎麼回呢？」

「很多人會問：『為什麼你要做這種事？』」他說。「我們通常會回答：『一切都是為了你！』光是這句話，對方聽了就很震撼，我是說真的，有的人會忍不住哭泣，我就曾經遇過。有些人就是不明白，怎麼會有人做事不求回報，但我就是這樣的人，最喜歡做事不求回報了。」這時，他對著前方的一輛跑車點點頭，一位年輕小伙子把頭探出窗外，想看清楚牌子上的字，然後他下了車，朝我們走過來。

「開始吧！」麥特斯說。

「你們在做什麼？」那個人問。「這是什麼？我開車經過，大概看過三次，我一直想問。」

「我們來聽別人說話。」麥特斯說。

那個人不敢置信，但是高興極了。他說他最近正在戒酒，我們做的事情讓他想起戒酒無名會（Alcoholics Anonymous），那是一個戒酒團體，讓大家有機會與同病相憐的人暢聊，那個團體對他的幫助比醫生或治療師更大。他說他待會有事，雖然快要遲到了，但仍想多了解我們，所以逗留了一陣子，說個不停。我們聽到酗酒對他工作的影響，以及他和老婆努力好多年，好不容易才懷上孩子，但沒想到生了老大後，老二和老三緊接而來，現在反而擔心孩子太多。他笑了笑，聊得比想像還要久，他給麥特斯一張名片，說他想來當志工，這件事似乎鼓舞了他，離開前，還一直向我們道謝。

後來有一位女性路過，問我們是不是志工。她說這個城市很需要志工，其他組織也在做類似的事情，她自己也做過。她說，傾聽很重要，因為「有些人就是找不到說話的對象，不得已才走上絕路」。

有個人開著經典古董車，剛好遇到紅燈，隨即打量我們，然後朝車窗外大喊：「我要聊一下我的變速器！」

快要結束的時候，一位高大的老年人走過來，問我們上帝有沒有名字。我全程洗耳恭聽，他花很多時間介紹耶和華見證人。如果是平常的我，早就開溜了，但此刻我竟然堅持聽下去，還問了一些問題。那個人說他從小信奉天主教，但最近研究耶和華見證人，想到末日劫難終將來臨，內心就平靜和澄澈不少。他說，他已經退休了，不想聊工作，只想和我們聊耶和華。

他一直說，我一直聽，也開始好奇，他的熱忱是怎麼來的。我問他結婚了嗎？他說結婚了，但老婆在幾個月前過世。他一度沉浸在回憶裡，說不出話。喪妻後，他本來迷失了自我，還好在一個月前發現耶和華見證人。當他知道世界快要走向盡頭，內心寬慰不少，沒想到身邊的人都不這麼想。他說，《聖經》曰，當復活之日到來，那些在後的，將要在前，那些在前的，將要在後。這裡說的是《聖經》中的人物亞伯遭到哥哥該隱殺害，神話史上第一個殺人事件，卻是最後一個復活。那個人說，這樣不是很好嗎？他會比妻子更早復活，可以先去等她，告訴她，他有多麼思念她。「不能再說下去了……」他情不自禁地哭了。

他臨走前，不斷與我們握手致謝。麥特斯看著我，一副**我就跟你說吧**的表情。他說對了一件事，只要克服尷尬這一關，其餘的就簡單了。沒錯，真正的困難是閉嘴少說話、不隨便插嘴，尤其當我們和對方意見不同時，例如聊到核子外交或年輕世代的花錢方式。當你展現開放的心胸，別人自然會親近你。你提出開放性的問題，別人自在的回答，你專心的聆聽，別人會說得更起勁。這其實是一種解放，不用擔心說得好不好，或者有不有趣。我做完免費傾聽服務，整個人精疲力竭，但心情愉悅，有一種舒暢的快感，體會到神的恩典，施比受更有福。

我問麥特斯，這段經歷如何改變他這個人，以及他的世界觀。他回答：「這件事做久了，難免會淚灑街頭，因為你看到每個人都這麼可愛、這麼美好，**我是說真的**！我看事情的角度變了，一整個變了。傾聽這件事，帶領我們去觸碰敏感的話題，不僅療癒了你，也療癒了我。」

後來，我還是很好奇，為什麼傾聽這件事（注視對方，展開深度對話），會令人激動不已。我猜是不是和體內促進連結的催產素有關。與陌生人聊天，難道會刺激催產素分泌嗎？我特地詢問賴瑞．楊（Larry Young），因為他在埃默里大學實驗室進行催產素研究。他認為有這個可能，尤其是當雙方眼神接觸時。他表示：「當你注視對方的眼睛，對方會感受到正向的連結。如果你擅長這麼做，可能會刺激對方分泌催產素，讓對方覺得你是自己人。」他說觸摸也有相同的效果，如果在適當的場合，別人不會感到害怕或被侵犯，他就會盡量觸摸對方。

但如果**只有聊天**呢？真的會刺激催產素分泌嗎？楊這麼回答：「如果聊天的內容

令人感到互相連結，互為一體，應該也會分泌催產素。」我問他，我和陌生人聊完會有如釋重負的感覺，是不是也和催產素有關。他認為有可能，因為催產素是抗焦慮劑，可以讓人安心。「催產素會帶來安定和放鬆的感受。」他說。「媽媽在育兒時，能夠散發自我安定的感受，就是催產素的功勞。」

做完免費傾聽服務，奇怪的事情發生了。首先，你的心情確實會好一點，至少我是這樣。我如釋重負，因為實驗成功了，我還感覺輕鬆多了。我也和參與實驗的學生一樣，整個人更平靜一點，更活在當下，更敞開心胸，沒錯，我眼中的世界更美好了。我感覺體內化學物質飆升，大概是催產素在起作用吧！

但是，我還有發現其他作用。參與實驗的同學描述那段經歷時，經常說「對社會有益」、「開放」和「為別人持守空間」。傾聽者站在原地不動，陌生人抱著忐忑不安的心情靠過來，受到傾聽者的熱烈歡迎，經過一小段尷尬和忐忑，終於卸下心防。陌生人越來越自在，開始盡情聊天，釋放他心中的重擔。傾聽者認識自己從未想過的人生、從未去過的世界。你還記得學者楚瑟立怎麼說的嗎？「跨出了第一步，我大致覺得，這不就是我們該做的事嗎？」有這個可能！我們的感覺會這麼美好，無非是基本的需求被滿足了。這早已流淌在血液中，烙印在皮膚上，銘刻在人性中，只不過長期備受忽略。免費聽你說話，其實就是在練習待客之道吧！

貴格會神學家帕克．巴默爾（Parker Palmer）這樣定義待客之道：「把陌生人邀請到我們的私人空間，不管是自己家，還是個人的意識或關懷空間。當我們這麼做，會經歷人生重要的蛻變。私人空間頓時變大了，不再覺得擁擠、狹窄、受限，反倒覺得開放、寬廣、自由。」免費傾聽服務也是如此，我和陌生人互相交流，進而產生關聯，怪不得我覺得與世界更有連結了。我也說不上來，我只知道過了幾天，我再度回到洛杉磯街頭舉牌，陌生人就是會主動來找我聊天，無論是在街上、商店外或地鐵。很奇怪！我和麥特斯吃早餐時，他就向我預告：「你的開放性會伸縮，到時候你會走不開，因為大家都搶著要和你聊天。」

我們服務完畢，我用網路線上叫車，想去見一位洛杉磯的朋友。司機提醒我繫好安全帶，因為這是他第一天上班，感覺像一隻無頭蒼蠅。「真的嗎？」我回。他笑著說：「你是認真的嗎？我看起來真像菜鳥吧？不過好萊塢這個地方，我倒是熟得很！」他身材矮胖，快要六十歲，不是本地人。我決定自由提問，遵守八十／二十法則，問他一些開放性的問題。果然，他開始訴說一段跨國的悲慘故事。他在原本的國家事業有成，自己開公司，讓家人過著他夢寐以求的生活。他是窮孩子出身，所以不想讓家人受苦。但後來他遭逢厄運，事業走下坡。

一開始，他想瞞著家人，一來怕丟臉，二來怕家人不理解，不明白為什麼家裡不再寬裕。他以為家人會看不起他，所以當他老婆發覺不對勁時，他仍然繼續說謊。最後血本無歸，事業終究還是毀了，幾乎一無所有，家庭勉強保住。他說，他感到慚愧。

可是，這些日子以來，他感覺好多了，開著計程車賺錢，希望存一筆創業基金。他看著孩子聰明健康，大感欣慰。他說自己的好運快來了，這次他絕對要把握機會。現在他把人生看得更清楚了，是厄運讓他看清這一切。他說，賈伯斯（Steve Job）擁有全世界的金錢和全世界人的崇拜，但是他相信賈伯斯寧願拿這些東西去換取一天壽命，和家人多享受一天的加州陽光。

Chapter 10

陌生人之神

人類曾經活在恐懼、災難、混亂和仇恨中（顯然不是我們的年代），但人類群體仍完成史無前例的擴張，從此以後，全球半數的陌生人都有了共同的信仰。

班恩．麥特斯是一個有信仰的人（從很多層面來看都是），他之所以創立都市告解室，是因為一次禱告，他和一位生活困頓的遊民，突然間有了深度的交流。他們是陌生人，彼此有無數的差異，無論是地位或境況，但是那一刻，他們成了榮譽親屬，賓主盡歡，完成了深度的交流，分享了人性和悲傷。後來他創立了都市告解室，幫助很多人在短暫的時間內，營造出**共同體**的全新感受，打破人與人的藩籬。這樣看起來，免費傾聽服務還滿像宗教的。宗教的歷史，就是陌生人的歷史。

三大宗教的先知亞伯拉罕（Abraham）也當過異鄉人。根據《舊約聖經．創世紀》（*Genesis*）所載，上帝指示這位老當益壯的七十五歲老人：「你要離開家鄉和親族，離開你父親的家，到我指示的地方去。」亞伯拉罕的家鄉在蘇美人大城吾珥（Ur），於是他離鄉背井，展開他為期一百一十五年的異鄉人生，奠定了猶太教、基督教、伊斯蘭教三大宗教的基礎。

他在希伯侖住了一段時間，也就是現在的約旦河西岸。他的妻子撒拉享年一百二十七歲，客死異鄉，但他不是當地人，買不到墓地，無法為妻子下葬，只好懇求他的社交前輩們，亦即「那塊土地上的居民」，讓他有權購買墓地。他站在居民面前，說了一段簡單的話：「我是過客，也是寄居者。」這句話在《創世紀》中反覆出現，上帝曾對希伯來人說：「地不可賣斷，因為所有土地都是我的，你們只不過是土地上的過客和寄居者。」希伯來人也回應上帝：「我在你面前是過客和寄居者，像我列祖一般。」大衛王也對上帝說：「求主聽我禱告……我在你面前是過客和寄居者，像我列祖一般。」亞伯拉罕初來乍到，說了這段話，還真的奏效了。當地人授與他購買墓地的權利，於是他把撒拉下葬了，後來他自己也長眠於此。從此之後，希伯侖成了兵家必爭之地。

當世俗與宗教相遇，尤其是一神論的宗教時，宗教反而成了分裂的力量。人類天生不把外團體當人看，有了宗教撐腰，甚至會變本加厲，自認為在執行神的旨意，尤其針對那些大城市裡不信神的野蠻人，也就是少數族群。這在歷史上有太多證據了，不管是聖經典籍，還是世界史。我就是因為這個原因，才不信奉任何宗教。

儘管如此，我仍試著從不同的角度，重新看待這些大型宗教。整體來看，我認為宗教是人類非凡的成就。我們創造**共同體**的能力，經歷空前的大躍進，把無數的陌生人都變成**我們**。很多宗教文獻都在頌揚陌生人的價值，我們吸收這些典籍的智慧，學習和更多不同的人共處。

人與人之間的大屠殺，不可能拿宗教當擋箭牌，別忘了人類學家說過，最早的大屠殺發生在一萬年前，這比亞伯拉罕諸教早了六千年。人類學家道格拉斯．弗來專門研究狩獵採集社會的暴力行為，他認為人類大屠殺是在農業誕生之後，因為人類開始定居，人口越來越稠密，社會越來越複雜，階級制度日益發展，人與人越來越不平等。換句話說，人有地位和財產要保護，有土地要捍衛。人類的暴行說來就來，才不會等到旗幟繡上十字架或新月再說。人類的暴行比一神論宗教更早出現，也是宗教誕生的原因。

公元（正式名稱為**西元或耶穌紀元**）即將到來，人們都還沒虔誠呼喊耶穌或穆罕默德，帝國早已興起，大肆破壞。西元前一二〇〇年，古希臘、西臺和埃及帝國都瓦解了，歷史學家把矛頭指向靠搶劫維生的海上民族，包括地中海克里特島（Crete）和安納托利亞（Anatolia）的水手，在地中海東部諸國和島嶼胡作非為，洗劫村莊和城鎮。然而，現代歷史學家倒不是很確定，宗教歷史學家表示：「海上民族可能只是災難的表徵，而非起因。氣候變遷或環境改變之後，可能導致嚴重乾旱和饑荒，重創當地的經濟，當地面對經濟崩盤，缺乏彈性應對的能力。」

無論原因是什麼，總之後來就是一片混亂，暴力頻仍、社會動盪、大規模遷徙、貧困、疏離、不平等、苦難等。生活變得難以忍受，隨著人口遷移，人與人交流變多，衝突也增加，急需找到新的生存方式，把大家重新凝聚起來，排解人生在世的痛苦，於是宗教應運而生。

信徒領會宗教的力量，完全是出自本能。簡單來說，大型宗教帶給人安慰和歸屬感，以秩序取代混亂，透過儀式、服務和社群，減輕對未知的恐懼（比如陌生人、死亡、神和命運等）。就連科學家也強調宗教的社會意義，人類學家喬・亨里奇便認為宗教堪稱「科技創新，持續擴大人類社會的規模」，讓更多人和陌生人成為榮譽親屬，互相合作。我們已經知道人類自古以來，透過語言、文化或儀式，把陌生人納入榮譽親屬的範疇，和陌生人合作、為陌生人犧牲，把陌生人當成自己家人來關愛。宗教（尤其是西方宗教）更是如此，排除了人與大批陌生人相處之後的煩惱，包括分裂大家的部落主義、差異、愚鈍和疾病。

研究人員也發現，宗教信仰的種類其實和社會人口多寡有關。二〇一九年牛津大學哈維・懷特豪斯（Harvey Whitehouse）展開全球性研究，分析一萬年來全球四百一十四個社會，最後發現一旦人口突破一百萬，就會有「道德大神」出現，可能是基督教的上帝，或者因果報應（監督大家的所作所為，獎勵善行，懲罰反社會的惡行）。

一方面來看，這股力量就像神聖的社會監督系統，否則社會規模太大了，大家不可能隨時緊盯彼此，但是大型宗教的出現，還有另一個更深層的原因，也就是舒緩新社會的緊張。牛津大學研究團隊認為，帝國當中有太多族群了，教條為大家創造新的歸屬模式，超越部族界線，維持帝國永續發展，否則人恐怕會征戰不斷。宗教搭起一個更大的帳篷，容納不同的社會、文化、族群和種族，大家不用花時間認識彼此，就願意對陌生人投以信任。有了宗教，即使你住在全是陌生人的地方，也不會感到孤獨。

這就是宗教的厲害之處！英國哲學家艾倫・狄波頓（Alain de Botton）表示：「宗教很能體會人的孤獨。就算你不信宗教所謂的來世，不信教條背後的超自然力量，宗教仍有其可取之處，解釋了人和陌生人疏離的原因，建議該如何消弭彼此的偏見，讓人際關係順利發展。」狄波頓以天主教彌撒為例，證明宗教如何弭平差異和跨越界線，他寫道：「那些參加者的年齡、種族、專業、教育程度和收入都不同，這些靈魂卻因為信奉特定的價值而隨機聚在一起。彌撒主動打破我們熟悉的經濟地位之分，把眼光拉得更遠，放眼在全人類上。」

這一章鎖定西方宗教。當然，東方宗教也會教我們如何和陌生人共處，慈心靜觀冥想便是一例，冥想者會對親朋好友和陌生人傳遞祝福，在儒教和佛教隨處可見。孔子有些名言也和陌生人有關，例如「不患人之不己知，患不知人也」、「君子群而不黨，小人黨而不群」。對印度教和佛教而言，世上並沒有陌生人，每個人都是整體不可或缺的一部分，如果少了彼此，我們就什麼都不是了，佛教興起的時候，正值印度實行種姓制度，佛教在當時想必是激進的觀念。

我之所以鎖定西方宗教，是因為西方宗教的起源，正好對應到西方歷史。麥基爾大學（McGill University）比較宗教學家亞溫德．沙爾瑪（Arvind Sharma）區分東方和西方的宗教：「西方宗教社群往往聚集了不同文化的人，彼此因為信奉同一套教條才融為一體；東方宗教社群通常是類似文化的人，準備讓大家信奉各種教條。」換句話說，西方宗教的教徒互為陌生人，身處在危機時代，彼此迥然相異，與我們這個年代滿相似的。

不過我也很清楚，西方宗教遭到濫用，像我在波士頓的天主教社區長大，親眼見證了天主教的美好（社群、慈善等），但現在當地的教徒已經變質，惡名昭彰，猶如犯罪集團般。可是，西方宗教誕生的故事，可以讓我們明白，為什麼我們擁有與陌生人共同生活的責任和能力。我們先來看一看洪水、戰爭和天花，以及飢餓的鯨魚、會說話的葉子，這些突如其來的災難，曾經把兒時的我唬得一愣一愣，這就是所謂的《舊約聖經》。

我跟朋友說，我正在研讀《舊約聖經》，看《舊約聖經》怎麼描述陌生人，她馬上回我：「我猜猜，大概是『殺光光、吃光光』。」也是！很多陌生人被殺掉（倒是很少陌生人被吃掉），這剛好反映《聖經》書寫的時代。天主教學者詹姆斯．卡羅爾（James

Carroll）把《聖經》比喻成「戰爭文學」，他表示：「《聖經》所描述的暴力行為……反映《聖經》作者所身處的時代，當時除了暴力，仍然只有暴力。」

這些復仇和征戰的故事，有無數城邦被夷為平地，許多民眾遭到長矛、砲火驅逐，但沒想到《舊約聖經》會在陌生人埋下伏筆。有一些陌生人是行動的觸媒，也是影響力的動因，若不是他們，《聖經》的故事無以為繼。

現在回到亞伯拉罕身上。《創世紀》中記載亞伯拉罕殷勤款待三位陌生人，後來才知道他們是向上帝傳話的天使，其中一位天使向當時九十歲的撒拉保證，她會產下一子，也就是以撒，以撒長大後，會成為以色列的族長之一。另外兩位天使則告知亞伯拉罕，罪惡之城索多瑪即將毀滅，於是亞伯拉罕祈求天使，放過他的姪子羅德（Lot），羅德一家是索多瑪唯一的義人，天使答應了，隨即前往索多瑪，提醒羅德再度假扮成異鄉人，受到了羅德的殷勤款待。索多瑪的居民一看到外人就抓狂，一群人逼羅德把天使交出來。根據後來的詮釋，索多瑪人的罪孽有兩條，第一條是性侵（竟然想強暴天使），第二條是沒有善盡待客之道，無論如何，索多瑪人決定了自己的命運，以致索多瑪被夷為平地。[27]後來在《新約聖經》中，耶穌提醒信徒：「別忘了用心接待異鄉人，因為也許你不知不覺就接待了天使。」從耶穌這段話，隱約能夠嗅到索多瑪廢墟的濃煙和腐敗氣息。

在《舊約聖經．出埃及記》中，以色列人淪為埃及人的奴隸。另一位先知摩西（Moses）看到埃及人在虐待以色列同胞，便把埃及人殺了，開啟他逃亡的生活。他逃到了米甸，又看到牧羊人在騷擾七個姐妹，於是他出手相救。這七位姐妹回到家後，把事情原委向父親葉忒羅（Jethro）交代清楚。葉忒羅是米甸的祭司，叮囑女兒一定要找到摩西，帶他回家吃飯，他完全不在意摩西是一個陌生的以色列人。女兒找到摩西並詢問摩西的意思，摩西答應一起吃飯，甚至還留下來，娶了葉忒羅其中一個女兒西坡拉（Zipporah）為妻，而後育有一子。

摩西回顧他殺人之後，過著顛沛流離的生活：「我是身處異地的異鄉人。」他把兒子取名為革順（Gershom），意思正是「異地的異鄉人」。他的岳父葉忒羅，在猶太人的故事裡，也是不同文化的陌生人，卻扮演著關鍵角色。葉忒羅是摩西的顧問，幫助摩西完成使命，帶領以色列人脫離奴隸生活。學者克莉絲汀娜．范胡頓（Christiana van

Houten）認為，葉忒羅代表了「《聖經》其中一種陌生人，這種陌生人不是對立的**外人**，反而還補足了**我們**」，這是會幫助我們的陌生人，讓我們變得更好。要不是這一種陌生人，《出埃及記》根本不可能實現，整個故事將無以為繼，以色列人便無法擺脫埃及人的奴役。

《舊約聖經》對於很多陌生人（以色列以外的人），當然還是冷酷無情，尤其是以色列英雄率軍攻占應許之地的過程，把陌生人劃分成不同的族群，罔顧陌生人的人性。到了《約書亞記》，約書亞（Joshua）接續摩西成為以色列人的領袖，帶領眾人沿著約旦河進入迦南之地（Canaan），打算滅了當地七個民族，展開可怕的大屠殺。這群人

---

27 這裡特別提一下，羅德面對貪婪的暴民，為了保護天使，竟交出兩個還是處女的女兒，被譽為「義」行。後來羅德的妻子逃命時，因為不聽天使的囑咐回頭看，而變成一根鹽柱。羅德和兩個女兒逃到山洞，女兒把羅德灌醉，與其發生關係，以免家族絕後，最後成功懷孕，產下了摩押（Moab）和猶他（Utah），摩押是美國猶他州的一縣，我應該提醒當地旅遊局這件事吧！

遵照《申命記》（*Deuteronomy*）中所載神的旨意：「趕走眼前的民族……打敗他們，全然摧毀他們，不可和他們立約，不可以憐憫他們……上帝會把他們交予你們，大大的擾亂他們，直到他們滅絕為止。」

這七個民族最終被摧毀殆盡，一連串暴力殺戮的流水帳，泯滅良心，讀之令人生厭。約書亞奪了瑪基大國（Makkedah），殺了國王和人民。約書亞奪下立拿國（Libnah），殺了國王和人民。約書亞奪下拉吉國（Lachish），殺了人民。約書亞殺了基色王荷蘭（Horam），並且殺了他的子民。約書亞放火燒了艾城（Ai），艾城變成廢墟，「將艾城王掛在樹上，直到晚上太陽下山，約書亞才吩咐人把屍首取下來，丟在城門口」。許多人在約書亞的故事中，看到往後數千年宗教暴力的影子。《約書亞記》整本看下來，好像是一個暴躁少年的筆記本。神學家L. 丹尼爾・霍克（L. Daniel Hawk）寫道：「暴力頻仍的年代，背後經常是宗教意識形態在撐腰和助長，甚至加以神聖化，這種故事讀起來，既醜陋又令人厭惡，根本不配傳誦。」

有一點值得注意，就連大屠殺的年代，陌生人仍扮演關鍵的角色。迦南各大城的陌生人，彷彿只有一個樣貌，一律遭到泯滅良心的擊殺，但如果拆成個人來看，《約書亞記》的調性就變了，陌生人的個性開始複雜起來，成了栩栩如生的人，不落入刻板印象，做了出其不意的行為，甚至幫了以色列人。沒錯，《舊約聖經》說了屠殺陌生人的故事，但同時也說了若不是陌生人相助，很多行動會以失敗收場，忠實呈現了人對於陌生人的矛盾情結，既害怕陌生人，又需要陌生人。

以喇合（Rahab）為例。約書亞在出戰之前，派遣兩個探子先去耶利哥城（Jericho）刺探情報，暫時躲在妓女喇合的家，喇合的房子剛好緊挨著城牆。喇合是妓女，同時也是迦南人，兩種身分都不利於她，但她始終保持鎮定、忠誠和果決。耶利哥王聽聞以色列人派了探子，隨即派人去喇合那裡，叫喇合把人交出來。喇合反而騙了耶利哥王，不但事先把兩位探子藏起來，還提供他們寶貴情報（她吐露實情，說耶利哥人怕死了，根本沒什麼反抗力量）。探子帶著這個情報離開，以色列隨即帶兵攻打耶利哥城，抬著約櫃（法櫃）繞城七次，吹響號角，推倒城牆，殺光城民，救了喇合和她的家人。學者安德萊內．列文（Adriane Leveen）表示：「《約書亞記》中，以色列人和陌生人的初次相遇，給予喇合極高的評價，她簡直是以色列人的救星……雖然喇合並非以色列人，卻親手執行了上帝的計畫。」

這樣的故事還有很多，陌生人與陌生人相遇，雙方交手後，終於把陌生人當人看，為陌生人抵擋可怕的災禍。**L.** 丹尼爾・霍克做了貼切的總結：「如果看不見土地上所有人的名字和個性，當然可以做到無情的殺戮，但只要看見對方的人性，便會於心不忍。」

《希伯來書》（*Hebrew Bible*）也有令人意外的橋段，如果你以為只有灑狗血的仇外大屠殺，《希伯來書》所謂的**外人**（**ger**）會跌破你的眼鏡。**ger** 在《聖經》英文翻譯通常譯為「陌生人」（**stranger**），意指以色列社群內部的非以色列人，也就是外來的寄居者。這不是外邦人，所以並非全然的外人。根據《希伯來書》，**外人**的待遇比那些無名陌生人好多了，可不是約書亞軍隊說殺就殺的對象。**外人**只要遵守當地的規定（不亂倫、不褻瀆神、不崇拜其他神），履行保持整潔的法律（處理動物或人類屍體後要清洗乾淨，而且不飲血），幾乎和以色列人擁有相同的權利。

外人入境隨俗，和以色列人共享許多的權利，包括受到司法體系保護、在安息日休息、可以供養上帝、若行過割禮，可以慶祝逾越節、有錢的以色列人可以買**外人**當奴隸，有錢的**外人**也可以買以色列人當奴隸。《利未記書》（*Leviticus*）中記載了上帝對摩西說：「無論是外人，還是本地人，都比照同一條例，因為我是耶和華，你們的上帝。」**外人**甚至有五花八門的**特權**。以色列人借錢給別人，不可收取利息，外人卻可以。如果以色列農夫收割作物的時候，不小心把作物落在地上，那就是要留給**外人**吃的。同樣的，葡萄園的葡萄也是如此。如果以色列人在路上發現自然死亡的動物，不可以帶回家吃，「但可以送或賣給城裡的**外人**」。這些法律都在強調以色列人和**外人**的界線，以色列人終究是以色列人，有其權利和特權，**外人**也終究是**外人**，但外人不僅享有司法體系的保護，還可以和以色列人保持溫情的關係，更有免費的作物或動物可以裹腹。

這難道不是種族隔離政策嗎？多數人把次等公民身分強加在脆弱的少數人身上，哪裡稱得上大躍進？有三個原因。首先，這種安排在當時確實是創舉，雖然美索不達米亞平原上的城邦早已針對孤兒和寡婦提供特殊待遇（最出名的莫過於巴比倫《漢摩拉比法典》），但學者發現少有針對外來陌生人的法律，例如這裡提到的**外人**，但這並不表示以前對陌生人不公平（雖有這個可能，但當時早有根深蒂固的待客傳統），只能說對陌生人有道德關懷，卻不一定會制定成律法。**外人**是首度冠在陌生人上的法律地位，所以稱得上進步。

第二，**外人**的意義，源自以色列人的同理心和個人經驗。我們同情孤兒和寡婦是出自本能，不需要有孤兒或寡婦的親身經歷，反觀要同情異鄉人，可能要有流落異鄉的經歷。有些學者推測，《舊約聖經》強調善待陌生人和寄居者，是因為以色列人有切身之痛。上帝在《舊約聖經》中疾呼：「不可以欺壓你們當中的寄居者，因為你們在埃及也曾是寄居者。」這是《出埃及記》第二十二章的內容，然後第二十三章緊接著說：「不可以欺壓寄居者，因為你們在埃及當過寄居者，知道寄居者的心情。」以色列人深知異鄉人的感受，他們曾經在異鄉為奴，受苦挨餓，在荒野遊蕩，無家可歸，理論上確實較能同情其他過客的苦境。**外人**這個概念，象徵信徒的道德關懷圈擴大了，不再受制於部落主義，甚至立法保護**我們**以外的人，這絕對是人類莫大的成就。

接下來是耶穌基督。他也生在亂世，尤其是當時的城市。社會學家兼宗教歷史學家羅德尼．斯塔克（Rodney Stark）寫道：「帝國的城市，毫無章法可言。」那些城市的人口密度超乎現代人的想像。有一個城市叫做安提阿（Antioch），每英畝竟然住了一百一十七人，對照二〇一〇年的曼哈頓，每英畝只住了八點五人，更何況曼哈頓有很多摩天大樓，安提阿則少有建築物超過五層樓，人民生活苦不堪言，建築物也很破爛。

公寓擠滿了住戶，建築物倒塌是家常便飯，還會發生大火，通常是屋內生火煮飯所致，也會發生地震，到處都是遊民和窮人。汙水道是露天的，肥皂尚未發明出來。依照斯塔克的說法，這些城市居民「住在我們意想不到的骯髒環境中。」

城市裡當然有陌生人。羅馬帝國幅員廣大，長途貿易和帝國活動昌盛，羅馬人旅行的範圍，在世界史上前所未見，可以盡情的遷徙和交流。大家總以為現代是最多元的時代，但事實絕非如此，歷史學家拉姆斯．麥克馬倫（Ramsay Macmullen）就認為，羅馬世界才是「名副其實的大熔爐。大家想一想一百年前的英國帝國，一個人從緬甸仰光到英國貝爾法斯特（Belfast），完全透過陸路旅行，一路上要面對多少的方言、教派、傳統和教育程度差距，可見羅馬時代的地中海世界有多麼驚人！」

對於城市來說，人流匯集是好事，一部分因為人流來了，帶來旺盛的貨物和思想，但還有另一個隱而不顯的原因，當時人口死亡率太高了，需要維持人口的穩定。斯塔克表示：「公元初年，希臘羅馬大城為了穩定人口，一直需要大量的新住民，因此人口有絕大多數都是**新近的**外來者，換句話說，希臘羅馬城市有滿滿的陌生人。」在這種環境下，陌生人自然會團結起來，以致整個城市劃分成幾個族群聚居區，彼此公開戰鬥，也經常發生暴亂，堪稱人間煉獄，死亡無所不在，城市居民都懷疑自己在見證末日災難。

耶穌的出身和耶路撒冷沒有關係，他的出生地是加利利（Galilee），當地居民生性粗野，龍蛇混雜，有猶太人、撒瑪利亞人、希臘人和敍利亞人，摩肩擦踵居住在一起，一點也不像上帝之子的出生地（這就好比說救世主來自紐澤西，誰也不敢置信）。後來耶穌到了耶路撒冷，開始宣傳他激進的福音，主要有幾個重點：人生悲慘，神是答案，人必須在充滿陌生人和部族衝突的世界，找到生存之道。因此，我們必須愛鄰如己（這是猶太法重要的誡命），甚至愛全人類如己，而不只是**外人**等新住民。耶穌知道這不容易，他說：「如果你只問候自己的兄弟，這有什麼特別？」一點也不特別！關懷家人、部族和鄰人很容易，但是要關懷陌生人、罪人和被放逐的人，確實很需要努力。

你還記得吧？天神宙斯會假扮陌生人，確保民間百姓都能做好分內之事，善待每一位陌生人。耶穌也不斷提醒信徒，對地位低下者所做的任何事，都是在直接服侍耶穌。「我餓了，你們給我吃；我渴了，你們給我喝；我做客旅，你們留我住；我赤身露體，你們給我衣服穿；我病了，你們看顧我；我在監獄裡，你們來探望我。我老實告訴你們了，你們對最卑微的兄弟所做的事，就是為我做的事。」

耶穌說過的故事很多，最出名的是撒瑪利亞人的事蹟。猶太人痛恨撒馬利亞人，撒馬利亞人卻救了猶太人。逆反心理（inversion）是神來一筆，隱含了深層的心理學背景，我們總覺得自己人夠寬大，願意幫助外來者，也就是內團體偏私，認為自己人就是善良，品行端正。反過來，如果要認為敵人品行端正，樂於助人，恐怕要懂得欣賞和尊重陌生人的複雜性才有辦法。我之前提過，我們往往不把陌生人當人看，藐視陌生人的能耐，忽視陌生人的豐富性和內在，所以在情勢所逼之下，我們會枉顧陌生人的人性，毫不留情的襲擊和屠殺。耶穌對教徒諄諄教悔，無非是要避免這種事情發生。陌生人和我們是平起平坐的人，也是耶穌和宙斯的替身，握有獎懲的力量。

這可不是說說而已。耶穌死後，教會大行其道，就是因為關懷陌生人。歷史學家保羅．約翰遜（Paul Johnson）寫道：「早期基督教徒在羅馬帝國之內最缺乏社會服務的地區，創立了微型福利國家。」西元三六二年，朱利安王（Julian）寫了一封信，抱怨基督徒「對陌生人太仁慈了」，害羅馬帝國變成壞人。他還在另一封信中寫道：「不敬的加利利人，不只幫助他們的窮人，還來幫我們這裡的窮人，現在可好了，大家都知道我們不幫忙窮人。」他是羅馬最後一位信仰多神教的皇帝，西元三八〇年，羅馬宣布基督教是唯一合法宗教。

基督教教義其實是為了解決城市的問題。斯塔克說：「在那些充滿遊民和窮人的城市，基督教以慈善活動給予大家希望。在那些充滿新住民和陌生人的城市，基督教提供立即的凝聚力。在那些因族群鬥爭而撕裂的城市，基督教創造新的社會團結基礎。在那些傳染病、野火和地震肆虐的城市，基督教提供人民照顧的服務。」

《舊約聖經》中，猶太人曾經是過客和寄居者，在異地遭受奴役，在荒野流浪數十年，無家可歸。耶穌那個時代的人，也是過客和寄居者，在殘酷多變且喪失意義的世界裡，持續的遷徙、交流和掙扎。耶穌本身也是過客、移民和外來者。當大家明白每個人都是過客，都在這世上載浮載沉，不知所措時，反而有了社會團結意識。全新的**我們**，更加無所不包，讓原本不可能交流的人，有機會展開有意義的交流，至今依然如此。湯瑪斯．歐格來崔（Thomas Ogletree）表示：「基督徒會一起去朝聖，從每一個種族和每一個社會階層找到人生旅途的夥伴，既然大家都是過客，就沒有人是過客了。」這形成有史以來最大的陌生人社群，至今依然是規模最大，全世界有二十三億人信奉基督教，相當於全球三分之一的人口。

伊斯蘭教也是陌生人的宗教，絕大部分源自亞伯拉罕的故事。伊斯蘭教主張，亞伯拉罕是第一個穆斯林。根據《舊約聖經》所載，以撒誕生前，亞伯拉罕的妻子撒拉一直不孕，只好讓使女夏甲（Hagar）代為懷孕，生了一個兒子以實瑪利（Ishmael），基督教和伊斯蘭教兩條不同的故事線，就是從這裡岔出來的。後來，亞伯拉罕和撒拉有了自己的孩子以撒，撒拉就嫌棄以實瑪利的血統不好，把他們母子都趕到沙漠去。夏甲沒了食物和水，不知如何是好，於是她開始懇求神助。神指示夏甲站起來抱著孩子，她照做了，隨後有水從地面湧出，形成了滲滲泉（Zamzam），鳥群發現有水，飛到上方盤旋。陌生人看到一大群鳥，紛紛前來找水喝，夏甲就用這些水交換陌生人的食物和補給品。依照伊斯蘭教的傳說，這些交流締造了麥加城。以實瑪利的子孫柴德．伊本．卡拉卜（Zayd ibn Kilab），綽號庫薩伊（Qusayy）或小陌生人，甚至把麥加發展成貿易中繼站。

西元七世紀，成功的商人穆罕默德先知聲名大噪，麥加大城卻逐漸沒落，因為海岸貿易路線越來越興盛，加上麥加各個部族之間的宿怨再起，西方世界陷於羅馬帝國和波斯帝國的征戰中，四分五裂。真主阿拉找過穆罕默德，勸他用一神信仰召集大家，穆罕默德決意這麼做。他控訴麥加人是自私的偶像崇拜者，對其他人、孤兒、窮人都漠不關心，他也控訴菁英階級太貪婪，麥加人當然不會虛心受教。麥加的菁英階級反倒開始攻擊穆罕默德，使出渾身解數折磨他的追隨者，就連冷漠的麥加人也不忍卒睹。西元六二二年，穆罕默德從麥加逃到麥地那。

他待在麥地那的期間，努力宣傳福音，用伊斯蘭教義統一所有部族。他也煞費苦心，鼓勵當地人接納從麥加逃過來的難民。學者澤基・薩瑞特普拉克（Zeki Saritoprak）表示：「為了整合新移民和當地穆斯林，先知宣稱每一個移民和當地穆斯林都有著兄弟情誼，他呼籲當地的穆斯林幫忙新移民。這種兄弟情誼在伊斯蘭教稱為mu'kh't。」兄弟情誼形同榮譽親屬，包含兩個群體，一是新移民（Muhajiru），二是助人者（Ansar），這隱含很多好處。助人者會提供新移民住宿和食物等任何形式的幫助，等到助人者死後，他就後繼有人了。這項傳統成功消除種族和部族間的衝突，甚至把兄弟情誼變得比家族或族群更重要。薩瑞特普拉克表示：「有人說，這是人類歷史上成功解決社會分裂的典範。」

穆罕默德統一麥地那，但麥加持續走下坡。雖然麥加人曾經同仇敵愾，逼退穆罕默德和他的追隨者，可是穆斯林一走，麥加的部族又繼續自相殘殺，例如伯克爾族屠殺庫札族，只因為庫札族與穆斯林結盟，於是穆罕默德派遣萬人大軍應援，這支軍隊整合了最能夠代表麥地那的部族，展現陌生人之間空前的團結。麥加城王看見這支軍隊，據說還非常納悶：「這是什麼軍隊啊？」穆罕默德一下子就攻進麥加，但是他不殺戮，反而赦免每一個投降的人，他對投降者說：「走你自己的路，你自由了。」

陌生人在伊斯蘭教也是重要的主題，正如猶太教和基督教，伊斯蘭教的重要典籍《可蘭經》也是把善待陌生人擺在第二位，僅次於敬神。「崇拜真主阿拉……孝敬父母，優待親戚，憐恤孤兒，救濟貧民，親愛近鄰、遠鄰和同伴，以及款待旅客。」除此之外，對伊斯蘭教來說，陌生人帶有特殊和神聖的標記，這一點類似猶太教和基督教。「伊斯蘭教始於陌生感，也終於陌生感，為陌生人報佳音。」穆罕默德對其信徒說。「人生在世，每個人都是過客和寄居者。」對穆罕默德而言，這象徵踏上自己的人生旅途，真正的家就會在終點等你。無論是伊斯蘭教、基督教或猶太教，對於過客和寄居者的信念是一致的，把人與人的隔閡化為人與人的共通性，創造了社會團結的力量。這是陌生人組成的社群，崇拜單一的神，試圖超越部族的分裂，組成一個大家庭。

不過，從另一個角度來看，這種永恆的陌生感恐怕會走向黑暗一途，事實上，早已有這樣的結果。宗教狂熱分子會認為，既然當陌生人是一種榮耀，那就永遠維持陌生人的狀態，沒必要與別人（非穆斯林）交流，反而應該築牆自守，部署城垛口，攻擊異教徒。伊斯蘭教剛興起的那幾百年，正如同基督教，也是和帝國的野心結合，任由軍隊在各地無情占領，從西班牙到中亞都建立了強大的帝國版圖。

我不是要討論伊斯蘭教真正的本質，畢竟《舊約聖經》中也有比較黑暗的內容，伊斯蘭教當然也不例外，有些極端主義者或伊斯蘭教評論家，把這些段落大做文章，當成施暴的藉口。我住紐約市，經常看見良善也會與邪惡的陰影共存。因此，我更好奇的是伊斯蘭教如何統合分裂的社會，如何引導伊斯蘭教徒善待陌生人。《可蘭經》中的章節可以分成兩個系列，第一個系列是講述給信徒聽，第二個系列是講述給全人類聽。第二個系列開宗明義就說了，「人們啊！我們把你們創造成男性和女性，把你們分成不同的種族和部落，讓你們能夠認識彼此。」

這段譯文看起來，令人摸不著頭緒。部落主義不都討厭互相認識嗎？伊瑪目．哈立德．拉蒂夫（Imam Khalid Latif）是紐約大學（NYU）首位穆斯林牧師，也是前紐約市警察局和紐約消防隊的牧師，他認為這個段落所謂的「認識」，真正的發音是 lee ta'aarifoo，不只是知道問題解答這麼簡單，而是人和人相識，或者知識經驗的累積。拉蒂夫說：「這段文字說的是，我們把你們創造得如此多元，你和我來自不同的種族背景，但因為身處不同的背景，根本沒意識到別人的存在，沒發現彼此並存，只好透過經驗的累積來理解對方。基本上，人和人相識，就是人性化的關鍵。」

換句話說，這個概念提到世上有很多形形色色的人，這不是離經叛道，也不是背離伊甸園的自然秩序。這裡的重點在於多元性，再來是機會。有機會去認識別人，進而服務別人。有機會從中探索自我，在世界的脈絡中，體驗何謂過客的生活，進而發現自己真實的信念。拉蒂夫表示：「當我們真正花時間和別人相處，而非停留在自己的刻板印象，兩人絕對的差異才會顯現出來，因此，人與人的接觸才是關鍵。」

穆罕默德最後一次布道，說了這句話：「每一個穆斯林都互為兄弟。」他接著說：「所有人都是源自亞當和夏娃，阿拉伯人並沒有比其他人更優越，也沒有更低劣；白人並沒有比黑人更優越，也沒有更低劣，只有虔誠和善良之別。」如今全球有十八億人信奉伊斯蘭教，約占全球四分之一的人口。

我特別提起這個，有幾個原因，但不是要改變你的信仰。我說過了，我是不信神的野蠻人，宗教對我而言毫無意義。詹姆斯．喬伊斯（James Joyce）曾說，宗教就和國籍一樣是陷阱，如果你想要充分發揮潛能，最好敬而遠之。我同意他的說法，我才不會羨慕任何人的信仰，雖然我知道信仰對信徒是很好的慰藉，會鼓勵信徒盡可能的關懷所有人。不論是哪個宗教陪伴你度過，我都不在意，只要你不去欺負和你不同宗教的人。政治科學家羅伯特．普特南（Robert Putnam）針對社會資本說過一段話：「宗教的好處是搭起橋梁，壞處是開啟戰爭。」

我這麼說不是要否定宗教，在我的心目中，宗教反而是天大的成就，更重要的是，宗教帶來了希望。這希望不是相信神會療癒傷口、獎勵善行，或者在人死後清算生前種種。不是的，對我而言，宗教在激烈衝突和分裂頻仍的時代激勵大家，就算有無數不同意圖和目的的陌生人，大家仍有辦法找到歸屬感。我真心認為，宗教不是目的。我知道這麼說對神不敬，我道歉。宗教不是終極的結果，只是其中一個階段而已，屬於社會復興運動的一部分，證明人類有絕佳的能力可以和大量陌生人連結，只要有一些細微的共通性，例如閱讀同一本經書、一起禱告、穿同樣的服裝、遵守同一套族群規定，比方不偷竊、善待陌生人等，我們就願意無限相信別人的良善。我認為這才是進步。如果美國基督徒在不認識的蘇丹基督徒身邊，心可以馬上安定下來，如此一來，美國人和蘇丹的陌生人相處，不也可能感到安心自在嗎？

耶穌所身處的希臘羅馬世界，以及穆罕默德所處的阿拉伯世界，面臨兩個迫切的問題，一是需求危機，二是陌生人越來越多，製造了歸屬危機。需求危機可能是缺乏中央體制，例如執法機構、社福機構、醫療服務、庇護所等，這促發了上一波社會復興運動。至於歸屬危機，和我們現在的困境差不多，人與人之間越來越陌生，陌生人湧入我們的生活空間，以致我們迷失了方向，畢竟我們界定自我的時候，會參考自己在世界的定位，一旦世界變了，自我觀感就會受到壓迫，我們與世界的關係便會受到擾亂，這時候有兩個選擇，一個是設法回到過去，但這麼做於事無補，另一個則是尋找新的歸屬方式。宗教正是提出全新的歸屬方式，超越了部落、族群和種族。我不相信光憑宗教可以帶我們迎向終點，畢竟宗教本身就有一堆歷史衝突，宗教與宗教之間的界線也僵化了，因此我們需要新一波社會復興運動——勇於和陌生人交談。

只可惜我們還做不到。為了享受和陌生人交談的好處（從個人層面到文明層面），我們必須克服無數的阻礙，才得以實現如此簡單卻強大無比的互動。這些阻礙可能是次級心靈壁壘或黑暗複雜的宗派主義和偏見，也可能只是公共空間設計不良，或者城市步調太快，又或者如芬蘭的公民權設計等。無論是哪一個，答案都很清楚，如果你和我希望和睦相處，首先要排除不利於互動的阻礙。

PART 2

何不和陌生人交談？

Chapter

11

城市裡的陌生人

城市的誕生，是因為人類希望身邊有不一樣的新面孔，但卻在城市設下一堆不成文的規定，妨礙自己和陌生人交談。現在是破壞規矩的時候了！

二〇一一年，一位名叫杭特·法蘭克斯（Hunter Franks）的年輕人，和朋友一起展開徒步穿越美國的計畫。這兩位年輕藝術家來自洛杉磯，他們用多媒體記錄這段旅程，並為這個計畫命名為「和陌生人聊聊天」（talking2strangers）。雖然他們最後只走到新墨西哥州，但這段路程就足以幫助法蘭克斯設定他往後的志向。他說：「當我發現世界上有如此多元的故事、社群和人時，我終於明白，那些故事值得我用心聆聽。」那段經驗改變了他，從此以後，他對於無形的大眾（別人）改觀了。法蘭克斯提到：「我發現大家都好善良，即使不認識我們，仍提供我們水和食物。我終於看見人類的善良。」

二〇一二年，法蘭克斯在大學攻讀完傳播和攝影棚藝術，隨即在舊金山的市長辦公室找到社區經理的工作，隸屬於市政創新辦公室，他擁有充足的自主權和資金來辦理各項專案，修補人際破裂的城市組織。他嘗試把市政計畫結合藝術，加入和陌生人聊天的概念，結果發現這些專案可以趕走寂寞和疏離，連他自己也受到正面影響。他回憶說：「我當時偶爾會感到寂寞，別人也可能這樣，在我做了那些專案之後，才發現每個人都迫切需要。」他對於自己的未來，越來越清楚了。

二〇一三年法蘭克斯辭掉工作，成為全職藝術家，創立了「創意介入者聯盟」（League of Creative Interventionists），勇奪一些知名的補助案，在全美各地執行幾個專案，其中一項專案是「免費看醫生」（Fear Doctor），法蘭克斯在人行道上擺了一個小攤位，看起來就像史努比卡通中，露西無照行醫的精神病諮詢攤位。行人會過來告訴他，自己正在恐懼什麼，他也會問行人幾個問題，最後給一張「哲學處方」，通常是一些自己可以做的小行動，例如做幾個深呼吸、下定決心多和某人相處、花幾分鐘與自己獨處，或者打通電話給媽媽等。他說他是在「提醒大家：**沒關係，你在這個地方恐懼**

並無妨，你就是要體會你自己的任何感受。」

他所做的一切，正如同都市告解室，令我半信半疑，我就不是那種會在街頭馬上對陌生人吐露心聲的人，於是我問法蘭克斯，他如何讓陌生人敞開心門。他回答：「老實說，我不太需要做什麼。我猜，人就是渴望分享心情，尤其是痛苦的遭遇，日常生活中抒發心情的管道並不多，所以我根本不需要特別做些什麼。」舉例來說，如果有人說自己怕蛇，法蘭克斯會提出開放性的問題，也許就能從中發現其他更深層的問題。有些人甚至會坦承，自己真正害怕的其實是孤獨。

法蘭克斯在舊金山工作的時候，曾到一個聲名狼藉的社區執行了「社區名信片」（Neighborhood Postcard）專案計畫，向居民募集這個社區正向的故事，寫在明信片上，寄給其他社區的居民，重新介紹這個奄奄一息的社區，讓大家看見那個地方的豐富性和複雜性，結果振奮人心。後來，他獲得美國奈特基金會（Knight Foundation）的補助金，這是專門促進社會凝聚力的組織，他要負責基金會旗下的四個城市，其中一個是俄亥俄州的阿克倫（Akron）。法蘭克斯有了「社區明信片」的成功經驗，這次他想出了「共享午餐」的概念，親自拜訪阿克倫當地的社區，請每個社區的親善大使邀請居民一同來參加共享午餐的活動。每一位參加者都要提供自己最愛的食譜，由主辦單位印在盤子上，讓其他賓客帶回家收藏。法蘭克斯得知當地有一條公路快拆了，就決定在那條公路上辦桌，開放五百位居民共襄盛舉。

賓客蒞臨會場，身旁坐了其他社區的陌生人。法蘭克斯說：「一位上了年紀的有錢白人，旁邊坐了一位心理正在卡關的人，以及一位低收入的有色人種。這些人平常哪有機會坐在一起呢？」現場有多位主持人串場，提出當前個人和城市所面臨的問題，讓大家有話題可以聊。由此可見，賓客不只徵得同意，可以在公共場合和陌生人聊天，彼此之間還有話題可以聊，一次打破和陌生人交談的兩大障礙，尤其是不同族群的陌生人。此外，大家要共享午餐，不可以說走就走，當聊天的時間越長，交談的內容就越深入。這個活動叫好又叫座，大家都很喜歡。

法蘭克斯表示：「我們想要串起人與人的連結。人活在世上，就是需要連結，給自己快樂積極的力量，只可惜有太多勢力在妨礙我們。」過去五年來，法蘭克斯專門打擊那些妨礙陌生人交談的外部因素，例如種族隔離或社會規範。最近他也開始考慮內部因素。他心想，有沒有人和他一樣，也從這種互動中獲得希望。如果有人可以證明和陌生人交談對生活有好處，等到群眾效應發生了，文化自然會隨之改變。他說：「我們要募集足夠的人，發起足夠的行動，久而久之，大家在街上就會互相打招呼了。這是在創造全新的世界，讓好奇和連結凌駕於恐懼和孤立之上，我相信要從小處做起，由日常生活的小互動，進而改變社會文化各層面。」

但是不用說也知道，知易行難呀！

大約一萬兩千年前，人類開始定居，過著農業生活，再也不用四處流浪，也不用獵殺大型獵物維生。人類以前所未有的方式占有土地，世世代代都住在同一塊土地上，很多人因此揮別流浪的日子。加利福尼亞大學洛杉磯分校考古學家莫妮卡・史密斯（Monica Smith）表示：「唯有締結婚約時、商販叫賣時，才會看到陌生面孔。我們開始用熟悉度來衡量彼此關係的深淺，總覺得陌生人隱含著危險和疑慮。」

可是，史密斯表示，人偶爾還是有旅行的機會。小村莊的居民去參加集體儀式，與其他村莊或部落的人相識和交流，互相交換貨物和技術，甚至覓得結婚對象。這些場合主要是慶典，不僅是歡樂的社交聚會，也有和遠親維持情誼的好處。史密斯指出：「集體儀式以共同的目的，把大家聚集在一起，共同培養並學習溝通互動技巧，以便和那麼多的陌生人相處。」那些社交聚會，以及磨鍊溝通技巧的機會，終於在六千年前左右，促成了城市的興起。這就是人類新一波社會復興運動。

城市是人類第一個非必要的廣大社會組織。史密斯寫道：「人類小規模的農耕生活，明明可以滿足一切所需，餵養一整個小村莊，促進全球人口成長，但是我們的祖先們卻選擇住在城市，顯然對簡單的鄉村生活不滿意。他們想要的是鄉村提供不了的無形事物，包括陌生的人群、令人期待的新發明和新食物，以及和陌生人來一場浪漫的邂逅。」

數千年來，人類透過招呼儀式、待客之道，小心翼翼和陌生人相處，終於邁向全新的存在狀態，不僅包容陌生人的存在，而且是陌生人無所不在。所謂的陌生人，包括我們不認識的人，以及和我們不一樣的人。陌生人是城市的基本元素，也是城市誕生的原因。亞里斯多德在《政治學》（*Politics*）一書中寫道：「城市裡有形形色色的人。如果都是相似的人，根本不可能構成城市。」城市，是人類脫離黑猩猩始祖的關鍵一步，人類從此以後，陷於陌生人永遠比自己人多的境地，這可是黑猩猩無法忍受的事情啊！

有些人還是受不了城市，一想到城市，就會有暴力和邪惡的夢魘。根據《舊約聖經》所記載，第一個城市是該隱建立的，這個人殺了自己的兄弟，簡直是人類罪孽的種子。

羅馬大城是羅穆盧斯（Romulus）創建的，他也是殺了自己的兄弟。評論家經常批評城市會誘發人類性格的墮落，哲學家尚－雅克．盧梭（Jean-Jacques Rousseau）稱讚小鎮的鎮民是樸實的天才，批評都市人是「大城市的猴子」。盧梭表示：「大城市有一堆詭計多端且漫無目的之人，沒有宗教信仰或高尚節操，這些人因為懶散、怠惰、愛享樂、欲求不滿，想像力日益退化，只會引來惡魔和激發罪惡。」

社會學傳統也拚命揭發城市的黑暗面。人們離不開城市生活，待在城市卻活得不幸福，心理疾病就這樣產生了，尤其是在西元二十世紀，個人主義日益高漲，釀成無數的緊張關係。

一八九七年，社會學家艾彌爾．涂爾幹（Émile Durkheim）主張，如果身邊有太多陌生人，會壓縮我們的腦袋，以致大禍臨頭。都市人在任何時間點，不得不適應與自己巧遇的陌生人，有的人會說「磨鍊社交技巧」，但社會學家擔憂這樣有損自我意識，可能會導致心理失調、絕望和自殺。一九〇八年，德國社會學家吉奧爾格．齊美爾（Georg Simmel）寫了陌生人專論，篇幅並不長，卻影響深遠。根據他的定義，陌生人之間距離近，關係遠，都市生活可能饒富趣味，但住在都市裡，個人性格需要「經歷無數次修正」，日常生活中老是有如此強烈的刺激，導致都市人「司空見慣」，情緒麻木，「對所有個人私事漠不關心」，人與人的關係淪為「數字」的追逐[28]。但這種心態是可以理解的，誠如齊美爾所言，如果都市人繼續仿效小鎮居民那樣對待身邊每一位陌生人，「恐怕會陷入難以想像的心理問題」。

一九三八年，路易斯・烏爾斯（Louis Wirth）也提出類似的看法，認為城市是「生物性和文化性混血的溫床」，卻難以建立親密的友誼，導致人類關係「以匿名、膚淺、短暫為主」。雖然他坦承都市人仍有可能交朋友，但那些友誼只是「為達個人目的的手段」。

城市有可能傷害個人認同，有損人與人的連結，但六千年前城市興起之時，人類二話不說就接受了。當時的城市就和現在一樣，也有無限經濟機會，但考古學家莫妮卡・史密斯還發現了其他動機：「這背後似乎有什麼能量被壓抑了，而且早已根植於我們的集體意

28 在本書第二章中提到，心理學家朱利安娜・施羅德曾經說過，都市人把其他人當成障礙物，齊美爾又比她早了一百年。

識中，一直在等待迸發的時機。」到底是什麼能量呢？我們來看一看。

我們都知道，喜歡擴張社交圈是人的天性，這剛好是城市的吸引力所在，因為城市裡有更多的人。可是，我們想擠進城市的大門，還有更私密、更無形的動機，否則全球也不會有大半人口都住在都市。美國知名心理學家亞瑟．艾朗（Arthur Aron）提出這個心理學概念，稱為**自我擴張**（**self-expansion**）。

艾朗認為，每個人的認同和性格絕非固定不變。我是誰和你是誰之間，並沒有跨越不了的高牆。對艾朗來說，「每一個自我大致都融合了一生中所建立的關係」，我們在成長的過程中，遇見越多的人，建立越多的關係，我們也會有所改變。自我的核心可能不會變，但是在人生的旅途上，每一個與我們建立重要關係的人，我們都能從他們身上獲取到一些養分，讓我們變成更細緻的人。不妨把一個人想成一條河流，河水終究是河水，但河水流經河床，當然會順應河床的特性，人也是如此。

二〇一三年艾朗寫道：「當我們把別人融入自我，當然會吸納那個人的資源、觀點和認同。那個人會影響我們的認同，增加我們手邊的工具，影響我們看見的世界。」這就是艾朗所謂的自我擴張。這主要源自於親密的關係，但也可能有其他來源，例如泛泛之交、閱讀、旅行、個人經驗等，當然也包括「和陌生人交流」。艾朗主張，自我擴張是人類強烈的動機之一，人天生就會找機會擴張自己。

自我擴張的動機，向來是城市生活潛在的驅動力。自我擴張也可能促使我們去建立榮譽親屬以及待客之道。如果情況許可，我們會願意和陌生人互動，不僅僅是拓展社交圈，也是在擴展自我。我們只是需要一個安全的交流方式罷了。城市興起後，帶來了前所未有的機會，那就是城市的力量。都市社會學家理查・桑內特（**Richard Sennett**）表示：「為什麼再糟糕的城市，仍有一堆人想住呢？因為都市能夠讓我們成為更細緻的人。」

我朋友比利・吉拉爾迪（**Billy Giraldi**）在《英雄的身體》（*The Hero's Body*）中有一段貼切的文字，描述他住在貧脊的家鄉紐澤西：「我離開小鎮的原因和大家一樣，不是我看不起小鎮，而是我必須到別處發展。」我最喜歡的作家豪爾赫・路易斯・波赫士（**Jorge Luis Borges**）也有類似的看法：「我不確定，『我』是否真的存在過。我是我讀過的作家、我是我遇過的人、我是我愛過的女人、我是我造訪過的城市。」齊美爾呼籲大家提防的，想必就是這種「難以想像的心理問題」吧！

城市的弔詭來了！城市把我們丟到陌生人堆裡，卻若有似無的暗示我們，最好不要交談。這就是吉莉安．珊德斯特倫所擔心的社會規範，以及尼可拉斯．艾普利和朱利安娜．施羅德觀察到的效應。人明明是高度社交的動物，但是待在像地鐵車廂這種人擠人的空間中，竟然人人都不說話，因為大家都覺得沒有人想要聊天。怎麼會變成這樣呢？

你可能聽過斯坦利．米爾格倫（Stanley Milgram）這個人。他是美國心理學家，做了很多惡名昭彰的實驗，受測者乖乖聽從白袍人士的話，做出許多嚇壞陌生人的行為，還好米爾格倫也做了一些不嚇人的研究，以免把高中學生嚇到惡夢連連。這些研究在探討都市人如何和陌生人共處，米爾格倫曾經要求高中生搭地鐵的時候，在毫無正當理由之下請別人讓座（高中生自己覺得丟臉，但沒想到車廂上的通勤族都願意讓座）。米爾格倫也曾經進行一個實驗，測試人行道上有多少人佇足往上看，路人才會跟著佇足往上看（結果是，當只有一個人佇足往上看時，百分之四的行人會跟著做；當有十五個人佇足往上看時，比例則會增為百分之四十）。

米爾格倫曾提出一個重要的概念，稱為**過載**（**overload**）。他認為人就像電腦一樣，如果資訊超過處理的能力範圍，人會極度崩潰。他不禁納悶，人如何面對過載？米爾格倫發現，我們會調節「輸入量」，調控我們發揮注意力的方式，以及我們要接收多少刺激。調節輸入量的策略很多，包括茫然望著前方，沉著臉嚇得別人不敢靠過來，把平常的互動變得簡短而膚淺。我們為此寫了「劇本」，例如和別人打招呼要恰到好處，千萬不能透露想要聊天的訊息。我們隨口問候收銀員，並不是真的關心，也不是真的想聽答案，當然也沒有認真看著對方，而收銀員往往也只是隨口一回：「你好嗎？」

林・洛夫蘭（Lyn Lofland）是二十世紀重要的社會學家，她在都市進行了大量的田野調查，觀察到都市人常用的調節手法。她表示：「如果都市人坐著，或者正在等候著，手上會拿著『道具』，例如書本、雜誌或信函，專心看著無生命的物品⋯⋯如果要看周圍的人，絕對只看脖子以下。」要是不小心擦槍走火，洛夫蘭發現都市人會立刻逃走，或者裝成什麼事也沒有，以免給別人製造聊天的機會。

隨著生活步調加快，那些妨礙我們和陌生人交談的社會規範，只會變本加厲。如果悠閒散個步，還有可能注意到其他的人、事、物，甚至和別人打招呼，但是比較富裕的大城市，生活步調往往比較快。自從一九七〇年代，研究人員就發現人們走路的平均速度，與其居住的城市人口和財富有關，例如東京或倫敦等人口稠密的大都會，生活步調比較快，小城市或城鎮就沒有這麼快了。有些人的推測是大城市的人們把時間看成金錢。米爾格倫則認為，感官超載會迫使人採取逃跑反應。無論如何，城市就是會減少我們和陌生人互動的機會。

大城市的居民絕非自視甚高，對別人視而不見，反之，都市人很在意別人的存在，只是用比較巧妙的方式表達出來，這帶出我們下一個重要概念，出自二十世紀另一位重要的都市社會學家厄文．高夫曼（Erving Goffman）。高夫曼的學術貢獻是提出**禮貌性忽略**（civil inattention）。禮貌性忽略是兩個陌生人在城市街頭相遇時的沉默儀式，以免干擾對方。高夫曼有別於其他思想家，他一點也不憂心，反倒認為大城市的路人並不是真的漠不關心，大家只是出於禮貌而不交談，並非真的冷漠無情，這種特殊的合作形式，最後幫了大忙，協助彼此紓解過載的問題。

禮貌性忽略有很多表現方式，例如刻意退到一旁，讓路給別人；短暫眼神交會時，互相點個頭，隨即低下頭[29]。禮貌性忽略就如同招呼儀式，也是源自矛盾心理的儀式性禮貌。高夫曼寫到：「一個人透過禮貌性忽略，暗示自己沒有理由去懷疑其他人的意圖，也沒有理由去恐懼、仇恨或逃避其他人……就算自己被別人看見，或者自己剛好在看對方，不經意被對方發現了，也沒有任何恐懼或逃避。無論是對於自己，或是對於當下的情境和陪伴，沒有半點羞愧。」[30]

洛夫蘭認為，禮貌性忽略傳達了一件更重要的事，「暗示有看見陌生人最基本的人性，把陌生人納入人類的大家庭中，也承認陌生人有公民的權利。」這是在防止去人化（dehumanization）和次級心靈壁壘。換句話說，禮貌性忽略對城市健康是有益的，雖然效果並非顯而易見，卻是連結城市居民的好方法，把整個城市都凝聚在一起，建立共同的人類大家庭。可是坦白說，當我用心去體會時，我發現禮貌性忽略滿少見的。依照我個人的經驗，大家很少眼神交會，更不用說點個頭或把對方當人看。什麼都沒

29 你會想起吉莉安·珊德斯特倫，她曾經獨自走在街上，不小心與陌生人四目相交時，便連忙低頭看人行道，這也是一種禮貌性忽略。

30 這並不表示每個人都會被當人看。高夫曼發現，大家看身障人士或少數族群的眼神，有時仍會帶有驚嚇、恐懼或恨意。

有！為什麼呢？為了解答這個問題，我要介紹克利夫．阿德勒（Cliff Adler）這個人。

阿德勒是紐約的計程車司機，開車資歷超過四十年，他是一位十分健談的大好人。近年來，他發現自己和乘客的互動改變了。有一次我們一起吃早餐時，他說道：「以前的乘客很不一樣，通常很好聊天，比如我抬頭看一下後視鏡，隨口一問：『你支持洋基隊，還是紐約大都會隊？』他們可能會回答：『喔，我是洋基隊的球迷。』或者『我是紐約大都會隊的球迷。』因為這個、那個或其他的原因，再不然就是聊到他們在布朗克斯長大，他叔叔或他爸爸怎樣的，通常我們就這樣聊開了。」阿德勒喝一口咖啡繼續說：「我自己是死忠的紐約大都會隊球迷，如果我載到洋基隊球迷，有時候會大發慈悲，讓他活著下車，但我更常是直接停車，拖出來『宰』了！」

還記得艾普利和施羅德的實驗嗎？如果乘客和計程車司機聊天，通常乘客會對司機更有好感，也更享受乘車的過程。阿德勒對我說，這些日子以來，他和乘客很少聊天。乘客一上車，就開始滑手機，只說了一長串地址，整段路都在看手機。「他們表現得一點也不友善，不打招呼說早安或午安，一句話也不說，有時候機場接送的車程長達一小時，也是一言不發。」乘客抵達機場，付了錢就走。「也不說『謝謝，祝你有美好的一天』，完全沉默，拿了行李，轉頭就走。」他說。「彷彿我做完事情就可以走了，我只是一臺機器。」

我問，當他面對這種情況時，有什麼感受？

「我就當自己去了另一個世界。」他聳聳肩。「我想不出其他形容了。」

高夫曼把報章雜誌比喻成「隔板」，為我們阻隔公共場合多餘的接觸。後來，人類還發展出言語的隔板，把大多數互動都侷限於電子郵件或簡訊，保持在自我的掌控之中；參加美國「謝絕來電計畫」，再也不會有煩人的業務打電話來；盡量利用網路購物，或者透過手機APP訂貨，如果非要到實體店面購買不可，那就使用自助結帳機；出門在外就戴著耳機、盯著手機。這些都是面對過載的策略[31]，但只要過度依賴，就可

31 有些人認為，現代人阻絕這些刺激，反而用更大量的資訊轟炸自己。二〇〇九年，加州大學的羅傑·伯恩（Roger Bohn）和詹姆斯·修特（James Short）研究發現，二〇〇八年每人吸收的資訊量，竟是一九八〇年的四倍以上，而且這個數字還在急遽攀升。

能損害我們在現實生活中與人互動的能力，因為一整天下來，我們和別人的接觸寥寥可數。前一章提到，正因為如此，大學生不太會和陌生人面對面聊天。有些專家也推測，人與人缺乏互動，可能是孤獨大流行的驅動力，因為社交技能退步，更難結交新朋友。

別擔心，我不會花很長的篇幅來批判新科技如何破壞珍貴的人性。我確實有一點反對機械化和自動化，但我也知道，對於邊緣化群體來說，科技反而是他們的命脈，或者有些人住在地廣人稀的地區，家裡附近找不到支持社群。有一份社群媒體的研究，探討跨性別人士的使用情況，由德州大學聖安東尼奧分校的尤莉亞．坎農（Yuliya Cannon）領軍，最後發現「社群媒體成為了建立社會紐帶、接受教育和分享資源的平臺，否則邊緣族群根本不可能享有這些。」

我們也是多虧了科技，才可以接收其他文化或地區的新想法和新觀點。由此可見，如果科技用在正確的地方，可以豐富人的視野，比如是基於真誠和好奇心，而不是想要重燃納粹之火，科技確實會造成深遠的影響，激勵人心。你還記得吉莉安．珊德斯特倫做過數位平臺實驗嗎？受測者透過數位平臺互動，也是會感到更快樂、更有連結，對世界更樂觀以待。「客廳對話」（Living Room Conversations）之類的組織，也提供我們和陌生人聊天的機會。我試過一些，挑戰性很高，但是滿有趣，也學得到東西。

研究人員還發現，科技會損害我們在現實生活中與其他人連結的能力。光是在人際互動時滑手機，就是有害的行為了，這會導致心理學家所謂的**在場卻缺席**（**absent presence**）。換句話說，你人在現場，卻又**不在場**。心理學家萊恩．德威爾（**Ryan Dwyer**）做了一項調查，要求受測者和親朋好友吃晚餐時，把手機放在桌上，結果發現比起手機放口袋，這頓晚餐果然吃得沒那麼盡興，因為手機會害他們分心。另一份是康斯坦丁．庫斯夫（**Kostadin Kushlev**）所做的研究，他在喬治城經營數位健康和幸福實驗室，特別做了一個實驗，讓兩兩一對的陌生人待在等候室十分鐘，其中一半的人帶著手機，一半的人沒有帶手機。結果發現，沒有帶手機的人，有高達百分之九十四選擇和陌生人互動；而帶手機的人，只有百分之七十選擇和陌生人互動。此外，帶手機的人比沒有帶手機的人微笑減少了百分之三十。二〇一九年庫斯夫和同事做了文獻探討，得出結論：「人類使用智慧手機，可能只專注於自己的手機上，錯過日常人際互動對情緒的好處……我們發現只要身邊有智慧手機，人們就無法透過廣大社交情境改善心情。」調查資料也支持這個論點。二〇一五年皮尤研究中心調查發現，近半數介於十八至二十九歲的年輕人，習慣滑手機來避免和別人互動。

智慧手機和社群媒體經證實會令人成癮。科技會刺激腦部分泌少量多巴胺，誘發大家多多使用，甚至非用不可，怪不得手機和社群媒體的吸引力這麼大。不過還有另一派說法，我們之所以緊抓著手機不放，其實是一般人天生的傾向。根據**最小努力原則**（**principle of least effort**），人通常會選擇阻力最小的路徑。既然和陌生人面對面互動如此傷神，還有不小心失控的可能，那麼還不如沉浸在數位通訊中。便利的手機為我們節省許多時間，讓人與人之間互動更順暢，但如果你經常這樣和別人溝通，線下生活會缺乏社交，下次當你有機會再和陌生人交談時，你會感到更加焦慮。霎時間，你雖然住在滿是陌生人的城市，卻只會用手機APP點餐，一想到打電話訂披薩，必須和陌生人說話，心裡就覺得害怕。

當集體都沉浸在個人科技中，公共空間隨之改變了。一九八九年，社會學家雷伊·歐登伯格（Ray Oldenburg）寫了經典著作《絕好的地方》（*The Great Good Place*），書中提到**第三空間**（third place），也就是公共聚會地點，比如可愛的酒吧、咖啡館或髮廊。歐登伯格認為，第三空間對於個人的幸福以及城鎮的凝聚力至關重要。他發現第三空間對當地人而言，是一個平等的相識交流空間，可以凝聚整個社區，對新住民來說，也有「進口港」的功能，讓新住民認識自己的新家，建立新的連結，結交新朋友，甚至找到新工作。人生不如意的時候，第三空間也是救濟待命區，或者集體療癒地。

歐登伯格寫到：「沒有一個地方比第三空間更能夠創造社群歸屬感，這不只關係著存活，也關係著**活得好不好**。」歐登伯格哀悼第三空間的消失，一九八〇年代大批美國人隱居郊區，導致生活型態改變，「為了買更大的房子，追求舒適和享樂，卻要忍受無聊、孤獨、疏離和高物價之苦。」這個趨勢所創造的局面不太理想。歐登伯格表示：「公共生活中的陌生人比以前更多，但陌生人也比以前更可怕了。」

後來幾年，很多人搬回城市居住，但科技妨礙他們享受第三空間的美好。有一天我想小酌幾杯，並趁機向知名調酒師華金．席默（Joaquín Simó）請教，他在紐約字母城（Alphabet City）開了間名為Pouring Ribbons的酒吧，自從他當調酒師以來，這一行改變了不少。他說，人們不再聊天，尤其是年輕人。「二十幾歲小伙子坐下來，點了東西，就退回自己覺得安全的手機世界，沉迷於其中，我看了好納悶，因為我去酒吧是為了交朋友。」席默想起十五年前，很多商店裡不再擺放電視機，既然不看電視，大家就多聊天。「可惜好景不常。」他一邊感嘆，一邊拿出他的iPhone，在我面前搖一搖。「這玩意就出現了，破壞人們互動的意願，糟透了！」

如今席默在招募新員工時，特別注重其對談能力，除了雞尾酒之外，有沒有其他興趣，有沒有其他話題好聊。他覺得餐旅業最需要的就是和陌生人的連結力，可是很難做到。現在規矩越來越多，想要和別人聊個天，通常會面臨懷疑、尷尬或恐懼。席默認為，這是因為大家不理解酒吧的性質，或者城市的性質。「一旦你走進公共空間，個人空間就終結了。」他說得再明白不過。「如果有人走進你的泡泡，你不可以嫌煩，因為這就是公共空間，但現在大家都誤以為這泡泡神聖不可侵犯。」

就算我們待在同一個空間，仍會有其他因素區隔我們，比如財富差距，這是現代城市很嚴重的問題。有一系列的實驗室實驗都證實了，當富裕的人和不富裕的人交談時，富人經常打斷對方說話，主導對話，不太會展現「非言語的關注」（例如點頭、四目相交、出聲回應等，讓對方知道我們有注意聽）。

二〇〇九年，加州大學柏克萊分校兩位心理學家麥可·克勞斯（Michael Kraus）

和達契爾．克特納（Dacher Keltner）展開一項研究，找來經濟富裕的學生和經濟不富裕的學生，模擬工作面試。兩位學生先私下面對面交談五分鐘，彼此互相認識，接下來實驗人員會扮演企業主管，模擬聯合面試。

面試只是幌子，心理學家主要想知道這兩位學生如何互相交談。實驗人員提供一連串的問題，例如「簡單自我介紹」，然後監控整場對話的社會參與（點頭、揚眉、大笑出聲、凝視對方）和反社會參與（摸頭髮、玩身邊的物品、塗鴉）的跡象。他們發現經濟富裕的受測者，社會參與度比較低，反之經濟不富裕的受測者，社會參與度比較高（如果從性別來看，女性的社會參與度也比男性高）。克勞斯和克特納特地招募一些志工來觀察實驗過程，志工並不清楚受測者的經濟狀況，但只要看了對話情況，就可以準確猜出來。

克勞斯、克特納和同事還做了其他實驗，探討不同社經地位的人，是不是解讀陌生人情緒的能力不一。結果發現社經地位低的人，特別會看別人的臉色。為什麼呢？克勞斯和克特納推測，社經地位低通常也表示財力不足，就得處處仰人鼻息，不得不臨機應變，嗅出潛在的威脅或合作機會；再來是社經地位低的人大多需要在外拋頭露面，所以和陌生人面對面的機會多。反之，經濟富裕的人並沒有迫切需要培養這方面的能力。[32]

這只是概略的區分，財富不一定會導致反社會人格，例如有錢的商人通常很會善用社交手腕，這樣才能滿足不同客戶的需求，建立社交圈，接觸新觀念。任何社會階層都有親切、和善和熱情的人，只是經濟富裕的人通常有反社會傾向，這會妨礙他們和陌生人交談，也就無法豐富人生，此外，也會妨礙他們理解其他人的人生，尤其是在充滿不平等的年代，別人的人生將變得越來越抽象難解。如果一個社會的上下階級缺乏有意義的交流，會造成刻板印象和去人性化，政府也會推出錯誤的政策，導致社會關係緊張。二〇一一年，英國哲學家艾倫．狄波頓寫道：「那些沒有身分地位的人，形同隱形人，遭受粗魯對待，其複雜性遭人藐視，其獨特性遭人忽視。」

舉一個例子，不久前，我去附近專售有機食品的全食超市（Whole Foods）購物，那天剛好是週六下午，人有點多，氣氛有些緊繃。這裡的顧客大多是白人，且以富人占多數，幾乎都穿著高級品牌的健身服，一副要趕卡薩布蘭加末班飛機的樣子。收銀員面對這幅混亂的景象，猶如一座黑夜的燈塔：她面帶微笑，和顧客聊天說笑，眼觀四面，耳聽八方，試圖和顧客建立連結，至少她有努力過，可是顧客呢？當他們的視線離開手機，看著收銀員的眼神，彷彿在看著說話的鴕鳥，不知道該如何回應她，有些人露出懊惱的表情，有些人勉強擠出微笑，很顯然他們都希望收銀員只是物品，一個服務機器人，可是她並非機器人，而是血肉之軀，很努力展現人性。

輪到我結帳了，我對收銀員說：「星期六下午工作，應該要有戰鬥加給。」她的笑容不見了，回說：「我倒是希望休息室有精神科醫師坐鎮。」我接著問：「妳希望精神科醫師對妳說什麼？」「**那些人不是你的朋友，這不是你的錯**。」她回答。大家看到了吧？陌生人在大城市裡，複雜性遭到踐踏，獨特性遭受忽視，就連簡單的連結也不可得。世界上，與她同病相憐的人很多。

32 我是一個在家工作的中產階級男性，我真的可以好幾個禮拜不和家人以外的人交談。

Chapter 12

為什麼我們這麼怕陌生人？

「提防陌生人」一句順口溜把美國變成偏執狂國家。美國人失去信任的能力，缺乏和陌生人互動的意願，甚至連療癒創傷的能力也賠進去了。

閃邁人（Semai）居住在馬來西亞中部山區，以低強度耕作取得主要糧食。他們的恐懼無所不在，一九七九年人類學家克萊頓．羅巴切克（Clayton Robarchek）寫道：「閃邁人的世界中，危險無所不在，他們恐懼陌生人、超自然、暴風雨和動物，反正在閃邁人文化所構築的環境中，一切都有潛在或實質的危險。」

閃邁人認為，如果小孩子取笑蝴蝶，或者對蜻蜓說半句話，將大禍臨頭。暴風雨不外乎是天神對冒犯者的懲罰，閃邁人會抓出做壞事的小孩，把他的頭髮剪掉，趁暴風雨最猛烈的時候，放火把頭髮燒掉，以平息天神的怒氣。羅巴切克說：「有時候閃邁人乾脆把所有孩子的頭髮都燒了，以免小孩子無意中冒犯天神而不自知。」

閃邁人的孩子從小怕東怕西。人類學家羅伯特．田丹（Robert Dentan）指出：「閃邁人會警告小孩子提防陌生人，以免遭到綁架。」一九六〇至一九八〇年代之間，田丹有三次和閃邁人同住的機會，每當有陌生人出現在村莊（無論是不是閃邁人），媽媽都會把孩子抓走，大喊：「怕怕！怕怕！」田丹說：「大人會跟小孩講可怕的故事，警告小孩要是不提防陌生人，沒保護好自己和家人，就會有可怕的事情發生……成年的閃邁人認為，小孩子要學會恐懼，懂得逃離陌生人，對於任何不熟悉的人、事、物，千萬不可以相信。」

這種恐懼從小持續到長大，通常展現在他們對鬼怪的看法（對閃邁人來說，陌生人就是擁有超自然力量的鬼怪）。羅巴切克表示：「我在當地進行田野調查的時候，閃邁人眼中的鬼怪……有馬來人、中國人、印度人，甚至包括陌生的閃邁人，傳說鬼怪會砍下閃邁人的頭，埋在外來者的建築空地，祈求工程順利。閃邁人稱這些鬼怪為 maikahanohkuui，直譯就是『砍人頭的陌生人』。」

閃邁人骨子裡並不是暴力民族，但是人類學家推測，閃邁人的和平主義正如同仇外心理，都是創傷的產物。閃邁人有一個強大的鄰居，叫做馬來人，多年來嗜殺成性，奴役並屠殺閃邁人，綁架閃邁人的孩子，洗劫和焚燒閃邁人的家園，一直持續到二十世紀，雖然後來不再發生，但恐懼揮之不去，早已深植於閃邁人的文化，甚至**成為文化的一部分**。

我再說一個故事，西方人會覺得更貼近一點。一九八一年，一個名叫艾登·瓦許（Adam Walsh）的男孩，在佛州好萊塢的大賣場遭到綁架，綁匪是奧狄斯·圖奧（Ottis Toole），一直到圖奧死後，大家才發現他是連續殺人魔。艾登的頭顱在路邊的水溝被尋獲，身軀卻始終找不到。一九八四年，艾登的父母親約翰（John Walsh）和芮芙（Revé Walsh），共同創立了美國國家兒童失蹤與受虐兒童援助中心（NCMEC），約翰甚至嶄露頭角，主持《全美通緝令》（*America's Most Wanted*），這可是連播二十年的美國長青節目。

一九八四年，他們的第二個兒子凱爾·瓦許（Cal Walsh）出生了。凱爾從出生那一刻起，就與美國國家兒童失蹤與受虐兒童援助中心結下不解之緣。凱爾回想起：「我小時候在辦公桌底下爬來爬去，不小心把剪報放進嘴裡，他們連忙從我口中挖出來。」等到凱爾不會亂吃辦公用品，就開始幫忙裝信封。「我從小看著父母親針對我哥的綁架、失蹤和凶殺事件，抒發內心的憤怒和情緒。」他父母親遊說立法機構保護孩童，為美國國家兒童失蹤與受虐兒童援助中心奔走募款，他父親甚至成為知名電視主持人。

我問凱爾，他活在哥哥遭人凶殺的陰影下，過著什麼樣的童年生活？「大家總以為這件事情發生之後，父母會不准我或其他弟妹出門。」凱爾說。「沒有這樣的事！我們的童年很一般。」當然還是有規矩要遵守，例如不要把名字寫在背包上、不要和陌生人交談、不要隨便上陌生人的車，但這些應該是一九八〇至一九九〇年代出生的孩子，心中共同烙印的記憶吧！「我爸媽並沒有被恐懼沖昏頭，他們很清楚，不可能把孩子永遠關在家裡，孩子總是要出去體驗世界，總是要長大，所以人際交流互動很重要。」

後來，凱爾擔任父親節目的製作人，至今依然如此。六年前，他更一邊回去美國國家兒童失蹤與受虐兒童援助中心幫忙。現在他也有自己的孩子，對於他父母親的勇氣更感佩服。他們明明可以封閉自我，仇恨全人類，但是他們並沒有，「反而還相信大多數人都是心地善良的」。我問凱爾，從事這類工作該如何維持心理健康。他坦承這份工作還滿黑暗的，但也有機會遇見最善良的人，即使大家素不相識，仍自願協尋失蹤孩童。凱爾表示：「這些來支援我們的人，就是我堅持下去的動力，有太多善心人士了，真的有很多好人。」

凱爾生在美國最恐懼陌生人的時代，那是一個極度不安的時期，大人老是灌輸孩子，陌生人有多麼可怕，尤其是美國國家兒童失蹤與受虐兒童援助中心，不遺餘力地散播這些訊息。令人驚慌的影片、恐怖的小冊子，提醒小孩不要隨便上可疑的廂型車，不要吃免費的糖果，當地警察也會到學校警告小朋友，如果不小心鬆懈了，就會有可怕的意外等著你。所有的訊息都在重申：**不要和陌生人交談，不要和陌生人交談，不要和陌生人交談**。

大家無視證據怎麼說，直接先荼毒孩子的心靈，希望孩子打從心底恐懼**那些根本沒見過的人**。根據美國司法部的資料，陌生人綁架孩童，「只占失蹤孩童事件極小的比例」，例如二〇一一年只有六十五個孩童遭到陌生人綁架，其餘有二十五萬八千個孩童遭到熟識的朋友或家人綁架。[33]這是典型的道德恐慌，包括家長對孩子狂熱的愛、人類對陌生人的矛盾心理、大家對社會的信任降低，以及媒體大肆報導單獨的事件企圖提高收視率等。

只可惜理性的聲音太少了，就算有也會被忽略，一般人仍屈服於道德恐慌。一九八六年有一篇書評，談到維護兒童安全：「這一類的觀點沒有問題，但書中過度強調外人的危險，別忘了兒童虐待大多發生在家裡，出自那些失意的父母親、憤怒的男同居人、嫉妒的後媽。公共單位到底要等到何時，才願意承認主要的問題出在家庭呢？別再假裝行凶者都躲在暗處，伺機搶奪我們的孩子了。」

這絕對不是美國獨有的現象。這種現象遍布全世界，扭曲大家的威脅感。有一位研究者評論加拿大的新聞報導：「新聞媒體一直教家長如何避免孩子被綁架，卻絕口不提家長或親屬犯下的兒童綁架案，也不提醒大家提防家長或親屬，反正新聞媒體所建議的祕訣和工具，都是要防止『陌生人』危害孩童。」

---

33 陌生人對兒童犯下的罪行仍占大宗，但比例是低的，只有百分之十左右。

在我們這代人看來，這種對危險陌生人的恐慌，其實是一種矯情的做作，但這種訊息太盛行，這種恐懼也太普遍，「提防陌生人」這句順口溜太朗朗上口了。政治科學家蘿拉．西川（Laura Nishikawa）和迪特林德．斯道勒（Dietlind Stolle）都提出警告，這傷害了整個世代信任別人的能力。無論是美國或其他西方國家，年輕人的社會信任和**泛化信任**（**generalized trust**）都降到歷史新低。上一代的信任感早已下滑，但年輕人的下滑幅度最大。西川和斯道勒調查一千四百位孩童，並且訪問他們的父母親，結果發現父母親相信人性本善，卻灌輸孩子恐懼陌生人的觀念。「我們調查顯示，父母親太恐懼陌生人會綁架或虐待小孩，以致恐懼凌駕他們自身的價值體系，所以他們教導孩子的時候，總是要孩子提防陌生人。」這和閃邁人沒有兩樣，恐懼早已成為文化的一部分。

人類信任別人的能力，主要在童年形成，斯道勒表示：「父母灌輸給孩子的價值觀，可能對下一代的泛化信任造成深遠影響。」教小孩提防不認識的人，當然是明智的選擇，但如果對社會懷抱信任感，可以享受更多元的社會關係、社會經歷和專業機會。西川和斯道勒不禁好奇：「人因為恐懼陌生人，到底錯失了多少機會？」

每一年，加州橙縣查普曼大學（Chapman University）都會展開全國調查，找出美國人最大的恐懼，一部分是為了解除陌生人的威脅。二〇一九年版全國調查，只有百分之七受訪者恐懼一般的陌生人，認為陌生人的地位低於殭屍、鬼怪和丑角；百分之二十九點七的受訪者擔心被陌生人殺害，卻只有百分之二十一的受訪者擔心被熟人殺害；百分之二十七點一的受訪者擔心被陌生人性侵，卻只有百分之十九點二的受訪者擔心被熟人性侵。事實上，正如同兒童虐待，絕大多數成人謀殺和性侵案，都不是陌生人做的，而是被害人熟識的親朋好友所為。

根據美國疾病管制與預防中心（CDC）二〇一六年的資料，美國有高達百分之八十五的凶殺案都是熟識所為，只有百分之十三才是陌生人所為。美國超過半數的女性被害人，都是遭到現任或前任親密伴侶或配偶殺害，只有百分之六點八才是陌生人所為；可見女性遭到父母親（百分之八點二）和子女（百分之九）殺害的機率，比遭到陌生人殺害的機率更高。男性遭到熟人或朋友殺害的機率（百分之三十五點二），也比遭到陌生人殺害的機率（百分之十六點八）更高。根據二〇一七年的調查，陌生人犯下的性侵案，僅占女性性侵案百分之十九點一，占男性性侵案百分之十八點六，其餘都是被害人的熟識所為，尤其是現任或前任的情人或配偶。這些數據不是要低估被害人和家屬的痛苦，而是要突顯機率很低，讓大家明白最大的威脅不是陌生人，絕對不是。

查普曼大學研究生穆罕默德・卡庫里（Muhammad Karkoutli）分析恐懼調查資料，提供大家更真實的洞見。對陌生人懷抱恐懼的美國人，百分之七十三點五為女性，十八至二十九歲占了百分之二十八點六，三十至四十九歲占了百分之三十點九。年紀大一點的美國人倒沒有那麼恐懼，這和斯道勒的論點不謀而合，教孩子提防陌生人的觀念，已經扭曲了一九八〇至一九九〇年代出生的孩子。此外，教育程度低的人，也比較容易恐懼陌生人，收入低的人也是，其中年收入低於兩萬美元的族群恐懼最深。[34]美國白人有百分之四十八點八恐懼陌生人，反觀黑人只有百分之二十四點四。至於擁有房產的美國人，恐懼陌生人的比例，也是租屋者的二點五倍。宗教、地區和政黨之別，並沒有太大影響，但獨立選民比起民主黨或共和黨人士，對陌生人的恐懼比較深。

在特定的情況下，恐懼陌生人是完全合理的反應，例如你住在充滿暴力、動盪不安的地區，一天到晚都有自殺攻擊，全民都想要揪出異教徒和害群之馬加以消滅；或者你是同性戀，卻住在極度恐同的地區；或者你住在極權國家，例如東德，鄰居隨時有可能向祕密警察告發你。歷史學家提摩西・史奈德（Timothy Snyder）深入探討二十世紀的極權政治，結果發現專制君主成功的關鍵，就是把鄰居、朋友和家人都變成陌生人。史奈德寫道：「朋友、同事或熟人在街上碰到面，卻趕快別開眼，避免眼神交會，社交恐懼與日俱增。」此外，政治狂熱者、迷信崇拜者和基本教義派，通常也會做出這種事，警告追隨者不要隨便和別人接觸。我們都知道，如果有機會和別人接觸，就會擴展自我，個人認同以及世界觀都會變複雜，這對於煽動性言論絕對是不利的，一下子打破他們過度簡化的言論，包括我們是誰、他們是誰、世界該如何運轉等。神學家馬丁．馬蒂（Martin Marty）表示：「狂熱者會樹立界線，拉開他們與他者的距離，這麼做不一定是憎惡陌生人，而是怕受到陌生人迷惑。」

反過來，如果是沒什麼衝突的地方，硬要灌輸孩子提防陌生人，反而會製造惡性循

34　你還記不記得？經濟不富裕的人和陌生人交談時，通常比富人更投入，更擅長解讀陌生人的情緒，這再度顯示摩擦、矛盾心理和社交性的關係。

環。每個人從小就相信陌生人是危險的，所以不和陌生人交談。你還記得吉莉安・珊德斯特倫在新冠肺炎疫情期間，讓學生透過線上平臺和陌生人聊天嗎？這確實會增進社會信任，可見道德恐慌會損害我們信任別人的能力，而那些老是散播恐慌的人，根本不會提出解決辦法，來恢復人與人之間的信任，真是糟糕的惡性循環！

我後來遇見一個人，她靠著和陌生人交談，克服自己內心的創傷（真實的創傷，不是想像的），令人大為振奮，深受鼓舞。

我之前說過，和陌生人交談，甚至關注陌生人，似乎有一種感染力。每次做類似的事情，就會有一股能量，把別人吸引至你的軌道。我和陌生人交談的次數多了，越來越覺得水到渠成。有一天早上，我在洛杉磯做完免費聊天服務，地鐵站有個人看著我說：「你今天精神不錯！」他不是在調侃我，而是把自己的觀察如實說出來。我向他道謝，並聊了一陣子。同一天稍晚，我正要去搭地鐵，發現我身旁的大學生穿了一件有趣的衣服，衣服上寫著「我會和陌生人交談」，果然，她真的會和陌生人交談。

有一次我回到社區，正要返家，發現街上有一位女性，提著印有「問我正在讀什麼書」的袋子。我上前攀談，「不好意思打擾了，我看到妳的包包，我很好奇，**真的有用**

嗎？」她說真的有用，陌生人經常找她聊天。我問她包包哪裡買的，她說跟朋友買的，她朋友經營一個 Instagram 帳號，叫作「地鐵書評」（Subway Book Review），專門在地鐵站隨機詢問陌生人，最近正在閱讀什麼書。

我回家馬上搜尋「地鐵書評」，寫信給發起人烏莉．波特．柯恩（Uli Beutter Cohen），邀請她出來一起喝咖啡，她答應了。

我們約好的那一天，波特．柯恩走進咖啡館，我發現她個子很高，很健談，也很有趣，而且個性坦率。我們買了咖啡，找一張桌子坐下來。她告訴我說：「我很清楚自己的使命，我做這件事的初衷，就是要打破人與人的疏離。」

波特．柯恩現年三十九歲，是家裡的獨生女，生長在德國的一個小村莊，人與人之間的關係非常緊密。她母親出生在第二次世界大戰的難民營，而她父親出生在二戰尾聲的德國。雙親面對創傷的態度不一樣，她父親對家人呵護備至，一心護家人安全。「我媽媽活力充沛，一定要跟世界連結，否則全身不對勁，她經常找陌生人聊天，每次帶我去圖書館，絕對會繞遠路，盡可能遇見更多人，和更多的人說話。」波特．柯恩說。「我爸爸則用無形的玻璃罩蓋著我，唯有看著我安全無虞，他才會快樂。他愛我甚於一切，所以盡全力保護我。」

她觀察雙親截然不同的生活模式，逐漸形成她自己的性格。她父親把世界阻絕在外，她母親把人與人的連結看得跟食物和水一樣重要。她從中發現安全（security）與平安（safety）的差異。她說，她母親透過人與人的連結，獲得內心的平安，感覺自己被看見、被接納；父親為了追求安全，刻意維持**我們**和**他們**的界線，我們是定義明確的小小世界，他們則是模糊的未知。波特．柯恩的選擇很顯而易見：「我不是很在意安全的生活，我選擇的是有連結的生活。」二十歲那年，她就帶著兩袋行李獨自來美國生活。

二〇一三年秋天，波特．柯恩從大學取得傳播媒體學位，搬到紐約市，幾個月後，她發起了「地鐵書評」。「一開始是為了我自己，我想要和紐約連結……我期待遇見其他夢想家和藝術家，以及那些賦予紐約靈魂的人。」波特．柯恩的計畫，如同尼可拉斯．艾普利和朱利安娜．施羅德的研究，也是受到地鐵的啟發。「對我而言，地鐵是大家每天聚集的聖地，每個人都站得直挺挺，彷彿到教堂做禮拜，把所有人都聚在一起。」她說。「地鐵車廂可以鬧哄哄，也可以鴉雀無聲，有時候閉目養神，彷彿車上只有自己一人，突然張開眼睛，才發現車廂站了一堆人，卻一點聲音也沒有。」她停頓了一下，然後比個手勢說：「**太神了！**」

她每次搭車，總忍不住注意那些正在看書的人。她覺得在車上看書的乘客，可能是夢想家、批判思想家或創造者。她好想認識這些人。她本身有受過影片製作的訓練，也有參與即興喜劇的經驗，加上從小耳濡目染，看著媽媽和每個人交談，於是她開始主動詢問別人正在看什麼書。雖然社會規範不准大家在地鐵交談，但大多數人仍有意願和她聊一聊。「只要我冒昧提出邀請，有百分之八十九至九十的乘客都會欣然答應，他們很開心有人願意傾聽，有空間可以盡情分享故事，有陌生人願意一起聊天。」她說。「他們由衷的感激，事後通常會向我道謝，這是我沒想過的事，因為我覺得『是他們給了我禮物』，他們卻說：『不，是妳給了我禮物。』」[35]

---

35 還記得嗎？有位亞利桑那州立大學的學生，參加免費聽你說話的實驗，最後他覺得自己送給社群一份「禮物」。

一開始，波特．柯恩並沒有任何計畫，只要看到乘客在閱讀，就上前攀談。久而久之，她好像有了一種魔力。她自豪的說：「如果你懷抱好奇心，心胸開放，自然會知道哪些人想要和你連結。」她鎖定的對象有幾個特徵，例如會和別人眼神接觸，或者心情看起來還不錯，但是她也會注意那些心情看起來不好的人。她回想起：「有一天，一個年輕人在地鐵車廂上哭泣。我有沒有過去看看他呢？當然有，我問他：『你還好嗎？』他回答：『我今天好慘！』我馬上安慰他：『你會撐過去的，大家都會陪著你。』他點點頭，似乎有把我的話聽進去。」

波特．柯恩做這件事，不是為了行善或好玩，而是當成自己的道德責任。她語重心長的說：「如果你住在城市，如果你是社群的一分子，你就有責任認識你的社區，認識和你同住的社區居民，否則我們會完蛋。」這份道德責任感和樂觀態度，得來不易。她坦白跟我說，她曾經極度焦慮，甚至焦慮到生活全面停擺，只好接受治療。她也曾經失去希望，說什麼也不願踏出家門，完全不認同她居住的城市。

「我想對大家說，」她繼續補充。「我和大家一樣，也曾經在與陌生人的互動中留下了創傷的經驗，尤其是陌生的男性，可是我在地鐵的互動經驗中，無論對方多麼吃驚，我都感覺自己是安全的，毫無危險。我當然也在地鐵看過形形色色的荒唐事，但人生難免有負面的經歷，不應該就此緊閉心扉，直接放棄嘗試。我所謂的『嘗試』是試著再信任別人。雖然有一兩個人想傷害你，但不表示其他人都想傷害你。」

她說：「這個計畫讓我明白，我其實可以選擇把周圍所有的一切，都納入人類大家庭的一部分。（一旦選擇這條路，）人生會徹頭徹尾改變，當然也會伴隨莫大的痛苦，因為你會找到你在世界的定位，而這份領悟令你痛苦，也令你振奮。有選擇，必然有責任，你將扛起關懷自己和關懷別人、愛自己和愛別人的責任。」

她並不建議每個人都這麼做。「我知道有些創傷的倖存者就是跨不過那個坎，總覺得該嘗試的人不是他，他希望社會能主動向他證明，這是一個值得信任的地方。我對於這種態度完全尊重。」波特．柯恩娓娓道來：「地鐵書評計畫是每天向我自己證明人性本善。我會問對方：『你正在閱讀什麼書？』然後打開錄音機，用心聽對方說。做這件事很療癒，彷彿有人從內部擁抱你，打破了人與人的疏離感，遠勝過其他方法，這可是經過我多年的嘗試和測試，千真萬確。」

二〇一八年，美國國家兒童失蹤與受虐兒童援助中心對外宣布，從此會少用「提防陌生人」一詞，以更為細緻務實的方式呈現調查資料。凱爾對我說：「雖然陌生人綁架兒童的事情會發生，我們機構也會接手類似案件，但陌生人綁架兒童確實很少見。」如果再繼續提防所有的陌生人，恐怕將是弊大於利。「因為當孩子遇到危險時，真正可以幫助他們的可能是陌生人。」孩子可以從外在的線索，自行判斷哪些人值得信任，例如保全、消防員、帶著孩子的媽媽等。不過，他們仍會提醒孩子，如果有陌生人請求幫忙或要求觸摸身體，千萬不要隨便答應。不會直接禁止孩子和陌生人交談，以免阻絕了潛在的幫手，但「提防陌生人」這句順口溜絕對要廢除。凱爾說：「我們希望孩子有能力保護自己，做出聰明的決定，而不是讓孩子帶著創傷過一生。」

Chapter 13

對陌生人的恐懼，反而激發我們的友善

古代人之所以變得友善，是因為……生活在一點也不友善的地方。

目前為止，我們學到什麼？我們明白了，狩獵採集社群養成互賴的習慣，無論是和自己人或外人，都可以和睦相處。招呼儀式和待客之道經過長期演化，在陌生人帶來的威脅和機會之間求取平衡（所有壞人都會變成鳥！）人類天生就是偏袒自己人，但**自己人**的概念很隨性。我們傾向偏愛與自己有共通點的人，就算互不認識，就算只是戴一樣的帽子。城市把無數陌生人聚集起來，卻用社會規範區隔我們。和外人交談這件事，令我們焦慮，「提防陌生人」這句順口溜持續洗腦，以致世世代代的危險意識都扭曲，甚至連信任的能力也沒有了。

文化呢？宗教呢？國家呢？為什麼一個地方會對陌生人友善，或者對陌生人充滿敵意呢？文化是怎麼形成的？這些是接下來要探討的問題。

上一章稍微提到信任。我為本書找尋資料的時候，發現我們對陌生人的善意，可能和信任有關，尤其是泛化信任。一九四八年，政治社會學家伊莉莎白．諾艾爾－諾依曼（Elisabeth Noelle-Neumann）用一個問題來測量社會普遍信任的程度，如今世界價值觀年度調查（World Values Survey）仍繼續沿用。「你覺得大多數人值得信任嗎？還是需要謹慎以對呢？」如果你覺得大多數人都值得信任，那就是高度信任；如果你覺得還需要謹慎以對，那就是缺乏高度信任。**泛化信任**有別於**戰略信任**（strategic trust），所謂的戰略信任是經過理性算計，評估信任別人的利與弊。泛化信任也有別於**殊化信任**（particularized trust），所謂的殊化信任是針對家人和親密好友。

沒錯，泛化信任就是信任陌生人。如果一個文化擁有高度的泛化信任，對社會的好處不勝枚舉。政治科學家艾瑞克．尤斯拉納（Eric Uslaner）是信任研究的權威，他表示：「如果願意信任別人，比較有可能付出時間做善事，比較願意去包容別人，支持促進經濟發展的政策，以及幫助沒那麼幸運的人。如果國內有越多信任者，政府運作會更順暢，推出更多重分配政策，營造更開放的市場，貪汙也會減少。」高度信任者絕不軟弱，絕非道德相對主義者，只是期待每個人積極參與社群，無論哪一個群體，都按照遊戲規則行事。高度信任者在不確定的情況下，仍願意暫時相信別人，讓彼此真誠以待。

誰會是高度信任者？一般而言，農村居民的泛化信任評分比較低。另外，受儒家學說影響的國家，泛化信任評分也比較低，例如中國，這是因為儒家思想強調家庭關係更甚於與朋友和熟識的關係。再者，曾實行共產主義的國家，人民見證太多貪汙腐敗和極權主義，不知不覺成為低度信任者。男性、老年人、教育程度低、失業者、少數族群、宗教基本教義派，這些人的泛化信任評分通常也比較低。

哪些因素會影響泛化信任呢？這個問題很微妙。從全國來說，泛化信任與國民生產毛額（GNP）關係不大，與種族隔離程度呈反比，倒是與基督新教密切相關，卻又和其他宗教無關。不過，最重要的因素還是樂觀主義。尤斯拉納認為，泛化信任和樂觀主義最為密切相關。所謂的樂觀主義，相信未來是光明的，自己大致可以掌握命運。然而，尤斯拉納等人都發現，一個收入平等的社會，可以激發樂觀的心態，畢竟收入平等是社會泛化信任最關鍵的指標。這並不表示高度信任的社會，每個人的收入都一樣，只是說如果社會體制公平，政府不貪汙腐敗，犯罪率低，人人都享有公平的機會。尤斯拉納表示：「如果機會不平等，無論是上層階級或底層階級，都不會把對方看成『道德社群』的一部分，也不會覺得社會其他人是命運共同體。」

另一位重要的政治科學家羅納德．英格爾哈特（Ronald Inglehart），也有類似的論點，主張現代化進化理論（evolutionary modernization theory）。英格爾哈特多年來持續關注世界價值觀調查，他表示：「如果連生存都有問題，人通常會團結起來，期望有一個權威領袖出面，帶領大家抵禦外侮。」如果生活安逸，人會放下防衛心，追求個人主義的價值。這些個人主義文化，在第二次世界大戰之後興起，討厭暴力，討厭為國家而戰，主張要包容外團體、言論自由、公平參政、追求真民主。另一方面，一旦有安全疑慮，便會引發英格爾哈特所謂的專制反應，包括內部團結，驅逐或壓迫外團體的陌生人。英格爾哈特和尤斯拉納的看法一樣，兩人都認為不平等是對自我表達社會最大的威脅。北歐新教國家的泛化信任評分高，自我表達和世俗理性的分數也高。我打從一開始就覺得，那些擁有高度泛化信任的文化，人們比較願意和陌生人交談。我應該找到第一片拼圖了。

美國生物學家藍迪．托恩希爾（Randy Thornhill）和科瑞．芬奇（Corey Fincher）反倒認為有另一個更關鍵的因素，決定一個文化對陌生人的開放性，其實也和泛化信任有一點關係。這個因素就是傳染病發生的機率。人類早期還沒定居在高緯度地區時，主要居住在炎熱潮溼的赤道附近。低緯度地區至今仍容易引發傳染病，導致人類生病和死亡。傳染病在早期人類身上，促發了兩大適應行為。首先，顯然是人體的免疫系統，而在這裡我要特別強調的是**行為層面的免疫系統**。人類形成一套行為，避免自己接觸傳染病，基本上，就是避免和陌生人接觸。因此，在寄生蟲威脅高的地區，民眾會避開陌生人，也避免離家遠行，因為陌生人身上可能有疾病帶原。[36]這就稱為**寄生蟲壓力學說**

---

36 新冠肺炎疫情期間也有類似的情形發生，大家見個面就提心吊膽，甚至懷有明顯的敵意，擔心別人傳播新冠肺炎病毒，這在亞洲人之間格外明顯。二〇二〇年，哈佛商學院心理學家艾希禮．灰藍斯（Ashley Whillans）調查發現，無論是美國人或加拿大人，都明顯低估從親友處感染的風險，而高估從陌生人處感染的風險。

（parasite-stress theory）。

托恩希爾和芬奇發現，如果是寄生蟲壓力高的地區，通常有幾個獨有的特徵，是乾燥寒冷地區所沒有的。一是容易排斥外團體，認為這些人有毒或不潔，於是有憎惡和去人性化的行為。如果在高寄生蟲風險地區，居民會恐懼新事物，不信任新東西、新思想、新朋友，擔心這些會傳播疾病。此外，這些人也墨守成規，比較內向和偏袒自己人，只袒護和自己比較親近的人。歷史上有很多時期，大家習慣把外團體的陌生人視為病原體，例如納粹把猶太人隔離在猶太人區，並在大門口掛上「瘟疫！不得進入！」的牌子。一九六二年，美國已故眾議員伊利亞．卡明斯（Elijah Cummings）當時年僅十一歲，支持巴爾的摩（Baltimore）推動公共游泳池，大約有一千位白人手持標語抗議，標語上寫著「讓游泳池沒有病菌」，這些人對他拳打腳踢，還在他臉上留下一輩子的傷痕。

從演化的觀點出發，人類對寄生蟲的恐懼是有道理的。如果傳染風險高，和陌生人交際的成本（可能生病致死），顯然就超越了好處，例如托恩希爾和芬奇所言的「跨群貿易獲利、更優秀的新觀點、因締結婚約而拓展社交圈……以及其他社會聯盟」。然而問題是，就連傳染風險低，人們也會有這些恐懼與不信任的反應。托恩希爾說，有潔癖的人，不管傳染風險高低，都會展現上述的特徵。托恩希爾和芬奇推測，如果受到有心人士的煽動，**想像**傳染病無所不在，確實會影響個人行為，「立刻從性格、價值觀和行為三方面迴避傳染病，避免與陌生人和新經驗接觸。」

二〇一〇年，心理學家查德．摩坦森（Chad Mortensen）主持一項研究，把受測者分成兩組，第一組觀看有關病菌和傳染病的幻燈片，第二組觀看傳統建築的照片和資訊，接下來受測者要回想自己人生中，有哪一段時期曾經遇過類似的事情，並把那段經歷寫下來。最後，受測者休息三十分鐘後，陸續填寫兩份問卷，第一份問卷是測量對新經驗的外向性、親和性、自律性、神經質傾向和開放性，第二份問卷是測量自我評估罹病風險。第一組受測者看過傳染病的幻燈片，果然沒那麼外向，對新朋友和新經驗不太能敞開心胸，也不太願意團隊合作。

二十世紀免疫醫學日新月異，現在西方國家罹患傳染病的風險大為降低。托恩希爾和芬奇指出，一九四〇年代疾病控制技術大突破，促成了新一代的性革命（性解放）、民權運動和社會開放。如今仍有人相信外團體不乾淨或是疾病帶原者，這是因為人類經過長久演化，對傳染病的風險極度敏感的緣故。

既然我們對陌生人的信任感，取決於新教、收入平等、犯罪率低、貪汙腐敗少和低傳染風險五大原因，北歐地區應該是對陌生人最友善的國家吧？北歐人民所展現的信任感確實對社會有益，專家學者稱之為「北歐黃金」。北歐人容易把周圍的陌生人當人看，認為陌生人應當受到道德關懷和信任，絕不是疾病帶原者。我不禁心想，北歐地區應該是最願意和陌生人交談的國家了。

但我不得不承認，我猜錯了。泛化信任與友善程度似乎呈反比。根據經濟合作暨發展組織（OECD）所進行的世界價值觀調查，全球三十五個OECD國家中，泛化信任評比最高的國家有丹麥、挪威、荷蘭、瑞典、芬蘭、紐西蘭、瑞士、澳洲、冰島、德國和加拿大，美國竟然低於平均值，墨西哥、葡萄牙和哥倫比亞則敬陪末座。全球最大旅外人士交流網站InterNations，每年都訪問旅外人士，列出全球友善度排名，最友善的國家竟然有墨西哥、葡萄牙和哥倫比亞，丹麥、挪威、瑞典、瑞士、德國和奧地利竟是後段班，英國也敬陪末座，澳洲倒很特別，信任度和友善度都很高。

我詢問瑞典研究者畢・普拉寧（Bi Puranen），她也是世界價值觀調查的負責人之一，我問她怎麼會這樣呢？為什麼高信任的國家，友善度卻比較低；低信任的國家，友善度卻比較高？她坦承是有一點怪異：「中東人的泛化信任相當低，尤其是對陌生人、其他宗教或國籍的人缺乏信任，但如果你有機會到中東國家旅遊，想必都見識過他們的好客。另一方面，我們北歐人的信任度最高，卻沒有那麼好客。」

我的意思並不是說，加拿大人、芬蘭人或德國人對陌生人有敵意，他們只是沒有義大利人外向。為什麼信任度高的人，沒有那麼愛交際呢？因為沒必要！這原因很簡單，但有點違反直覺。綜觀歷史發展，我們會發現人與人的摩擦，促使我們培養社交能力。一個高度信任的社會，人與人的摩擦微乎其微，中央政府會處理好大小事；反之，一個不稱職的政府，這些大小事便全數落到個人頭上。至於低度信任的國家，沒有可靠制度來照顧百姓，人民只好培養交際能力，多和朋友或陌生人搏感情，一切都是為了過活，因此人與人的友誼不是出於愛，而是受不穩定的環境所逼，因為社會動盪不安、不穩定和威脅已經影響到生活。榮譽親屬、招呼儀式和待客之道都是很好的例子，現在就連友善也是情勢所逼，以務實的態度克服人生關卡。

我給大家舉個例子。二〇一九年芝加哥大學社會學家優娜．布萊澤．德拉伽茲（Yuna Blajer de la Garza），發表關於墨西哥市**泊車小弟**（viene- viene）的論文，這些是地下泊車服務，基本上就是自由接案的代客泊車小弟。她在論文中寫道：「請泊車小弟幫忙停車，在墨西哥大城司空見慣，車主把車鑰匙交給街角身分不明的人，相信待會還可以拿回自己的車。」布萊澤．德拉伽茲專門研究這種地下信任經濟，因為乍看之下，這在墨西哥市行不通。我去過墨西哥市，打從心底喜歡，但那裡犯罪率高、貪汙腐敗、社會不平等、社會信任低，可是墨西哥人竟放心把車子交給陌生人，而且還真的行得通！

這種體制之所以會生根，原因很複雜，牽涉到階級動力，還有腐敗的執法單位，反正就是有強烈的市場需求。布萊澤．德拉伽茲指出，社會失能無效率，人與人之間才需要往來，不同階級的人不僅僅互動，還互相信任，甚至發展出特定的關係，「這種人際交流每天在墨西哥市上演，無非是迫於政府貪汙腐敗，人民只好自立自強，維持大城市正常運轉。」

最近墨西哥泊車小弟逐漸被科技取代，也就是路邊的停車收費器。布萊澤．德拉伽茲表示：「中產階級車主（尤其是年輕一代）贊成這種改變，這樣停車會更有效率，只是少了一分人情味。雖然停車收費器有效率……卻奪走富人和窮人的交流空間，從此以後，這兩群人再也無法理解各自的努力和特權。」

我看完這篇論文，馬上聯絡布萊澤．德拉伽茲，我好奇她怎麼看北歐和拉丁美洲的強烈對比，北歐國家的泛化信任評比高，但友善程度卻是拉丁美洲比較高。我問她，為什麼泛化信任比較低，友善度卻比較高呢？她把原因歸咎於社會摩擦，我覺得很值得與大家分享：

別人值不值得信任，對於挪威人來說並不重要，因為他們的國家太完善了……既然有如此完美的體制，人對於陌生人的信任，就顯得多餘沒必要。大家不需要彼此就可以過好日子，感覺很有效率（應該吧！），但是我認為，這是要付出社會代價的。

墨西哥亂無章法（我在那裡出生長大，我愛墨西哥，可是那裡一團亂），但不容易找到孤獨的人……即使你希望能有一段時間，一個人好好靜一靜，恐怕都難以如願。每一天日常交流都要和別人互動，你必須和人說話、求救或問路。

就連到政府機關辦事也一樣。一切是那麼的迂迴，你只好不斷麻煩別人，懇請別人幫忙你或指導你。雖然大家對政府的無效率感到灰心，卻因此拉近人與人的距離。

這裡還有一個例子，證明社會摩擦可以把人變得更友善。大家想一想，美國南方以友善和好客聞名[37]，根據心理學家多佛・柯恩（Dov Cohen）和理查・尼茲彼 (Richard E. Nisbett) 的理論，美國南方屬於榮譽文化（culture of honor）。當地曾經缺乏強大的中央機構，例如法院或警察，以致社會動盪不安，經常有攻擊和搶奪地盤的事情發生，這並非美國南方獨有，全世界都有榮譽文化。榮譽文化發源自十八世紀，當時蘇格蘭愛爾蘭裔和蘇格蘭裔的牧人，紛紛從北愛爾蘭和蘇格蘭高地無法無天的邊境地帶湧入，由於這些牧人的家鄉和移居地缺乏執法機構，久而久之就習慣展現殺人的氣魄來嚇阻任何想偷牲畜的人，就連單純的侮辱行為也可能瞬間演變成暴力攻擊，大家深怕示弱會被人欺負。所謂的「榮譽」，就是有不惜殺人的氣魄，以及能夠嚇阻敵人的好名聲。

經濟學家寶琳・格羅斯讓（Pauline Grosjean）寫道：「榮譽文化強調攻擊性和男性榮耀，這是無國家狀態常見的適應手法，以免牲畜輕易被人偷走。」格羅斯讓專門研究榮譽文化，認為這是美國南方謀殺率比北方高的原因。一九八〇至二〇〇七年，美國南方的謀殺率將近是北方的三倍。如果牽涉到榮譽文化，殺人犯以白人居多。格羅斯讓推測是早期牧人迫於生活的無奈：「當地缺乏第三方執法單位，如果可以展現攻擊力以及不惜殺人的魄力，絕對可以建立勇猛的威望，嚇阻小偷。」[38]

後來中央機構越來越健全，榮譽文化開始在全球式微，再也沒有存在的效力，但現在依然看得到榮譽文化的影子。柯恩和尼茲彼展開一系列研究，他們招募了美國南方和北方的男學生進行實驗，設法羞辱他們的榮譽感，其中一個情境是在走廊上遭到男性實驗人員碰撞，對方還罵了聲「混蛋！」這時候南方男學生會感到羞辱，比北方男學生更生氣；北方男學生只是覺得好笑而已。另一個情境是在教室遭到實驗人員的刁難和嘲笑，經過測試之後，南方男學生體內的睪固酮和壓力荷爾蒙皮質醇，比北方男學生飆升

---

37 小鎮居民不一定友善。我曾經造訪德州班德拉（Bandera），在酒吧裡和一位灰頭髮的客人打招呼，德州是「世界牛仔之都」，他竟然回我：「我不說北方佬的話。」雖然我有北方人的不利條件，但是我堂堂一個一百八十公分高的白人，若真要打起來，還是綽綽有餘。我在小鎮遭受的對待，不一定可以套用到年輕黑人男性、穆斯林、同性戀者、雙性戀者與跨性別者身上。

38 這裡我要援引美國天才哲學家，同時也是鄉村歌手威利·尼爾森（Willie Nelson）的作品，他那首經典的《紅髮陌生人》（*Red Headed Stranger*），歌詞寫道：「黃髮女孩被落日湮沒／陌生人重獲自由／就算是女人偷了馬／殺了她也是應該。」

許多。柯恩和尼茲彼認為：「如果南方人沒有遭到羞辱，普遍比北方人客氣，但如果遭到羞辱就不一樣了，絕對比任何群體來得有攻擊性。」

客氣和暴力之間的矛盾關係，稱為**客氣的弔詭**（the paradox of politeness）。二〇〇四年，柯恩和同事喬．凡帝羅（Joe Vandello）寫道：「大家總以為暴力和友善互斥，以為親和、好客、開放和溫情能夠杜絕攻擊和暴行。然而大家都忘了，暴力和友善經常勾結在一起。暴力或者暴力威脅，其實可以把社會變得更友善、更親和、更和氣。」

這當然不是美國南方的專利。客氣的弔詭，在亞洲、中東、地中海地區和非洲的傳統社會都出現過。誠如人類學家艾倫．費斯克（Alan Fiske）和其同事所言，這些文化通常「人與人互相恐懼」，所以「表現得格外客氣、親切或大方，但其實不是真正的愛、喜歡或信任」。他們這麼做，只是為了避免羞辱到別人的榮譽，以免引發一連串報復行為。

這意思並不是說，所有親切的人都是害怕別人暴力相向，所以才表現出親切的樣子。文化演化比我們想像更複雜，一開始，行為只是在回應問題，久而久之就成了存在方式，稱為**功能自主**（functional autonomy）。我們不可能拆解文化的千絲萬縷，但至少可以說，儀式化的客氣態度源自於榮譽文化，長期下來就成了單純的客氣和友善，一直延續至今。我詢問榮譽文化專家尼茲彼，他也表示非常同意這樣的說法。

世界其他地方也有類似的發展，社會摩擦多了，反而帶來友善的態度。以微笑和開懷大笑為例，雖然同質國家有高度的泛化信任，但研究人員發現，如果過去五百年，有大量移民遷徙的國家，人民的情緒表達能力比較強，例如比較會微笑和開懷大笑。北美洲、中美洲和南美洲，以及極為特別的澳洲，都是社會科學家所謂的微笑文化。研究人員推測，微笑是為了在缺乏共同語言或社會規範之下，能夠和陌生人成功溝通，畢竟在這種情況下，微笑可以展現善意以及合作意願。

心理學家亞德里安娜．伍德（Adrienne Wood）和同事調查全球八十二個國家，結果發現歷史上族群越多元的國家，人民有越好的情緒表達能力，越能夠透過非言語的方式傳達情緒，勝過歷史上族群越單一的國家。心理學家寶拉．尼登塔爾（Paula Niedenthal）主持一份全球研究，結果發現無論國內生產毛額是多是少，當前的多元性是高是低，歷史同質性攸關了受訪者每日微笑、開懷大笑和好心情的時間長短。後來研究團隊分析美國普查資料，也得到類似的結果，那些歷史上吸納較多移民的州，包括加州、紐約州、北達科他州、內華達州和明尼蘇達州，都比其他州更愛微笑、開懷大笑和展現正面情緒。

更何況，微笑是有感染力的。尼登塔爾表示：「微笑可以……製造正面的社會經驗和感受，而不僅僅是解決當前的社會協同問題。換句話說，每天遇到越多微笑或開懷大笑的人，越容易激發好心情。若有更多微笑和開懷大笑的機會，想必能夠創造更多正向情緒經驗。」

這個例子再度證明，原本只是要解決社會問題（在缺乏語言或文化規範之下，與不同族群的人溝通和合作），但是長期下來，逐漸脫離原本的功能，融為文化和行為習慣的一部分，不受當地的環境條件影響。

二〇〇一年，納伊蘭．拉米雷茲．艾斯帕札（Nairan Ramírez-Esparza）離開墨西哥，前往美國德州大學念研究所，當時她就感受到了文化上的衝擊。美國朋友帶她去參加派對，她以為就和家鄉墨西哥一樣，在派對上都是和自己的朋友玩在一起，殊不知美國並非如此。她回憶著說道：「我們一到派對現場，朋友馬上說：『大家各自去玩吧！』我心想：『**什麼？各自去玩？**』」朋友們瞬間往四處散開，紛紛和派對上的陌生人聊天。她說：「這對我來說好難，尤其我這麼內向，到現在還是無法適應。」

拉米雷茲．艾斯帕札在墨西哥首都墨西哥市出生和長大，這個國家奉行溫情主義（simpatía）。一九八四年，哈利．泰安迪斯（Harry Triandis）等人的開創性研究首度提到溫情主義。一個奉行溫情主義的文化，日常人際互動強調客氣、親切、友善、尊重、正向、避免衝突與尊敬別人。溫情主義正如同榮譽文化，一旦有侮辱或打鬥的事情發生，絕對是極為嚴重的挑釁，這是在攻擊對方最根本的尊嚴。溫情主義也如同榮譽文化，誕生於缺乏中央機構的地區，並沒有政府由上而下維持社會和諧，只好靠每個人自己維持和平。

溫情主義對社會的好處，比我們想像的更多，例如當地人更願意幫忙陌生人。政治科學家羅伯特．勒范恩（Robert Levine）針對全球三十六個國家進行研究，請學生假扮成需要幫忙的陌生人，探討大城市的「助人行為」。這些學生可能扮成盲人，或者不小心把筆掉在人行道上，或者假裝受傷請別人幫忙。研究結果顯示，那些人口最稠密的地區，家庭紐帶最深的地區（也就是最傳統、最排外的地區），最不願意提供陌生人協助。

值得注意的是，全球最熱心助人的城市，竟然落在拉丁美洲。二〇〇三年勒范恩寫到：「這些地區長期經歷政治動盪和高犯罪率，以及一堆社會、經濟、環境問題，沒想到民眾還願意幫助陌生人。」不過，雖然有特例（哥本哈根和維也納的成績也不錯），但整體而言，奉行溫情主義的地區特別熱心助人[39]。此外，拉丁美洲整個地區的情感明顯是正向的。每一年，蓋洛普（Gallup）民調機構都會發布全球情緒調查報告，依照各國民眾回報的日常感受，進行正向和負向的排名，其中一個問題是每天所感受的正向情緒，排名前十名最快樂的國家，拉丁美洲就占了九名（其餘一名是印尼）。

拉米雷茲．艾斯帕札認為，墨西哥的溫情主義比其他拉丁美洲國家都要深厚，這是因為墨西哥曾經被攻占過。拉丁美洲國家、美國和加拿大，都曾經有一段新移民消滅原住民的歷史，墨西哥也有阿茲提克人這個知名的特例，無數原住民懂得團隊合作，把原住民傳統適時與西班牙文化融合，形成各種混血文化，例如墨西哥特色的天主教。拉米雷茲．艾斯帕札表示：「如果乖乖接受西班牙人的條件，就可以免除一死，所以墨西哥社會才會變得親切和氣。墨西哥人不喜歡發表自己的意見，一切以和為貴。」

現在拉米雷茲．艾斯帕札是康乃狄克大學（University of Connecticut）知名的社會心理學家，她偶爾還是會和美國朋友一起參加派對，但「各玩各的」依然是她的罩門，所以要持續練習。她和老公也會刻意去一些地方和陌生人交流。每次她自我介紹，大家聽到她的口音，就會詢問她從哪裡來，然後就聊開了。對美國人再簡單不過的談話，對拉米雷茲．艾斯帕札而言，竟是痛苦的文化調適。「我們在墨西哥不太可能這樣，如果有陌生人朝著一群人走來，那群人的心裡可能會想，**你哪位？你想幹嘛？別煩我們，我們在聊天。**」墨西哥人出於溫情文化，當然不會做出無禮的舉動，但是在墨西哥找陌

---

39 我現在居住的紐約，也不是熱心助人的地方，不但敬陪末座，還曾留下極其惡劣的紀錄。有一個知名的實驗叫做「遺落的信」，實驗人員把信件封好，寫上地址，也貼好郵票，刻意遺落在紐約街頭，然後計算有多少封信會被投進郵筒。研究人員勒范恩收到來自紐約客惡意的驚喜。他說：「若是換成其他城市，大多數信件有明顯拆封的痕跡，但撿到信的人，通常會重新封好，或者另外找一個信封，寄回我手上，有些甚至附上紙條，為私自開了信道歉。唯獨一個紐約客，從側邊撕開信封，也沒有重新封好，竟然還在信件後面寫下一大串西班牙文："Hijo de puta ir[r]esposable." 我後來翻譯之後，才知道是罵人的髒話。他後面補上幾句話，還好是用英文寫，這下子我就看懂了。很有趣，這位憤怒的紐約客罵我不負責任，害他必須走去郵筒寄信，他已經夠討厭陌生人了，卻仍基於社會道義，勉強浪費自己的時間。」

生人攀談，就是有點奇怪。

墨西哥人和親朋好友的交流很密切，所以拉米雷茲．艾斯帕札在美國生活還有另一個難以調適的地方。「我很難適應這裡孤立的生活。」她說。「每天就是出門上班、下班回家、跟另一半或小孩聊天，然後上床睡覺。」可是墨西哥人會花很多時間和親戚朋友相處。「我夏天回去墨西哥，永遠有人可以陪我說話。他們會注視我的眼睛，面露微笑，讓我感受到人與人的連結，感覺自己真實存在。」

她來美國將近二十年，現在她介於美國人和墨西哥人之間，一部分的她深愛著美國，因為在美國可以暢所欲言，不用像在墨西哥小心翼翼，深怕冒犯別人或令別人不舒服。她說：「我確實很討厭把話憋在心底。」儘管如此，美國同事和學生仍覺得她太溫順。她回到墨西哥，確實比以前直言不諱，但偶爾會受制於溫情主義，自我克制一下。她不確定能否掌控自己的雙面性格，但是她有發現到，她說西班牙語的時候會偏向溫情主義，說英語的時候又會自動切換。她會看自己所處的文化，決定要偏向哪一邊。她說：「我應該是有一點『混血』了。」

她可能覺得自己不屬於任何地方，但是她身上所展現的雙重特質，不就是本書的夢想嗎？一個出身溫情文化的墨西哥人，居住在自顧自說個不停的美國。她從小和別人交談，就知道要客氣、謙虛和專心，從這個角度看來，溫情主義和「免費聽你說話」不謀而合。你不是主角，對方才是。這樣一個懷抱溫情文化的人來到美國，如果還會說英語，豈不是直接具備我們苦心學習的技能，頓時成為超完美的聊天對象。

心理學家葛羅里安娜．羅德里奎茲．阿拉烏茲（Gloriana Rodríguez- Arauz）和拉米雷茲．艾斯帕札、亞德里安娜聯手，進行了一個巧妙的實驗，獲得第一手的觀察資料。他們在西雅圖招募拉丁裔媽媽和白人歐洲裔媽媽進行實驗，請她們每天配戴錄音機八小時，連續四天，藉此掌握她們日常的對話內容。研究結果顯示，拉丁裔媽媽展現比較多溫情主義的行為，例如穩重、可愛、體貼，對話內容圍繞著別人居多（你可能會想起都市告解室的八十／二十法則）；白人歐洲裔媽媽則比較少展現溫情主義的行為，她們會花比較多時間談論自己。研究團隊也發現，拉丁裔媽媽比較愛笑，比較會和別人進行有意義的談話，而且不分族群，結果都一樣。但諷刺的是，白人歐洲裔媽媽卻自以為更有溫情主義傾向。

此外，就連美國這種喋喋不休的個人主義國家，溫情主義也有感染力。二〇〇九年，德州大學阿靈頓分校（UTA）蕾內．霍洛維（Renee Holloway）、艾美．沃德羅普（Amy Waldrip）和威廉．伊克斯（William Ickes）做了一份調查，他們招募了一百二十六位互不相識的陌生人，其中有白人、黑人和拉丁人，分成兩組進行實驗。第一組分配到與自己相同族裔的人一起聊天；第二組分配到與自己不同族裔的人一起聊天，比如白人搭配黑人，或搭配拉丁人。首先，研究團隊發現拉丁人展現比較多溫情主義的特質：眼神交會、微笑或開懷大笑。其次，更有趣的來了，無論是白人或黑人，只要和拉丁人互動後，就會展現比較多溫情主義的特質，不僅聊得更盡興，也會有更多眼神交會、微笑或開懷大笑的次數。研究團隊表示：「凡是有拉丁人參與的對話，絕對比單純只有白人或黑人的對話更熱烈。」

受測者還要為對話的過程評分。那些和拉丁人交談的受測者，評分明顯比較高，「覺得聊天過程更順暢、更自然、更放鬆，而且更投入，未來也更有興趣和拉丁人進一步互動。」

這絕對不是單向的提升。拉丁人也同樣享受對話的過程，「拉丁人和其聊天對象雙方都覺得互動更順暢、更自然、更放鬆（比較不做作、不尷尬，也相對沒有壓力），也覺得自己更投入，感受自己被對方接納和尊重。最後，拉丁人對聊天對象的好感度比較高，同時相信對方對自己也有較高的好感度。」

我們總以為友善的態度源自於心靈上的滿足和無憂無慮的生活，有時候是這樣沒錯。這意思並非指，現在所有友善的人都是經過理性算計，才對陌生人展露一抹微笑，也不是說友善的人並不信任別人。我想說的是，就連恐懼、混亂、動盪不安的環境，也可能形成友善的文化，有些友善的態度甚至是為了回應恐懼、混亂、動盪不安的環境，促進彼此合作。友善的態度正如同榮譽親屬、招呼儀式和待客之道，都是在陌生人帶來的恐懼和機會中求取平衡，幫助我們在可怕或混亂的時代，順利完成合作以及連結。

如今混亂的時代再度降臨，中央機構逐漸弱化，社會信任蕩然無存。現代人的生活很艱難、很混亂、很吵嘈，圍繞著形形色色的人。我們不信任周圍的陌生人，卻要和陌生人共享一個國家、一個世界。我們當然可以如此日復一日，埋頭苦幹，互相爭鬥，說什麼也不願跨越彼此之間的高牆。或者，我們也可以覺察已知的事實，主動選擇向陌生人表達善意、展露微笑，和陌生人交談，以及對陌生人專注傾聽，這絕不是軟弱的表現，也不是信念不堅，而是唯有互相合作才符合最佳利益。我們都知道友善並非示弱，友善才是恐懼的解藥。大家把這些謹記在心，我們一起踏上芬蘭之旅吧！

Chapter 14

與芬蘭的陌生人一起迸發靈感火花

我們要探討一個不和陌生人交談的文化，有一位英國名人因此特地到當地開課，以免為時已晚。

「我來自土耳其。」她說。「這一點很重要，和我待會要說的事情有關。」

賽伊妲・伯克索德布隆（Ceyda Berk-Söderblom）從小在土耳其的伊茲密爾（Izmir）長大，這是位於愛琴海的沿海城市，她在當地的藝術基金會任職十四年，專門舉辦各種藝術節，後來邂逅芬蘭藝術家，兩人結為連理。她的老公是一位講瑞典語的劇場總監，二〇一五年，他們一起搬到赫爾辛基。

赫爾辛基這個城市很和睦，社會平等、經濟繁榮、文化昌盛、犯罪率低、識字率高、遊民很少。赫爾辛基是芬蘭的首都，根據蓋洛普民調機構的調查，那是全球最快樂的城市，至少從幾個指標來看是如此，包括人均國內生產毛額、社會支持、預期壽命、人生抉擇自由度、慷慨度、無貪汙腐敗。赫爾辛基相對安靜，井然有序，真的很有秩序！有時候我隨便穿越馬路，路中央竟然只有我一人，芬蘭人分別站在兩側人行道上盯著我看，彷彿我穿了變態服裝，一路跳進教堂。

很多評論都把赫爾辛基譽為天堂，可是伯克索德布隆剛搬來時，她的過渡期一點也不順利，首先要面對的是文化差異。土耳其人熱情又健談，芬蘭人卻沉默寡言。有一部漫畫《芬蘭人的噩夢》（*Finnish Nightmares*），列出了芬蘭人的社交恐懼症。這些噩夢都是和陌生人互動有關，例如有一則是「搭乘大眾交通工具時，有人坐在你旁邊⋯⋯還開口和你說話」，另一則是「陌生人凝視你的眼睛⋯⋯然後對你微笑」[40]。我對當地

40 還有一則噩夢，不禁令我想起，我在芬蘭擅闖馬路，或者有人擅闖紅綠燈時，芬蘭人站在人行道上觀看。「有人正在做『壞』事，就算被大家盯著，仍沒有停手的意思。」原來這也是芬蘭人的噩夢啊？

的計程車司機說，我要來這裡找資料，寫一本和陌生人交談的書，他回我：「來芬蘭？你知道我們是全世界最沉默的人吧？」

伯克索德布隆不知道該如何融入芬蘭的文化，比如她公公過世的時候，竟沒有半個芬蘭人前來慰問，如果是在土耳其，大家都會前來弔唁，可是芬蘭人選擇不打擾，讓喪家靜靜的悲傷。就連她邀請朋友來家裡玩，也可能引發文化摩擦。伯克索德布隆說，土耳其人就是好客，「我們會用食物撐死客人。」反觀芬蘭人偏好一人一菜，這是她無法接受的社交方式，每次客人說要帶食物來，她總會拒絕。「他們是我的客人，當然是由我親自下廚招待。」她說。「一切都交給我來準備。」這是她根深蒂固的好客傳統。「我們土耳其人天生就這麼好客！」

不過，最大的困難還是職涯的轉換。她說：「外國人找工作不容易。」即使她的學經歷很優秀，仍然花了一年的時間，才找到藝術類的工作。語言是最大的障礙，她的前一份工作主要是講英語，但芬蘭的工作主要是講芬蘭語（有些講瑞典語）。這是芬蘭人迫切需要解決的問題，近年來有大量移民湧入，尤其是因為內戰而流離失所的難民。赫爾辛基有很多新住民不會說芬蘭語或瑞典語，難以找到工作，更廣泛地說，難以在芬蘭社會立足。伯克索德布隆說，這個國家自古以來只有單一文化，缺乏面對多元性的機制，所以「正面臨莫大的衝擊」。新住民對芬蘭有潛在的好處，因為芬蘭的知識經濟正在起飛，亟需新的勞動力注入，但如同其他北歐國家，新住民也造成社會關係緊張，興起白人民族主義運動。

二〇一六年，伯克索德布隆如同其他新移民的選擇，乾脆自行創業，她創立了米克拉加德藝術工作室（Miklagård Arts）。米克拉加德這個字，其實是在西元十世紀，維京人前往土耳其時，為伊斯坦堡所取的名字，讚頌這個前所未見的大城市。她的工作室致力於促進芬蘭機構與國際藝術家交流，希望這些對話可以把芬蘭變得更多元，這是目前刻不容緩的任務。她聯絡一位名為西奧多．澤爾丁（Theodore Zeldin）的人，邀請他前來赫爾辛基，教導芬蘭人如何和陌生人交談。

二〇一九年九月，一個陰雨綿綿的下午，西奧多．澤爾丁坐在講臺的椅子上，前方的女性聽眾來自各個族群，散坐在赫爾辛基新落成的阿莫斯安德森藝術博物館（Amos Anderson Art Museum）。澤爾丁現年八十七歲，身形清瘦，頭髮已灰白，穿著灰色褲子、運動上衣和針織衫。主持人介紹完，他隨即起身。他語氣溫柔，卻充滿魄力。「我來到芬蘭，不是要教你們東西，而是要問你們問題。」他對在場聽眾說。「我好奇的是，這個國家在忙什麼？」他停頓了一下。「你們是全球最快樂的人，**太驚人了！**你們已經拿到很多獎，但我不禁好奇，你們接下來還要拿什麼獎。於是，我親自來看一看。」

澤爾丁是英國歷史學家，他的大作《法國人的浪漫史》（*A History of Passions*），洋洋灑灑兩千多頁，探討法國人的情緒史，出版於一九七三年，從此被譽為歐洲史革命性巨作。他現任牛津大學教授，曾經為總統、內閣和企業執行長擔任顧問。他和本書最相關的是，他這輩子盡可能和更多的陌生人聊天。換句話說，他人生的使命是接觸新事物。「我不可能認識世界上的每一個人。」他說。「但我不求富裕，也不求出名，我只想**盡情探索真實的人生**。」

澤爾丁數十年來，不斷與陌生人聊天。他發現這世上根本沒有多數族群和少數族群之分，也沒有陌生人和熟人之別，只有單獨的個人。每個人都是少數族群的唯一，每個人都是陌生人。他問赫爾辛基的聽眾，感覺自己有被充分理解的人舉手，竟然沒有半個人舉手。「大家都沒有被充分理解，可是，人不就是需要被欣賞嗎？如果不單獨理解每個人，怎麼有可能欣賞每個人呢？如果要改變現狀，並不需要大革命，只需要親密的交流。」

二〇〇一年，澤爾丁創立了牛津繆思基金會（Oxford Muse Foundation），我就是因為這個組織，才來赫爾辛基見他一面。牛津繆思基金會專門舉辦陌生人晚宴（Feasts of Stranger），素不相識的參加者兩兩一組，主辦單位會提供「菜單」，列出極為私密的討論問題，讓兩位陌生人暢談彼此的價值觀、恐懼和希望。「這些問題都很難回答。」澤爾丁表示。「因為人生就是很難。」這些對話會延續兩小時，已經在全球十五個國家實現了，有的參加者後來結為夫妻，有的成為好友，甚至讓內戰雙方的人民坐下來聊一聊。此外，參加者不僅認識了別人，也更加瞭解自己。澤爾丁表示：「參加者很驚訝，自己竟然說出平常不會說的話，透過這個過程瞭解對方，也瞭解自己，他們認為這是個千載難逢的機會，終於有人真心聽他們說話。」

陌生人晚宴的背後有一個主旨，叫做生產（procreation），這可是澤爾丁多年來和陌生人交談的感想。他認為傳統的歸屬感（群體的一分子）已經過時了，現在大家的差異那麼大，每個人都是獨一無二，族群怎麼可能有明確的界定呢？他也相信個人主義會走入死胡同，所以他偏好一對一兩個人，不是群體，也不是個人。兩個人才是最強大的文化單位。

「每一段我和你的關係、每一段你和他的關係，每次你和別人聊天，都會因此多認識對方一點，也會多認識自己一點，然後多認識這個世界。」他說。澤爾丁經常提到繆思，也就是靈感，但他想說的不是自我表達，而是生產關係。兩個心靈靠在一起，共同產生新事物，這是個別心靈做不到的事情。這個沉悶的星期五下午，他對所有聽眾說：「我希望大家會成為我的繆思。而後透過對話，我們會成為彼此的繆思。」

澤爾丁在赫爾辛基共舉辦三場陌生人晚宴：其中一場是針對赫爾辛基的文化菁英，其餘兩場開放一般民眾參加。星期五的講座是晚宴的前導活動。他擔心現在白人民族主義興起，西方國家政治一片混亂，而芬蘭是民主國家的堡壘，還要奮力處理新住民的問題。「芬蘭的人口正在減少，你們會發現有其他人來了，無論你喜不喜歡，你都只能接受。」他說。「其他國家也避免不了移民，因為這個世界不平等，有些地區動盪不安，迫使人民逃亡。如果我沒有搞錯，芬蘭人本來也不是定居於此，而是從遠方遷徙而來。我們每個人都是移民，所以要學會和陌生人相處，如果說『黑人是陌生人』，那就錯了！其實我們都是陌生人，我對於你而言是陌生人，你對我而言也是，無論你出身哪裡。我來這裡，就是要解決這個問題。」

演講即將尾聲時，他對在場的聽眾說，希望能夠在此進行一個實驗。「我想要認識你們。我總不能到了芬蘭，只是逛逛街或吃吃東西吧！我想要知道你們每個人腦中不同的想法。」他發給每個人一張紙，請大家寫下關於自己的一些回憶，例如最大的成就、悔恨、希望、挑戰和弱點。「換句話說，寫下你重要的事蹟。」

每個人都寫了，把紙張交給澤爾丁後，一個接著一個，安安靜靜地離開會場。

蘿拉．科爾布（Laura Kolbe）是芬蘭知名的歷史學家和政治家，我試著與她聯絡，希望可以請她喝一杯咖啡，聽聽她對芬蘭人的看法，答應和我在赫爾辛基大學見面。科爾布表示，大家普遍覺得芬蘭人沉默寡言，這雖是刻板印象，但仍有事實的成分，可是芬蘭人沉默寡言是有原因的。大約兩百年前，講德語、瑞典語、俄語的人先後來到了芬蘭，但這些人都不會說芬蘭語，不和當地人說話，當地人也不會和他們說話，因此芬蘭人的沉默寡言只是針對新住民，大家卻誤以為芬蘭人生性害羞。再者，芬蘭地廣人稀，歷史上以務農為主，農村生活本來就沒有都市生活嘈雜。第三，十九世紀創造出來的民族神話，正是強調「男性、金髮、害羞、有點笨拙，但是勇敢、誠實、忠誠、坦率」這種英雄典型。

她坦承美國人和芬蘭人確實天差地別，但她也認為美國人的友善，充其量只是工具罷了，實際上是為了達到其他目的（沒錯，上一章剛說過）。她說：「芬蘭人開口說話，完全是真心誠意，不是要兜售什麼東西。大家去了美國，都很喜歡美國的社交靈活度，例如服務生善於招呼客人，對客人噓寒問暖，但只要客人小費給得不夠，服務生的語調瞬間就變了。」

我和科爾布見面的那天，科爾布的女兒卡蘿萊娜．芙洛斯（Carolina Forss）也一起來，她剛從大學畢業，整個人朝氣蓬勃，而且個性開朗，大學念的是時尚設計。芙洛斯在紐約住過一個夏天，她覺得紐約自由開放，大家都善於交際，令人自由自在。「這是我想從紐約帶回赫爾辛基的東西，只可惜人的適應能力太強，我回來這裡，馬上又變回芬蘭人了。」

「變回芬蘭人？」我問。

「我再度封閉內心的一小部分。」她回答。她深愛著芬蘭，但自從在國外待過，再度回到芬蘭，反而成了「陌生人」。她說，如果用芬蘭人的標準來看，她有點太外向了。「坦白說，我在國外比較『做自己』。」她說。「反而不太像芬蘭人。」

隔天，我與澤爾丁一起坐在博物館大廳。他跟我說，他一直在閱讀星期五講座結束後大家交給他的紙張。「天哪！實在太驚人了！」他說。「大約有三分之一的人狀況非常差，他們感覺自己被排除在外，與世界失去交流。」有些人是因為外國人的身分，但有些人就是覺得自己被排除在外，內心感到寂寞，找不到歸屬感。本書曾聊過孤獨大流行，就連全世界最快樂的國家，也有人過著孤獨的生活。「我有點擔心。」澤爾丁告訴我。「天哪！這些人需要協助。」

我們聊到他年輕的時候，一九三三年他在英屬巴勒斯坦託管地出生，父親是工程師，母親是牙醫師，家裡總有看不完的書。澤爾丁是天才兒童，十六歲就跳級到牛津大學念書，十七歲大學畢業，隨後不久就取得博士學位，他甚至沒有找指導教授。他說：「牛津大學沒有人可以指導我。」反正他就是找不到老師，但仍有其他東西可以學。他在牛津大學遇見好多聰明的女性，從她們身上學會了深度交談的技巧。「我和其他人連結的功夫，其實是向女性學習的。女性能夠自由暢談人生中重要的事物。」

他說，他人生中的第一個陌生人是法國人。二十一歲那一年，澤爾丁前往巴黎，翻閱拿破崙三世的歷史檔案，他開始好奇為什麼不同國家的人會生疏，他也想知道法國人怎麼看待自己。後來，他花了三十年時間思索，進而發展出全新的歷史研究方法。他把這套方法比喻成生物學，不在意歷史大趨勢或大人物的生平，只在乎社會中的小分子和小原子，也就是個人。他認為，如果要認識一個國家，不可以只研究那個國家的領袖、戰爭和經濟體制，而是要研究那個國家的人民，而且不是整體來看，而是個別來看，一個人、一個人詢問之後，你才會明白他們為什麼這樣思考事情、為什麼會有這樣的感受等。

澤爾丁的第一本著作《法國人的浪漫史》，就是用這個方法寫成的。他表示：「這本書描繪好多法國人，成功印證了法國有多少居民就有多少個少數群體，瞬間打破大家對法國的綜合歸納。」因此，誠如他所言，「歷史的基礎，就是好好認識每個人。」

然而，《法國人的浪漫史》這本書也激怒了一些法國人，他們不想看到外國人來挑戰法國人的自我意象。不過，大多數法國人對這本書的感受，仍以驚喜居多。「法國媒體關於我的報導和評論，幾乎都在說『這個人比我們的政府、配偶、上司和孩子，更瞭解我們』。我特別被抽離出來，當成陌生人看待。」他回想起那一段往事。「幾乎每個行業和組織都來詢問我的意見，包括法國總統和總理，甚至是被社會排擠的人。

大家都提出自己的煩惱，讓我有機會看穿公眾觀點，揭開底下暗藏的玄機。每個人都激發我更多的好奇。」

二〇一二年，法國授予他指揮官級法國榮譽軍團獎章，這是法國最高榮譽之一。法國駐英國大使伯納．埃米耶（Bernard Émié）在獎章頒授儀式上致詞：「你無人能敵，手持著鏡子，準確映照出我們的美德和弱點。你如此用心理解，不僅幫助英國人瞭解法國人，讓雙方合作更順利，也促進了全人類的關係。」

澤爾丁能夠有今天的成就，就是因為用心理解各種人的思想、情緒和經歷，以免簡化對別人以及對自我的看法。二〇一五年，澤爾丁出版《細品生活之樂》（*The Hidden Pleasures of Life*），他在書中寫道：「我不想窩在一個安穩的角落，也不想一直逼問自己，什麼是我真正的興趣或天賦，我只想要四處品味，盡可能體驗人生，哪怕只是品嘗一點點，我也心滿意足。如果是我自己體驗不到，我就想知道別人體驗過的感覺。如果不知道別人在想什麼，也找不到傾聽自己說話的人，那便形同迷失的靈魂。我不喜歡問『我是誰？』反而我喜歡問『你是誰？』」他曾經這樣比喻和陌生人交談：「這就像把衣服拿去洗，這麼簡單的一件例行公事，卻可以清理我心中的偏見。」他相信如果大家都這麼做，絕對可以改變過生活的態度。

現狀當然要改變！澤爾丁擔心，大家彼此之間已經樹立高牆，如果再加上大量移民、社會不平等和政治衝突，問題會更加惡化。他擔心不同國家之間無法對話、不同領域的專家無法對話、同事之間無法對話、家人之間無法對話、親子以及愛人之間無法對話等。他所謂的對話不是閒聊，而是聊一些有意義的內容。他對於這一點非常堅持。對他來說，如果不理解其他人，你就不可能洞悉人生；如果不洞悉人生，就不可能明白自己所能為，己所不能為，以及人生道路上可能的阻礙。如果不理解其他人，永遠不知道該如何和別人相處，因此他把這個當成自己的使命。「我花了一輩子在探索世界，一個人、一個人地問。」

二〇〇〇年，澤爾丁出版《對話：交談可以改變生活》（*Conversation: How Talk Can Change Our Lives*），勾勒出人與人對話該有的樣子。「我心目中的對話是，對話者必須有意願改變自己。」他寫道。「每一次對話都是在進行實驗，實驗結果誰也說不準，因為有風險因子，所以是一場冒險。」他特別提醒大家，不要逃避自己不喜歡的人。「我倒認為，如果可以在難以理解或討厭的人身上，找到一絲一毫令你欣賞或感動的地方，也是很值得高興的事。」他寫道。「最有趣的挑戰莫過於在一大片岩石地面，找到絲毫黃金的痕跡。」

這就是他想和每個人聊天的原因。真的是每個人，所言不虛。他說：「有些人批評我野心太大。他們說，『怎麼可能和全球七十億人聊天？』我的回答是，想想看我們體內有多少細菌，我們腦中有多少細胞。數十億耶！難道要對科學家說，『噢，你的野心太大，細菌和細胞的數量那麼多！』每個人都能拓展我們的視野，讓我們探索意想不到的領域，人生從此成為驚喜的源頭，而非焦慮的源頭。全心投入在探索的過程，陶醉其中，絕對會有其他收穫。我應該稱得上是探險家！」

那一天稍晚，澤爾丁出席博物館的活動，站在上百位聽眾面前，待會大家就要兩兩一組，進入一間擺滿桌子的房間，展開我們的陌生人晚宴了。澤爾丁先致詞，說明活動的流程和目的。

他說：「如果你想瞭解整個情況，一定要打開自己的腦袋，願意表達自己的想法，否則文明人都太客套，難以說出真話。」

他接著說：「你們和陌生人交談，會發現人與人之間的藩籬不見了，你們不只理解一個與你不同的人，還會多認識自己一點。你可能對自己有既定的看法，但別人並不這麼認為，反而對你有其他的看法。人與人的誤解，經常是苦難的根源。」

他繼續說：「我們想把對話帶到社會各個層面，帶到國家與國家之間。這個世界有太多的危險，我們為了拯救自己，不得不學習與其他文明的人交談，進而建立彼此的友誼和信任。如果你這樣和別人聊天，你會感受到彼此的連結，這就是關係的起點。」

澤爾丁並沒有聊到對話背後的心理學基礎，但目前已經有太多心理學研究都證實，對話的影響很深遠。我們先前提過傾聽的好處，光是用心傾聽別人就可以降低焦慮，讓頭腦更清晰，感覺更幸福。如果有一方吐露自己的故事，另一方也會跟進，更何況自我表露是一件愉快的事情，只要態度自然，毫不做作，還能搏得別人的好感和信任。

真誠的表達，還有很多好處。心理學家艾瑪・列文（Emma Levine）和塔雅・柯恩（Taya Cohen）在二〇一八年的研究表示：「真誠表達自己的情緒，可以減輕壓力和降低高血壓，比起把情緒隱藏起來的人，更容易建立親密關係。另一方面，如果心底藏有祕密的人，比起沒有祕密的人，健康狀況比較差。」列文和柯恩還進行了一系列研究，證明真誠的好處，其中一份研究把受測者分成兩組，第一組必須在往後三天，對所有人

「完全真誠」；第二組則必須盡量維持「客氣」或「客套」。第一組受測者原以為那三天會過得不太開心，沒想到反而更快樂，獲得更多的連結和幸福感，而且不只在當下，這份感覺還延續了兩個禮拜。

另一份研究把受測者分成兩組，第一組只是在心中預想，不實際參與對話；第二組則會實際參與對話。實驗人員提供受測者許多私密的問題，讓受測者覺得這些話題會「很難聊」。各位讀者，有沒有覺得這個實驗設計和陌生人晚宴很類似？這個實驗參考亞瑟·艾朗的建議，列出了一系列問題。一九九七年，艾朗發表了自我擴張理論，建議了三十六個可以拉近陌生人距離的話題，例如愛與情感對你人生的重要性？你和媽媽的關係怎麼樣？你人生中最難為情的時刻？如果你今天晚上就離開人世，再也沒機會和其他人說話，你最後悔沒對誰說什麼話？第一組只是看了題目，在心中預想對話順不順利；第二組則兩兩一組，實際進行對話。第一組受測者都預想對話不太順利，而第二組受測者在實際體驗過後，都感受到更多的快樂、連結和意義，且這份感受至少持續一週。「此外，對話組很感謝有這個機會，希望未來還有機會再體驗。」

最後還有一個火車陌生人的實驗，但是我們在前面的章節已經體驗過了，而且還真的是在火車上！人在面對陌生人的時候，比起面對舊識，更樂於吐露真心話。這是因為無論說什麼，這些話隨即會沉入海底，不會傳出去，也不會停留在你家，彷彿一座發出怪味的沙發，不知道為什麼就是丟也丟不掉。一九七四年，美國心理學家齊克・魯賓（Zick Rubin）寫到：「我們有時就是會與素未謀面的人產生高度親密感，因為大家只是萍水相逢，沒有過去和未來，只有當下，不用為彼此負責任，也不用害怕受傷，所以更願意敞開心門。」[41]

魯賓進行了一系列實驗，證明我們與陌生人相處時，如果陌生人願意表露自我，我們也會跟著表露自我。有一個實驗招募學生參與，請學生在公車站牌找陌生人交談，起初先拋出中性的問題，例如公車何時會來？你可以跟我換零錢嗎？接下來會說到他們自己，可能是私事或中性的描述，例如「今天終於結束了，忙了一整天，你呢？」「我剛剛下班，你呢？」沒想到的是，對方會表露更多自己的事情。這就是陌生人晚宴的神祕力量呀！

我在第一天參與了兩場對話，討論的話題五花八門，包括家庭、叛逆、人生優先順序、孤獨、友誼、愛、恐懼，以及你對世界的貢獻等。我第一個談話對象是一位年輕女性，如果要說她叛逆的話，她只是不願意和大家一樣，乖乖的買房子、結婚、養狗。她從小在小鎮長大，如今搬到大城市居住。她有位朋友最大的恐懼是這輩子找不到有意義的事情做，而她自己正處於職涯的分岔路口。至於芬蘭社會的平等情況，她說每當提起自己的抱負，男同事都會嘲笑她。她討厭下雨天和寒冷的天氣，希望可以找到一份新工作，然後搬到其他地方居住。她和家人的感情很好，家人會陪她談心、鼓勵她，說她是獨特又珍貴的存在，但她的朋友都不這麼想。她曾經出國念書，當時有一點社交狂熱，但現在回想起來，她是太想念家人了，不得已只好透過社交來填補空虛，後來她回到家鄉，再度恢復獨處的能力。她說，她以前會怕死，但如今覺得死亡不是她能控制的，這是比我們更高層次的力量在掌控，比如命運或上天，所以根本沒必要擔心，一切就等

---

41 德國社會學家吉奧爾格・齊美爾做了經典的陌生人研究，他寫道：「我們對陌生人出奇的坦誠，這份信任感可能帶有告解的成分，有些人對自己的親朋好友也從未如此坦誠過。」

到死期來了再說吧。

我第二個聊天對象，在她年紀輕輕的時候，就想成為閱歷豐富的雅士，嚮往自由自在，四海為家的生活。她說她曾經是這樣的人，但後來嫁給芬蘭人，搬來赫爾辛基，另一半極力控制她，不讓她學習芬蘭語。她來芬蘭已經很多年，開始討厭這個地方，總覺得單調乏味，無法放鬆，還有一股被動的侵略性。她說，赫爾辛基人從不與人四目相對。她抱怨當地人從未接受過她，一直把她當成外國人，但她也懷疑是不是自己拒絕被接納，拚了命也想要留住過去的自己，那一個會做大夢的自己。她說她決定離開這裡，但還沒對任何人說。她想去追逐她夢寐以求的人生，雖然會害怕，但她知道再不做就會太遲了。

我們一來一往，很自然地對話聊天，這時候有一個連我自己也沒發現的恐懼，不停浮現在我的腦海中。當我們聊到人生重大的問題時，難免會提起成長過程，包括成長的地方、父母親的為人等，而我在這兩次談話中，卻反覆提起一件我煩惱已久的事。小時候我身邊總圍繞著很多人，包括家人、朋友、兄弟姐妹的朋友、爸媽的朋友，我喜歡被人群包圍的感覺，喜歡身邊有講話的聲音。我告訴我的聊天夥伴，我目前住在一間小公寓裡，育有一個孩子，雖然身邊也有其他親朋好友，但大家都很忙碌，想要見個面，總要提前幾個禮拜約好，再也回不去小時候自由自在的社交模式，所以我女兒恐怕無法享受跟我一樣的成長過程。我至今還會煩惱這個問題，但要不是這兩次交談，我一時也想不起來。

我實際體驗了陌生人晚宴後，總算有更全面的想法。澤爾丁說，群體並不存在，因為每個人都不一樣，每個人都渴望被理解。一段美好的談話，讓我們看破群體認同。當我們說到民族、宗教或同質的群眾，其實都是在侵害每個人的複雜性，放棄從別人的觀點看世界。我來芬蘭以前，帶著簡化、諷刺和單面向的想法，但我現在的想法更細緻了。這個全世界最快樂的國家，其實也有恐懼、渴望、恥辱、希望和挫敗，就跟其他國家的人民一樣。我不禁覺得，芬蘭的新住民也會想知道芬蘭的這一個面向，原來他們剛搬來的地方，雖然表面上乾淨到了極點、有秩序到了極點、客氣到了極點，但其實也會有不安的情緒，也會感到困惑和孤獨，甚至也會面臨歸屬危機。如果這些人聚在一起，有人主動自我表露，其他人也會跟進，這應該會是一個好的開始。

隔天我搭飛機返家，重讀我快要翻爛的一本書，也就是澤爾丁的著作《親密的人類史》（*An Intimate History of Humanity*），意外發現兩段我之前漏讀的文字。現在我有了一些領悟，讀起來格外貼切。第一段談到待客之道：

新的歷史階段開始了……以前膚淺的待客之道，轉換成深度的待客之道……大家終於願意接納陌生的看法、前所未聞的意見，以及不熟悉的傳統。大家盡情與未知相遇，改變對自我的觀感……這就是深度的待客之道，不只是單純的客套而已，還願意讓新觀點和新情緒暫時進入自己的心中。

第二段探討我們曾說過的傳染病。澤爾丁用了一段美好的隱喻，象徵我們努力和陌生人交談，終會迎來美好結局。

我們從免疫系統學習到，每個人都不斷在抵抗不友善的外在世界，不僅靠自己的力量，也要和別人合力……。為了與別人並肩作戰，每個人都要先行吸收一點對外在世界的恐懼，不可能老是在傷害自己或傷害別人之間二擇一。對別人保持好奇心，不再是奢侈品，也不再是干擾，而是攸關我們生存的必需品。

PART 3

如何和陌生人交談？

Chapter 15

和陌生人交談的時機

社會規範無所不在，加上科技和收入不平等，都在妨礙我們和陌生人交談，但我們還是有一些適合交談的時機，例如大災難發生時、觀賞街頭藝人表演時。

我先前提過一種特殊的魔力，當你養成和別人聊天的習慣，別人自然會找你聊天。都市告解室的創辦人班恩・麥特斯不也說了嗎？他自從做了免費傾聽服務後，常有陌生人主動上前找他聊天。地鐵書評的發起人烏莉・波特・柯恩，以及觸發對話的創辦人喬琪・南丁格爾也有相同的感想。當我繼續練習，我也有相同的體會。有一天，我剛和一位年輕女性遊民聊完（待會再來介紹她），我們聊得很起勁，所以我決定散個步，好好消化一下。一如往常，我沿著三十八街往南走，來到我在紐約最愛的公共空間，也就是華盛頓廣場公園。

正當我穿越公園時，發現一位年輕人擺了一張折疊桌，掛著「你要去哪裡」的牌子，於是我拉開椅子坐下來，跟他聊了一陣子。他叫做猶大．伯格（Judah Berger），現年二十三歲，剛開始進行這個嘗試。他說，這只是一時心血來潮，沒想到進行如此順利。民眾會坐下來聊天，天南地北聊個不停。他先讓對方帶出一段話題，交談過程中，他不斷丟出開放性的提問，向對方徵詢人生建議。如果聽到什麼睿智或有用的話，他就寫在筆記本上。他向我保證，這絕對不是社群媒體的惡作劇。他本身沒什麼遠大的目標，只是對人有興趣，心想可以試試看。他對我說：「我並沒有覺得自己很特別，只是認為既然大家都說我很會聊天，我想說可以好好發揮一下。」

兩個禮拜後，我們一起喝咖啡。伯格這個人很親切，活力十足，對事認真投入，且充滿好奇心。他說，一年前他從紐約上州的賓漢頓大學畢業，隨即從學校搬到紐約市居住，一開始做了幾份人資招募專員的工作，卻發現不適合自己，於是辭掉工作，再試試其他職務。他那時有一點『卡關』，垂頭喪氣的。在新冠肺炎疫情爆發前，他和我聊到：「紐約市是現代西方文明的巔峰，可以媲美羅馬帝國時期的羅馬，未來的人回顧這段歷史，會覺得紐約是充滿可能性的地方，可是我在這裡卻沒有結交到什麼朋友。」

伯格在喬治亞州的猶太小社區長大，居民之間的同質性很高。有一天晚上，他心想，**如果我坐下來和別人聊天會怎麼樣呢？**他擺了一張桌子和幾張椅子，做了兩張牌子輪流使用，一張寫著「你要去哪裡？」另一張寫著「你去了哪裡？」然後就在華盛頓廣場公園開張了！他回憶道：「當時我向爸媽提起這件事，他們完全不懂我在做什麼。」他的母親甚至擔心他這樣找陌生人聊天可能會引來危險。

伯格從小就是好奇寶寶，他會去圖書館一次借三十本書，一個禮拜內讀完，然後再去借三十本書。等到他年紀漸長，開始好奇其他人，大學選填志願時，特別挑了一間不會遇到高中同學的學校。雖然大學裡有很多猶太學生，但至少背景不一樣，還有其他來自各地的同學，他的南方人身分，在校園裡顯得格外突出。

「大家應該都看得出來，我的背景不太一樣，但長期下來我學到聊天技巧。」大家都叫他「喬治亞之子」，他越來越喜歡這個稱號。他甚至說：「我還有一點自豪呢！」南方人的親和力和好奇心，幫助他結交到各種新朋友。「有人就是喜歡封閉的小社群，大家守望相助，這當然有優點，但同時也有缺點，你也知道像我這種好奇寶寶，怎麼可能受得了？」

伯格第一次在公園裡擺桌椅，心裡最擔心的是，沒有人想坐下來聊天。他笑著說：「我的恐懼根本沒有發生。」有時候他正要記錄上一段對話，馬上就有新的人坐下來聊天。有時候他還在和別人聊，路人卻突然插話進來，那就一起聊吧！他回憶起：「有一次我正和一位學生聊天，有個人突然跑過來插話，後來他們兩人還一起離開，聊個不停。」

每次他都會在公園裡待五、六個小時，其中九成的時間都在聊天。他抒發感想：「反正這段經歷就是酷！你必須學習如何與形形色色的人互動，每次有路人坐下來聊天，幾乎都是你沒遇過的個性、外貌和背景，你非得想辦法與他們連結，以免他們聊完之後，反過來罵你浪費他們的時間。每個人都想獲得美好的經驗，所以你一定要正面且積極。」

當然也有些人會半信半疑，懷疑他想靠聊天賺錢，或者靠聊天交女朋友。他最常面對的問題是「為什麼」。他就會反問對方：「你覺得呢？」大家給的答案都不一樣，然後就聊起來了。有些人的性格就是比較好聊，但只要聊久了，大多數人都能聊開，對話會自然發展下去。如果有點冷場，他會問對方：「有沒有什麼事情，你會推薦我用一生的時間去做？」這個問題的巧妙之處，在於徵求對方的建議，這方法本身就很討喜，而且對方給的通常不是建議，而是訴說自己的人生經歷，如此一來，他們就可以聊一聊人生經歷、價值觀、過去種種，也有機會聊到未來的期望。

伯格曾經遇過一位藝術家，她身上穿的每件衣服都是她親手繪製，她還在伯格的筆記本上塗鴉，只是簡單畫了幾筆，但伯格說：「可以看出她有天份。」他一邊說著，一邊拿給我看。有一位六十歲的中年婦人，叫他這輩子一定要去參加火人祭。他也和一位年輕的音樂劇總監聊過，還有一位會跳「入神舞」的女性，那位女性還建議他，多對著水說一些好話，可以改變水的化學成分。他說：「他們說的話當然不一定正確，但我因此遇見一些活潑有趣的人。」

最棒的是，他拓展了社交圈。他說，他的筆記本成了「地圖」，一張通往未來的路線圖。他遇見了英格蘭小鎮的鎮長，邀請他去小鎮遊玩。他遇見兩位義大利學生，介紹他一些值得去的景點，邀請他去義大利遊玩。「我因為認識他們，以後我去義大利，就知道哪裡值得去了。這些事情都不會憑空發生在我自己身上。」

「你有沒有想過，你其實是一個樂觀主義者？」我問。

「也是啦！悲觀主義者不太可能做這種事。」他說。「我相信大多數人都是善良的，所以不覺得危險，但我媽媽在我還沒開始，她就擔心了：『**誰會想坐下來聊天？**』我只覺得：『**大家都是好人。**』我特別挑選公共空間，而且時間也不是半夜三點，根本不會有危險，唯一要克服的就是害怕被拒絕的恐懼。我自始至終都覺得這個經驗很棒，就算每天只和五、六個人聊天，也是我以前完全不認識的人，我從此會有不同的看法。」

我們現在知道哪些因素會妨礙我們和陌生人交談，包括生態環境、文化規範、人口密度、恐懼、收入不平等、科技和效率至上等，我們也知道城市會妨礙自發的連結，但其實城市自從六千年前，就是強大的人流吸引機，大家在某些情境下，確實會在城市互相連結，盡情和陌生人交談。

既然這樣，在什麼時機，我們可以和陌生人聊天呢？

還記得厄文·高夫曼嗎？他是第十一章介紹過的都市社會學家，提出禮貌性忽略的概念。我們通常會刻意迴避人與人接觸，以免過載。高夫曼花了很多時間進行田野調查，確認民眾在哪些情境下，願意在公共場合和陌生人交談。他發現當雙方看著同一樣東西時，最容易解除社會規範，比如同時看著交通事故、小丑表演或雕像。高夫曼認為，這時候任何人都可能互相聊天，「就連社會地位極度懸殊的兩人也是」。後來，城市規劃專家稱之為**三角關係**（**triangulation**），「外部刺激讓兩個陌生人產生連結，進而開始交談」。

三角關係可能是愉悅的，但也不一定，比如發生大災難時，人也會和陌生人交談，人與人之間暫時放下種族、族群、意識形態和階級之分。高夫曼表示：「如果是極為慘重的大災難，大家逼不得已……只好互相親近。」[42]根據高夫曼的說法，穿著制服的人，例如消防員或神職人員，都是「公開的交談對象」，隨時可以找他們聊天。年紀大的老人，還有年紀很輕的人，也是隨時可以聊天的對象，此外還有「穿著特殊服裝的人，或者從事休閒活動的人」（猶大．伯格就屬於這個類別，不僅是年輕人，還在公園擺了一張桌子）。高夫曼說，「這些人適合搭訕或開小玩笑」。如果你和陌生人都是大群體中的少數族群，也適合互相交談。如果有人跌倒或遺失物品，你為了提供協助，也可以開啟對話。如果你需要問路或問時間，也可以和別人交談，但是高夫曼提醒大家，偶爾可以問別人日期，但不可以問今天是星期幾，畢竟不知道今天是幾月幾日還算合理，但不知道今天是星期幾，就表示你在搗亂，違反了和陌生人攀談的規矩，誠如高夫曼所言，「盡量說一些讓人覺得你神智清醒的話」。

此外，高夫曼也發現，這些社會規範很明確，可見我們適合和陌生人交談的時機極為有限。你可以找收銀員聊天，但必須和手邊這筆交易有關。高夫曼寫道：「你去電影院買票，不可以開門見山就問售票員，她的頭髮是真髮還是假髮、她對她媽媽有什麼感想，凡是她只會和親密朋友聊的話題，都不是你應該過問的。你頂多只能對售票員說，你非常想看這部電影，售票員可能會覺得你太熱絡，但還可以接受。如果你選擇在這種時候直接對售票員說，明天你的車要入廠維修，裝一個全新的消音器，這就破壞了你

42 我有一個親身經驗。不久前和朋友出遊，從肯塔基州搭飛機回紐約，降落紐約機場時，飛機的後輪著地，以四十五度仰角跨越跑道，猛然拉向天際，機組人員也沒有任何說明和解釋。機上乘客一片恐慌，我身旁坐了一位年輕女性，原本一言不發，卻突然轉過頭，平靜地問我說：「你們在路易維爾玩得開心嗎？」

和陌生人之間的界線。」如果你搭乘電梯，最好不要聊天，因為「大家擠成了沙丁魚，不管眼睛掃過哪一位乘客，都會變成一件下流的事」，但如果電梯突然故障，你就非說話不可了，電梯故障製造了三角關係，暗示有災害發生，此時你再不和陌生人分享令人苦惱的異常體驗，陌生人會以為你沒發現，這也是在破壞你和陌生人之間的界線。

長時間坐在陌生人旁邊，例如飛機上，或者在通勤火車上，共用桌子面對面而坐時，如果這時候不交談，也是在破壞和陌生人之間的界線。高夫曼說：「在這種時刻，如果你不和陌生人交流，最好找些事情忙，這樣就算不理會對方，也不會令人難堪。」

哪些場所適合和陌生人交談呢？我們可以去哪裡鍛鍊社交技巧呢？一個地方適不適合和陌生人交談，主要取決於物理特徵。二〇二〇年三月辛西亞·尼基丁（Cynthia Nikitin）退休前，花了將近三十年研究這個主題，她任職於紐約市的公共空間計畫，專門設計城市的公共空間，負責監督紐約布萊恩特公園的改建計畫。布萊恩特公園年久失修，當年公共空間計畫曾訪問使用者的心聲，就連毒販也抱怨公園破破爛爛，嚴重影響他們的生意，如今布萊恩特公園成為公共空間的典範。這種工作就稱為**地方營造**（placemaking），一九六〇至一九八〇年代美國城市疏於維護和管理，於是興起地方營造的趨勢。尼基丁表示：「這是以全新的方式治理、規劃和設計城市，符合**每個人**的期待。」

哪些空間適合和陌生人交談呢？首先，尼基丁提到公共建築，例如圖書館就是公共空間，可以減輕跨階級和跨種族的焦慮。尼基丁表示：「你知道每個人都有權利進入公共空間。你進得來，不是因為你付得起十五美元的雞尾酒。」[43] 她還提到博物館和市政廳，因為這些機構「是為了服務民眾，讓大家安心的交流，畢竟這些都是開放聊天的地方。」我還想到專業體育館，大家連續好幾個小時都待在同一個地方，看著同一場比賽，為了同一個理由，說不定還是同一個球隊的球迷，這些都會打破彼此的籓籬，為大家創造連結的機會。

---

43 這情形在我家附近的圖書館很常見。不久前，我去圖書館看書，身旁坐了一位中國移民以及他在美國出生的兒子，我和他們打招呼。過了十分鐘，那對父子請我幫忙，告訴他們如何填寫大學助學金申請表。我二話不說就答應了，和他們一起把這件事完成。

尼基丁表示，良好的**戶外**公共空間，可以鼓勵陌生人互相交流，但除此之外，還有賴許多複雜因素的巧妙配合。公共空間計畫曾受到美國社會學家威廉．懷特（**William Whyte**）的啟發。懷特曾在一九七〇年代末期至一九八〇年代當過記者，並開始理解公共空間的運作。他發現人氣最高的場所有幾個明顯的特徵：移動式座位多、光線充足、有樹木可供乘涼、飲食方便、鄰近商業區、有噴水池或池塘等設施、有景色可以欣賞。懷特還發現這些地方一次滿足多種需求，例如寵物公園設在兒童遊戲場旁邊，兒童遊戲場設在廁所旁邊，廁所旁邊有老人家喜歡的長椅，附近說不定剛好有農夫市集[44]。這些元素結合起來，便會讓訪客感覺身心舒暢。尼基丁表示：「當身體舒服了，就會更願意敞開心胸，當內心感到安全，就會願意和與自己不一樣的人聊天。」

耶魯大學社會學家以利亞．安德森（Elijah Anderson）進行了大量的田野調查，探討良好的公共空間如何凝聚陌生人，尤其是跨越種族的籓籬。他把這些空間稱為**世界性的天篷**（**cosmopolitan canopies**）。安德森在費城居住過，從當地的瑞丁車站市場（Reading Terminal Market）和里滕豪斯廣場（Rittenhouse Square）等地點獲得靈感，瑞丁車站市場是繁華的美食廣場，而里滕豪斯廣場是鬧區的大公園。

安德森待在這些空間時，發現「形形色色的陌生人終於有機會認識平常不太會注意的人。」為什麼呢？因為是公共空間，大家平等共享。每個人都有權進入，其他人也會尊重那份權利，以禮貌和善意相待。大家把禮貌性忽略暫時擱置一旁，終於有機會在日常生活中注視陌生人，這會克制次級心靈壁壘，重新把陌生人當人看，進而激發同理心，減輕恐懼。吉莉安・珊德斯特倫在關於採集狩獵社群的研究中，就曾提到注視陌生人，內心會感到更愉快，感受到更多的連結。同理可證，**世界性的天篷**也有同樣效果，大家互相注視是有好處的。

44 農夫市集格外適合自發性的交流。根據一九八一年的研究指出，農夫市集比起超市，更可能鼓勵民眾交談。大家會結伴逛農夫市集，但通常會自己去超市採買，因為超市是講究效率的地方，但農夫市集不是。大家會在農夫市集閒晃，直接跟農夫購買產品，農夫因為在自家產品上投注了不少心力和財力，當然願意多和顧客說說話，例如告訴顧客如何烹調各式農產品，其他顧客也會在旁邊聽或加入談話。

安德森認為，只要有足夠的交流，人就可以克服群際焦慮，更願意展現同理心，更能夠應付這個人口稠密的多元世界。他曾經說過：「大家從世界性天篷學到的經驗，可以落實到整個城市的社區。」大家從而明白每個人都不一樣，彼此有緣相遇，必須把對方當成個人看待，而非群體的一分子，如此一來，大家才能夠跨越差異，和睦相處。安德森主張這樣不僅具有娛樂功能，還有教化功能，「讓全人類過著前所未有的美好生活。」

上述這些不成文規定，列出城市裡有哪些場合可以和陌生人聊天，讓大家心理有數，以免違反社會規範，但本書的目標就是要消滅這些規範。既然現在大家知道有哪些不成文規定，以後就試著打破吧！首先要清楚有哪些規範，才知道要突破哪些限制。

我們先前介紹過社會學家林·洛夫蘭，她從小在阿拉斯加的小鎮長大，長大後帶著移民的熱情移居到城市，強烈推薦大家和陌生人交談，對她而言，這是「溫暖而愉悅的冒險」。她用心記錄都市人如何迴避和陌生人交談，但她也觀察到有兩種人不理會社會規範，一種人是**白目**，另一種人是**生性古怪**，以下是她的描述：

白目之人，不清楚大城市的待人處事規則，卻不以為意。這種無知所造成的後果，還真是驚人啊！他們敢和各種人交談，而對方也願意回話。他們還會在意想不到的地點和場合，快速結交到新朋友；他們也會在都市人猶豫再三的情境，向別人求救，並成功獲救。這種人在城市橫行無阻，以無知作為防護罩，阻絕了各種危險和陷阱。

洛夫蘭表示：「生性古怪之人也差不多，但他知道的規矩可能多一點。」這兩種人受到的待遇都是一樣的，誠如洛夫蘭所言，「這兩種超乎大家想像的冒險家……對城市的社會規範一無所知，或者完全漠視。這有什麼好處呢？至少會受到友善對待、保護和常態化。在陌生人的世界裡，笨拙的參與者倒是成了最受寵的人。」

大家不妨把這兩種人當成典範吧！接下來，我們要回到倫敦上課，精進更高深的交談技巧。

Chapter 16

和陌生人交談的技巧

我們回到倫敦，繼續完成陌生人溝通課，我在這段經歷學習如何傾聽、提問、打破規範、建立信任，還有長時間凝視對方的眼睛，直到奇蹟發生。

各位又進步了。我們現在知道和陌生人交談可以更快樂，獲得更多的連結和信任，還可以舒緩孤獨的感受。我們也知道了，和陌生人交談通常會很順利，因為這是人類與生俱來的本能。我們還知道有哪些因素會妨礙和陌生人交談，自然就懂得如何防範和反制。說了這麼多，就是要告訴大家，我們已經準備好學習陌生人溝通術了！

我們又要回到喬琪．南丁格爾這個人，在本書一開始，我們就已經與她相遇。她是倫敦觸發對話的創辦人，專門講授陌生人溝通課，我是聽了心理學家吉莉安・珊德斯特倫的建議，才主動與喬琪聯絡，當時我為了掌握和陌生人溝通的技巧，參加了一些團體對話活動，也實戰過幾次，但還是希望能有老師幫助我更上層樓，這位老師必須真的明白和陌生人對話的效用，還要掌握對話的原理以及關鍵元素，這個人非喬琪莫屬了，所以我才願意忍受時差的疲累，硬要飛來倫敦上課，跟著其他四位同學一起學習如何和陌生人交談。

第一堂課是寒暄。大家都討厭寒暄，這倒是情有可原，因為寒暄大多無疾而終。我的同學賈斯汀說，每次有人找她寒暄，她都覺得對方**不是**真心要聊天，而是在打發時間，裝出一副親切的樣子。我同意，我對班上同學說，每當有人問我從事什麼工作時，我就好想躺在地板上裝死，把他們逼走，但我可是真心熱愛我的工作。

喬琪也承認，寒暄可能很無聊，那是因為大家不明白寒暄的功用。寒暄不是對話，而是開場，為我們鋪陳一段更優質的對話。寒暄是為了熟悉彼此，找到**雙方都想聊**的話題。你不喜歡別人問工作，對方也可能不喜歡，因為你們都搞錯這個問題的真諦，這其實是在問：「我們該聊些什麼好呢？」

喬琪透過幾個來源，慢慢領悟這件事。她以前表演過即興劇，即興劇先從觀眾熟悉的東西切入，譬如有關聯、合時宜，或者現場就有的東西，把觀眾都凝聚起來，唯有如此，觀眾才有可能入戲。那就是寒暄！喬琪還提到社會人類學家凱特・福克斯（Kate Fox），他專門研究英國人問不膩的天氣問題。有些評論家認為，提出這類問題的人了無新意，缺乏想像力，但福克斯倒覺得天氣不是重點，這只是一種人際交流，打招呼的儀式。福克斯寫道：「英國人聊天氣，已經是不成文的規定，幫助我們克制沉默寡言的習氣，彼此互相聊天。」寒暄的內容不是重點，熟悉、連結和安心才是，等到這些元素都到位了，真正的對話才會開始。

喬琪說，當我們明白寒暄是迎向優質對話的大門時，就會覺得寒暄有用了。寒暄的時候，會盡量找到彼此的共通性。大家想必都有過這種經驗，如果時間允許，雙方會不斷限縮話題，聚焦於大家的共通點，以及大家有興趣聊的共同話題[45]。共通性就等於小連結，象徵之前說過的微乎其微的歸屬，構成小小的**我們**。等到這些條件都滿足了，你大可岔開話題，聊得更私密些，更深入些。可是喬琪說，一切還是取決於你。「每個人都是有趣的，但能否發現有趣之處，不是操之在對方，而是操之在你。」

喬琪說，如果想發現有趣之處，最好要**打破劇本**。所謂打破劇本，就是運用寒暄的技巧，但千萬不要放空。舉例來說，你到店裡買東西，跟店員打招呼：「你好嗎？」店員回答你：「我很好，你呢？」這樣的對話毫無資訊可言，肯定無疾而終，這就是劇本，雖然在忙碌、人口稠密、步調快的大城市，可以提高人與人互動的效率，可是這麼做，等於放棄了更優質的談話體驗，阻絕了和陌生人交談的好處。

該如何打破劇本呢？喬琪說，那就要回答得具體一點，出其不意，比如有人問：「你好嗎？」她不會回答：「我很好。」反之她會回答：「如果總分是十分，我今天是七分半。」先解釋一下為什麼是七分半，**再反問對方**，然後守株待兔。這是鏡像反射的概念，人自然而然會追隨聊天對象的腳步。由此可見，如果你和對方聊普通的話題，對方也只會和你聊普通的話題，但如果你說得更具體一點，對方也會跟著你具體一點，

---

45 有些共通性還滿可怕的。兩個朋友來我家開派對，大約聊了十五分鐘，竟然發現他們來自同一個州、同一個地區、同一個小鎮、同一條街，最後竟然還發現，其中一人小時候曾經拿BB槍射另一人的哥哥，甚至私底下跟我說：「我討厭那傢伙。」但還好他們最後聊得很投緣。

怪不得喬琪為自己打分數，對方也跟著打分數，如果對方打了六分，喬琪便會接著問：「你怎樣才願意給自己打八分？」這種具體的對話，營造出輕鬆的氣氛，陌生人也不會覺得你比較劣等，因為這些話一說出口，馬上展露一個人的複雜度、感受和幽默，也就是人性。誠如喬琪所言，「對方會立刻明白，『噢，原來你也是活生生的人啊』，有了這份聯繫，對話就自動開啟了。」

我最近去買咖啡時，也和咖啡師一起運用了這個技巧。

「你好嗎？」我低聲說。

「我嗎？」他說。「超棒的！謝謝你的詢問。」

他的回答吸引我的注意。「你每天都這樣嗎？」我問。「還是說今天有什麼好事發生？」

「我每天都介於很棒和超棒之間。」他說。「這就是我的風格，你呢？」

「我大概是很棒吧！」我說。「你的標準那麼高，我以後都不敢說我今天糟透了。」

他笑了。「你看吧！」他說。「這就是我的風格。」

喬琪還提到其他打破劇本的技巧，其中一個技巧很好玩，靈感來自她表演即興劇的經驗。比如店員問：「我可以幫你嗎？」顧客不妨回答：「我可以麻煩你嗎？」去參加派對時，不再問別人做什麼工作，而是問他們喜歡做些什麼，或不喜歡做些什麼。[46]跟別人打招呼，不再問對方過得如何，而是問「生活有沒有符合你的期待？」喬琪說，做這些改變，必須有一定的自信，但是絕對可行。當你這麼做，你會發現對方內心的小寶藏，這是很有意義的，因為那個小寶藏暗示潛藏的一切。喬琪說：「從一件小事就可以看出一個人的行事風格，小寶藏會指引你對話的方向。」

喬琪想對大家解釋清楚，於是問了尼奇（那位害羞的農場男孩，懷抱著環遊世界的夢想），他上個週末做了什麼。他回答，沒做什麼事耶，然後想了一下，說他做了軟糖。喬琪問，為什麼要做軟糖。他回答，他好奇軟糖是怎麼做的，所以做了軟糖。喬琪問他，是不是經常做這類的事情。尼奇說，應該算滿常的。他突然想起，他也是無師自通學會做披薩，而且現在做得很棒。喬琪說：「這樣看起來，你很自動自發，勇於嘗試新事物

46 我有一位朋友很厲害，他從來不問別人的工作，而是問別人想做什麼工作。

耶！」尼奇一聽愣住了，他說：「我從來沒想過我是這樣的人。」聽到這裡，我的心都要融化了。

等到你建立了連結，還可以做什麼呢？我通常會開始提問，提問是有意義的，可以展示我對另一個人感興趣，我會任憑好奇心驅使。只不過，就像喬琪說的，和陌生人交談還滿弔詭的，雖然好奇心不可或缺，但口無遮攔丟出一堆問題，對方會覺得你在窺探隱私，或者像在面試，因為對方不知道你的底細，也不知道你有何動機。如果貿然提出私密的問題，反而會製造不安的氣氛，因為那是別人的私事，你這樣好像在逼對方作答。

喬琪的建議是自己先陳述，而非直接向對方提問，反而更容易開啟對話，畢竟你提出問題，就是在逼對方回答，但如果你只是陳述自己的想法，對方就可以決定要不要回應你，這就不是逼迫，而是邀請。打個比方，你有新發現，不妨先分享你自己的觀察，再給對方回應的餘地，如果對方有所回應，那就以對方的回應為基礎，進一步發表你的感想。這正是即興劇的真諦，所謂的「沒錯，而且……」，先肯定前一個人說的話，然後再補充新的內容，比如有人說：「我在開公車。」如果另一個人回答：「幹嘛要開公車？」對話都還沒開始，就先畫下句點了。

記住了，你的觀察不可以太低能，例如「我竟然沒注意到今天太陽升起了」，這種觀察就顯得太愚蠢了。不過，你發表的意見可以簡單一點，譬如英國人愛聊的天氣，反正重點在於找出彼此共同的經驗。喬琪還發現，拉近距離也會有幫助，比如參觀博物館時，如果你走向正在欣賞畫作的人，劈頭就問他有什麼看法，這樣就唐突了，但如果你站在他旁邊半分鐘，一同欣賞畫作，那就不一樣了！因為你一直待在他附近，讓他習慣你的存在，正如同招呼儀式所說的，你必須先展現一定的自制力，再開口說話，別人才不會覺得你有侵略性。既然你也和那幅畫有關，**我們**便形成了小小的共同體。

不過，喬琪溝通課最大的絕招，是她破解社會規範的方法。本書一開始就說到社會規範是最大的阻礙，我們不和陌生人說話，是因為**我們**自己不和陌生人說話，但喬琪想出萬無一失的方法，不僅違反了社會規範，還自己先公開承認。

她要求同學想像自己正在搭乘大眾運輸。我們都知道，大眾運輸是大家最不願意和陌生人交談的地點。如果你在地鐵車廂上遇到一位有趣的人，不可能轉頭跟他說：「哇，你怎麼會這麼有趣啦？」因為你對陌生人說這種話，別人可能會聯想到一連串恐怖事件，擔心你把他剝皮做成標本。

喬琪建議大家先設定**開場白框架**（pre-frame），讓對方心裡有個底。這個概念源自神經語言學（NLP）課程，如果腦中浮現負面的想法，神經語言學會教大家「重設框架」（reframe），唯有這樣，才可能改變對未來交流的期待。如果有陌生人主動攀談，我們按理會提高警覺，因為不清楚對方的身分和意圖，更何況對方還違反了社會規範，誰知道是不是頭腦有問題，這時候開場白框架有安定人心的作用，讓陌生人知道我們很清楚自己在做什麼。

該怎麼操作呢？你就直接開門見山承認，自己是在破壞社會規範，比如「我似乎不應該在地鐵上找人攀談，但是呢……」不直接破壞規矩，而是先講句開場白，對方就知道你是刻意壞了規矩，這表示你頭腦正常，不是怪人、心理失常或行為偏差的人。對方會放下戒心，開啟連結的可能性。喬琪說，設定好開場白框架，就可以開始陳述你的想法，例如「**我好喜歡你的太陽眼鏡**。」然後說明理由，接著說「**我的太陽眼鏡掉了，一直在物色新的**。」為什麼要補充理由呢？這是要撫平對方的疑心，證明你沒有心懷不軌，後續的對話才會更順利。

喬琪說，這時候如何提問就重要了！提問有好多功能。沒錯！首先是收集情報。再來，提問就和傾聽一樣，可以幫助對方把想法表達得更清楚。此外，提問對情緒也有助益，會幫助彼此相互連結。二〇一七年，心理學家黃凱倫（Karen Huang，音譯）和同事進行一連串實驗，發現「提出越多問題的人，可以搏得對方越多的好感，尤其是在對方發言之後，提出後續疑問」。提問是高度響應的表現，代表「你有在傾聽、理解、確認和關懷」。換句話說，當你表達關注，對方就會喜歡你。

只可惜，研究人員發現，大家似乎不太喜歡提問。為什麼呢？有幾個原因。黃凱倫指出：「首先，大家完全沒想到要提問……因為自我本位在作祟，只顧著自己的想法、感受和信念，對於傾聽其他人沒有太大興趣，甚至毫無興趣可言。再不然，就是太關注對話的其他面向，卻忘了提問也是一種互動。」就算心中有問題浮現，也可能不會提問，因為擔心會有不好的結果，也擔心別人「覺得魯莽、不妥當、冒犯或不合適」，於是只聊自己的事情，但研究證實，這樣獲得的好感度竟然只有聊其他事情的一半。大家還真是自作聰明啊！

但什麼是好問題呢？喬琪要大家做一個練習，學會從普通的陳述句（寒暄時經常聽到的話）聯想好問題。有一位同學說，她昨天沿著泰晤士河畔跑步，這是我覺得世上最無趣的話題，平常我就會藉機開溜，但我現在想到寒暄只是手段，而不是目的，於是全班開始腦力激盪，想出可以提問的好問題，試試看能不能聊得更私密一點，更有趣一點：「你每天都跑步嗎？」、「跑步是你的興趣嗎？」、「如果沒辦法每天跑步，你會做什麼運動呢？」而我為了搞笑，想出「你是被什麼追著跑嗎？」但同學還滿喜歡的。[47]

如此一來，對話應該會順利進行，但如果沒有呢？我們之前提過，害怕被別人拒絕，也會妨礙我們和陌生人交談，於是喬琪講到「害怕被拒絕」的恐懼，她認為拒絕不只有一種。事實上，拒絕分成很多種，但其中很多根本不是拒絕。有時候別人只是累了，聽不懂，措手不及或沒有聽清楚，喬琪認為這些都不是拒絕。她建議大家，如果對方聽不懂，那就再說一遍，表達清楚一點。如果對方覺得煩，或者展現敵意，那就摸摸鼻子走人吧！

她說：「如果這樣，就是他們的問題，而不是你的問題，不用放在心上。」如果對方有所防備，或者受到驚嚇，那可能是你誤判情勢，一定要向對方道歉，因為只有這個反應才是真正的拒絕，其餘的反應都和對方的心情有關，也可能是對方搞不清楚狀況，千萬不要覺得是對方討厭你，或是你聊天技巧不好，甚至覺得自己什麼事情都做不好。

她跟大家強調：「不要因為被拒絕，就加深你的負面自我觀感。」

當對方開始說話，你要用心傾聽，看著對方的眼睛，證明你全心投入。還有兩個技巧可以展示你有多麼投入，一是把對方說的話換句話說，例如「你是不是說……」，稱為**迴聲技巧**，重複對方剛剛說過的話，心理治療師和談判專家經常用這個方法來促進連結和信任。舉例來說，當對方說：「我那時候應該滿沮喪的。」你就重複一次，「你很沮喪啊！」雖然聽起來怪怪的，不是很自然，還有一點尷尬，有時做得太過頭，對方說不定還覺得你有問題，但我可以作證，只要做得好，真的很有用，就像魔法一般，研究人員頗為推崇，法國心理學家尼古拉．吉根（Nicolas Guéguen）和安潔莉克．馬丁（Angelique Martin）便曾表示：「擬態（mimicry）……確實會提高別人對你的好感度，可以在人際互動中創造融洽的關係。」

---

47 後來，我把這個技巧運用在社交場合，發現效果極好，再無聊的對話也會變得有趣。

那個週末，全班都在進行練習，精進聊天技巧，但更重要的是我們必須清楚，為什麼和陌生人交談會不自在，會想要逃避。其中有一系列的練習是眼神接觸，兩兩一組，看著對方的眼睛。我們會把四目相交的時間一再拉長，去體會為什麼眼神交會令人尷尬，但其實只要習慣了，就會感受到眼神接觸所激發的連結。你還記得嗎？吉莉安・珊德斯特倫說過她以前走在人行道上，總是看著地面。人與人之間若少了眼神接觸，就沒有機會展開有意義的互動了。

當人與人眼神交會，注視彼此的眼睛時，體內的化學成分會改變，還記得我們說過的催產素嗎？這種荷爾蒙對人際關係至關重要，大量科學證據都顯示，注視對方的眼睛會刺激催產素分泌，行為科學家賴瑞・楊在埃默里大學設立催產素實驗室，他表示：「如果你看著對方的眼睛，讓對方覺得和你有所連結，對方的體內就會分泌催產素。」[48]

但是，眼神交會的練習很怪，一開始會因緊張而頻頻笑場，但練習的次數夠多了，就會習慣成自然。喬琪要我們一邊和對方說話，一邊維持眼神接觸。一個人負責說話，另一個人負責注視、使用換句話說的迴聲技巧，但是不提問，也不給意見。喬琪要我們去體會傾聽者的尷尬和不自在，同時也體會說話者的感受，當聽眾展現無條件的包容，給說話者盡情揮灑的空間，說話者會逐漸摸索出自己真正想說的話，那是多麼自由自在的感受啊！「免費聽你說話」也有這種效果。正當尼奇說，他要精進和陌生人交談的技巧，到世界各地自由旅行，我就是在旁邊看著他，把他說過的話換句話說，如此而已，但後來他告訴我說：「把自己的過去說出來讓別人理解，是一件很棒的事！」

我們在做這些練習時，喬琪把傾聽分成三種層次。最表面的層次，只會聽見皮毛，一聽到對方聊棒球，就跟著聊棒球，這只是在聽取資訊，針對你有興趣的話題收集資料和提問，主要還是圍繞著你自己和你的興趣。最深層的傾聽，必須聽到體驗、感受、動機和價值觀，絕對不是只有聽過去而已，也不是在追求自我肯定，反之要花心力和注

48 眼神交會絕對不是瞪眼、怒視或睨視，否則催產素不分泌就算了，雙方還可能大打出手。美國心理學家兼法學院教授菲比·埃爾斯沃斯（Phoebe Ellsworth）做了巧妙的田野研究，實驗人員站在街角，或者騎著摩托車停在十字路口，有的瞪著開車的人，有的避免和人眼神交會，計算車子多快開走，結果發現被瞪的駕駛人特別快開走。

意力去理解，還要和對方有眼神接觸、使用迴聲技巧，如果能再繼續追問「為什麼」、「如何」、「誰」等問題，對方將會更容易掌握想說的重點，這種傾聽就更深層了。

換句話說，到了這個層次，你不只是聆聽你自己想聊的內容，也不會忙著給建議，或者想著待會該怎麼回話。你自己的動機並不重要，反之你要幫助對方說出他真正想說的，而你只要順流而行。喬琪說，傾聽者還是可以說一點自己的事情，以免對方覺得你在刺探隱私，反而什麼都不想說了，但你還是要把注意力放在對方身上。這就是之前說的待客之道，你化身東道主，放下控制欲，給予對方揮灑的空間，勇於冒險，而你獲得的回報，就是和陌生人盡情聊天。

我總是趁著午休時間或課後，盡量在倫敦嘗試這些技巧，果然滿順利的。沒錯啦，我美國人的身分就是很棒的防護罩。我攀談的倫敦人，無不直接回我：「你是美國人吧？」換成我的同學，就沒有這種優勢了。我違反社會規範還可以被容忍，反正我是美國佬嘛！美國人不懂歐洲的規矩，聽起來很合理，這就是美國人出名的地方。

但是我與倫敦人之間還是有一些愉快的閒聊，這就像小魔法似的，從尋常的帽子變出小兔子來，我在酒吧裡問了一位二十幾歲的調酒師，今天有沒有符合自己的期待，她猶豫一下才回答「有」，原來她即將辭掉白天的工作，她覺得自己一直被灌輸職涯不能中斷的觀念，但她認為這些都是騙人的，所以她決定要去環遊世界，把存款花光光，但這件事她還沒有對任何人說，只說快要實現了。

隔天早上，我去銀行換掉一些舊鈔和硬幣。一位年輕的銀行出納員看著我的護照說：「紐約比這裡好。」我問他為什麼這樣說，我是提出問題來釐清他的思緒。他說他的夢想便是去紐約，他在倫敦出生，卻好討厭這個地方，他很想出國，卻害怕搭飛機，所以一直困在這裡。

我趁機陳述我的經驗，我說我也曾經害怕搭飛機，因為有連續三次可怕的搭機經驗。他問我怎麼克服的，我說方法很簡單，就是繼續搭下去。我跟心理學家學習到，重複接觸可以克服恐懼：「起初，你站在距離蜘蛛六呎遠的地方，隔著玻璃注視牠，到最後你敢用手抓蜘蛛了。」銀行出納員說，他聽我這樣說就放心了。他似乎有受到鼓勵，笑了起來，把我的舊鈔和舊硬幣收走，交給我新鈔和新硬幣。「我幫你換了新鈔。」他說。「你改變了我的想法。」

我向他道謝，並對他說：「希望可以在紐約見到你！」

「希望如此！」他說。「謝謝。」

那一天中餐，我去了一家黎巴嫩外帶餐廳，我問老闆他最自豪的料理是什麼，我就要點那道菜。只見老闆東拿一點，西拿一點，全部放進我的袋子裡。我說我在白人社區長大，小時候，有一天一個黎巴嫩家庭搬到我家後面，經常從後門與我們分享異國美食，從此以後，黎巴嫩料理始終是我的最愛，我只要吃到黎巴嫩菜就會想到家鄉，很怪吧？這段話就是我的陳述，然後老闆開始說，黎巴嫩人把好客看得很重要，經常為訪客做了一大桌的菜。他說話的時候，雙手也沒閒著，把更多食物放進我的袋子裡。等到他說完話，我那一袋大概有五磅重，他竟然只收我三分之一的價格。

有一天我下了課，那一股魔力又發作了。在泰德現代藝術館門外，有一群大學生到處找陌生人玩遊戲，只要把紙球投入桶子裡就可以獲得獎品。我平常看到這種活動就會提高警覺，但是那一天我放下評斷心，朝他們走過去。我試了手氣，還真的中了，大學生給我紙鶴當成獎品。我們聊了一陣子，原來他們是藝術系的學生，老師出這門功課，是希望他們習慣與陌生人互動，認為這樣可以激發靈感，培養社交能力，對學生未來的就業有所幫助，於是我問他們，有學到什麼嗎？那些學生回答我，一開始很尷尬，但還好遊戲可以減輕壓力，給他們打破社會規範的藉口，讓他們有一些話題可以聊，他們因此在過程中遇到很多有趣的人。

喬琪最後一天的課程，讓我們兩兩一組，把所有學過的技巧都再演練一遍。我就是在這時候突然意識到，渾身不自在！我當了二十年記者，很懂得提問，也知道該如何快速問到我想要的答案。如果是面對面採訪，通常時間有限，我必須在短時間內，問到讀者覺得新奇有趣的內容。沒錯，所有記者都要拿捏好毒辣和同理，難免遊走在道德倫理的邊緣。

由此可見，我和別人對話的時候，有一點自大。我在最後的練習，跟寶拉一組，就是那位聰明機靈的年輕女性，她曾經說過，她太在意自己的人格面具和專業生涯，連親朋好友都看不清她的真面目。她說她最愛做的事情，就是週末泡一杯濃醇咖啡，獨自坐下來啜飲。我們大概對話了幾輪，她終於說到，她討厭和別人一起工作，於是我推測，她是不是太想要掌握人生某些層面，才會如此期待在週末獨自喝咖啡。她說，仔細想一想，還真是如此，她怎麼從來沒想過呢？

我顯然很得意，但是當我跟喬琪炫耀這件事時，她卻不以為然。她提出一個巧妙的解釋：「你顯然是靠提問維生的人呀！」我每一個肢體語言都讓人覺得我就是想抓到問題猛攻。她說，我提問的速度太快了，有點咄咄逼人，這不是對話，而是採訪。喬琪建議我提出更簡單的開放式問句，比如「為什麼會這樣呢？」而不是直截了當的問「你該不會是有控制欲吧？」這與我的習慣剛好相反，但我真的要好好學習。一段優質的對話，你必須放下控制欲，任憑對話自然開展，出乎你的意料，而不是抓到什麼話題就趁勢進攻，達陣了再尋找下一個目標！

那一天稍晚，我問喬琪一個問題，那是大家知道我在寫這本書時，經常對我提出的問題。她找陌生人聊天，難道不怕不安全嗎？我和陌生人聊天，當然有我自己的優勢，畢竟我身高一百八十公分，還是白人男性，我與素昧平生的人交談，風險應該會比女性更低，也比少數族群更低。我問喬琪，她在這麼多與陌生人對話的過程中，會不會吸引一些討厭的男性？尤其她這麼愛說笑，男性會不會誤認為是在對他調情？喬琪說，她經常告誡女性，如果對方有所誤解，一定要提到自己有男友或老公（就算不是真的也沒關係），反正就是讓彼此冷靜下來。她也會避免肢體容易碰觸的場所，比如酒吧。「我在酒吧裡就不太找陌生人聊天。」她說。

我也問過波麗・阿克赫斯特相同的問題，波麗是倫敦「跟我說說話」的創辦人，鼓勵倫敦人多和陌生人交談。她說這個問題有很多人問過她。她在電子郵件回覆我：「有些人聽到我和安創立『跟我說說話』這個組織，覺得不可思議，畢竟我們都是二十幾歲的年輕女性，怎麼會想要鼓勵人們互相聊天呢？我個人會設定幾個規矩：如果要和陌生人聊天，一定要挑白天、挑一個公共空間，周圍還有其他人。如果我走在街上，突然有一位年輕男子靠過來，對我說：『嗨，你好嗎？』我絕對不會回應。但是坦白說，我找男性聊天時並不會想太多，我並不擔心對方誤會，雖然有幾位男性曾經以為我在對他們調情，但真的很少很少，我盡量試著不帶偏見，雖然有時候難以做到。這還是要靠自己判斷情勢，不過如果對別人心存偏見，就很難客觀判斷情勢。」

喬琪後來跟我說，她舉辦的活動，參加的男女比例相當平均，男生倒經常訴苦說，每次找陌生女性聊天，總怕人家會錯意，以為自己是在泡妞，更糟糕的是被誤認為是心懷不軌的壞人。喬琪建議要拿捏好分寸，如果太含蓄，恐怕吸引不了對方的注意，如果太刻意，可能把對方嚇跑，因此她建議中庸之道，表達善意（微笑、說話、練習她教過的技巧），但是要給對方空間，不要緊追在後，不要靠得太近，隨時注意對方的反應。

這不容易做到，總之就是磨鍊社交技巧，需要費一些功夫。

最後一天上課，快到尾聲時，喬琪說練習的機會無所不在。我們有三位想繼續上課，喬琪會出作業，我們每個禮拜跟她回報進度。她說，有些相遇可能會不順利，但有些相遇可能好極了，不論如何我們終究會越來越熟練，把所有學到的技巧都內化。我們會變得更勇敢，更談笑風生，就算明目張膽違反根深蒂固的社會規範，我們的自信、語調和肢體語言，絕對會降低對方的戒心。

喬琪確實是這方面的天才，她曾經在地鐵指著一位男士的帽子，笑著說「帽子」，然後就開啟對話了。她甚至會在街上和陌生人擊掌。她搭手扶梯的時候，也會對反向的乘客微笑，試試看他們會不會報以微笑。她去買黑咖啡時，不會直接和店員說「黑咖啡」，而是說「這世上最好喝的黑咖啡」，店員自然會回應她。有一天休息時間，我走進校園裡的星巴克買咖啡，我看到喬琪已經在店裡了，正和一位不認識的咖啡師聊得很起勁，後來我和她一起走出星巴克，她說，這杯咖啡是那位咖啡師免費招待的。

Chapter
17

和陌生人聊天的實戰演練

不管社會規範怎麼說，我都要注視陌生人的眼睛，和對方打聲招呼，試著開啟對話。

接下來三週，喬琪透過WhatsApp出作業，這些作業分成幾個難度等級，讓我們有機會實戰演練。她對大家說：「你必須騰出時間出門練習，拿出你的勇氣來！」第一個禮拜，她出了三份作業。第一份作業是要注視陌生人的眼睛，對陌生人微笑。我覺得這是裡面最難的作業了。我一直覺得，盯著陌生人微笑，光是微笑，就像是分屍案的前奏，所以我猜想我做這個練習時，大家肯定會避開我。可是，我還是硬著頭皮做下去。一開始似乎沒用，路人不是別開頭，就是沒注意到我。

我傳訊息給喬琪：「假設對方朝你而來，這條靜巷只有你們兩個人，何時要和他眼神接觸？如果對方距離你還有十五公尺，就開始和對方眼神接觸，好像有一點威脅性。」

她回答：「這要看情況。我喜歡趁彼此還有一些距離時，就開始眼神接觸，這樣雙方越來越靠近時，才有時間互相連結，但也不要很遠就開始眼神接觸，你要找到一個平衡點，關鍵就在於眼神接觸後，馬上面露微笑，向對方證明你不是威脅，我個人覺得不用到十五公尺那麼遠！」

我回家照鏡子，仔細看一看我在街上露出的微笑。我終於明白了，問題就出在我的微笑，倒不如說是「假笑」。每當我不耐煩、趕時間或心煩的時候，或者這三種情緒都有的時候，就會開始假笑。我老婆說，那是「神經緊張的微笑」。我朋友茱莉亞說，那是「惡意的微笑」。由此可見，我要設法讓自己真心的微笑，所謂**杜鄉的微笑**（**Duchenne smile**），包括臉頰和眼睛都在笑，不只是做個樣子而已。我自己對著鏡子練習，試著協調我的嘴巴和眼睛，傳達人與人的溫情，但是這樣無緣無故對著鏡子笑，反而更不自然，我練到快瘋了，就連自己在臥室練習，我都尷尬到不行，超怕被對面泡澡的鄰居看到我在假笑。

儘管如此，我仍上街實戰演練，開始對陌生人微笑。對我來說，眼神接觸很難，保持眼神接觸更難，微笑則是難上加難。我感覺自己完全暴露在外，忍不住想對大家解釋，這一切都是假的，我只是在做功課罷了！可是，就我的觀察，我的不安並沒有被其他人發現。我隔天繼續練習，雖然有的人露出困惑或驚訝的表情，但大多數人都報以微笑。隨著練習次數增加，我的恐懼不見了。以前我會做最壞的打算，如今我的期待終於回歸現實了。

重要的是，大家接受度滿高的。我經常在送女兒上學後，自己走回家的那段路上練習，沒想到感覺真好！我覺得世界彷彿變小了，變得更好駕馭。我和鄰里的連結變多了，對鄰居的觀感也變得更好。我當時傳遞微笑的對象，我至今每天早上仍會和他們打招呼。

有一些研究可以為我的經驗背書，研究人員發現，我們喜歡與我們眼神接觸的人更甚於別開眼的人，因為我們自然而然認為，那些注視我們眼睛的人，就是對我們感興趣的人，如果在聊天的情況下，就表示那個人對我們說的話感興趣。眼神接觸確實有包容和正面關懷的意思，「把這段關係看得很珍貴、很重要、很親密。」

反過來，如果少了眼神接觸，恐怕會有反效果。心理學家詹姆斯・沃斯（James Wirth）進行了一項研究，實驗人員拒絕與受測者眼神接觸，結果受測者感覺被排擠，自尊低落，因此對實驗人員心生憤怒。二〇一二年，心理學家艾瑞克・韋塞爾曼（Eric Wesselmann）也進行了實驗，實驗人員和大學生在校園巧遇，有一組會眼神接觸和微笑，另一組完全沒有眼神接觸，雖然眼神接觸那一組只有百分之四十五點五的學生有注意到，但確實比另一組學生不容易有疏離的感受。整體來說，眼神接觸（是正面的眼神接觸，而非睨視或瞪視）是在告訴對方，你覺得他是個有價值的人，彼此可以共同面對一切。如果對方也看著你，就是傳達相同訊息。這是任何物種都有的能力，只要環境安全無虞，自然會開始尋求連結。

我做了幾天微笑練習後，決定把難度拉高，我開始祝福對方，比如我會和對方說「祝你有個美好的早晨！」如果我夠厚顏無恥的話，可能還會說「讓大家知道你的厲害！」我發現第二句特別管用，通常對方聽了會笑，或者回過頭祝福我，很有趣。有一天，我還對紐約市長比爾・白思豪（Bill de Blasio）說了這句話。每天早上，我都和市長到同一間咖啡館買咖啡，但我從來沒對他說過話。我想，該是主動出擊的時候了。我說：「市長，早安！」他也跟我打招呼，接著我又對他說：「讓大家知道你的厲害！」

他笑了，回我：「一向如此！」後來，我們就有了一連串的互動。有一次，我們聊到前一晚他在福斯電視台受訪的情形，還有一次，他看到我的紅襪隊球帽，於是我們開始聊到球賽，我沒什麼好說的，一整個驚呆，最後他站在咖啡館門口大喊：「我們明年一定要贏！」

「那還用說！」我回答，但我其實是聽他說了，才知道球季剛結束。

還有一天，我走進咖啡館，到我朋友克雷格坐的那一桌，剛好和市長隔了兩桌。

「嗨，克雷格。」我打招呼。

「嗨，喬伊。」克雷格回答。

「嗨，市長。」我轉頭對市長打招呼。

「嗨，老兄。」市長回答。

我想，我有掌握到精髓了。

喬琪另外出了一些「輕鬆」的作業，我起初覺得尷尬，但最後總是獲益良多。其中一份作業是佛教的**慈心靜觀**，可以當成冥想練習，類似同心圓的概念，先祝福自己，再祝福最親近的人，然後擴及朋友、熟識、陌生人，最後是全人類。很多人覺得慈心靜觀怪怪的，但有一些研究顯示，這對於冥想者好處多多。二〇一六年，猶他大學的伯特．內野（Bert Uchino）發現，做六輪慈心靜觀冥想，可以減輕憂鬱和負面思考，提升幸福感和生活滿足感，更能夠感受社會支持以及連結，關係也會改善。二〇〇八年，心理學家森德里．哈切爾森（Cendri Hutcherson）進行了研究，發現慈心靜觀只要做幾分鐘，就能感受到與陌生人更強烈的社會連結，對陌生人的態度也會比較正向積極，他認為「這個簡易的技巧，可以提升正面社會情緒和緩解社會孤立」。

至於喬琪的版本，你必須看著陌生人，默默祝福對方有美好的一天，基本上就是你發現別人的存在，看見彼此共同的人性，關心對方的生活，於是傳遞祝福給他，這可以反制我們不把陌生人當人看的習氣。喬琪說，每次做這個練習（她會祝福對方有「最美好的一天」），就會覺得自己與這片土地更加貼近，更安心去接近人群，因為在這一刻，你承認其他人的存在，催生了全新的社會關係。可是，我難以跨出第一步。對別人來說，什麼是最美好的一天？光是這個問題就讓我糾結很久。是升遷？是中樂透？還是……我好像沒有足夠的資訊可以判定，只好試試別的方法。我想像陌生人在微笑，每一個與我擦身而過，面無表情的陌生人，我都想像他們在微笑。起初我覺得這個方法很傻，但還真的有用。我感覺自己更平靜，更貼近生活，對於其他人也更正向積極了。

喬琪派給我們更多的作業。首先，我們要追隨自己的好奇心，如果看見別人的特殊之處，就試著上前攀談。再來，我們要做一些「隨機的真誠行動」，如果別人問我們今天好不好，我們要說出真實的答案，打破既定的劇本。我們還要學會透過自我陳述來開啟對話，以及練習傾聽技巧，與別人建立更深層的連結。「無論對方說什麼，你都要注意哪些詞是他真正想說的重點，暫時放下個人的詮釋，鼓勵對方再多說一點」，再不然就是複述對方說過的話。我在課後幾個禮拜，持續做這些練習，包括把手機留在家裡或者放在口袋裡；我也會注意到別人的特別之處，主動找陌生人聊天，果然，成功的機會更高了。

吉莉安・珊德斯特倫在美術館進行的實驗給了我靈感，我到紐約大都會美術館，看見一個陌生人正在欣賞艾爾斯沃茲・凱利（Ellsworth Kelly）的畫作《藍色面板》（*Blue Panel II*），那是一個深藍色的幾何圖騰。我遵照喬琪的建議，先與那個人拉近距離。我朝著他走去，在他旁邊站了一下子。他忙著拍作品以及畫家生平的告示牌，我運用開場白框架，跟他打個照面：「可以請問你一個問題嗎？你喜歡這個作品的什麼地方？」

他有一點尷尬，回答我說：「顏色吧……還有這是一九七七年的作品，剛好是我出生的那一年。」他是來自西班牙的遊客，每次逛美術館，都會特別拍下一九七七年的作品。我對他說，我也是一九七七年出生，他聽了之後感覺很開心（微小的相似性發揮了作用）。他秀出手機上的照片，讓我看看一九七七年的作品。

有一次在美術館，我也是追隨自己的好奇心，問了保全一個我好奇很久的問題。我運用開場白框架，「我可以問你一個怪問題嗎？」他有一點戒心，但還是答應我了。「來參觀的民眾會觸摸這些畫嗎？」我問。他一本正經，帶有一點口音地回答我：「無時無刻，我抓到很多次了，每天都有。」他接著說，有時候民眾會看到忘我，不自覺就摸了畫，有時候是不知道不能摸。「這就是我的功用了。」他面露疲態。我記得科技創業家保羅．福特（Paul Ford）曾說過，他心中最棒的開場白，就是當對方提到他賴以維生的工作時，你絕對要回答：「聽起來很辛苦耶！」所以我也來試試。

「哇，這份工作真是不容易啊！」我說。「你在這裡站了一整天，還要隨時保持警覺。」

「沒錯！」他說。「要一直眼觀四方。」

「否則他們就到處亂摸。」我接著說。

他終於軟化了，開懷大笑。「真的是這樣！」

我對另一位保全也提出類似的問題。「來參觀的民眾會觸摸這些畫嗎？」他心煩的說：「一直摸。」我問他原因，他回答：「坦白說，我不在乎原因，反正這個行為就是會破壞畫作。觸摸雕像我還可以理解，但這個行為也是會破壞雕像，你看看這些斑點。」

我問他喜不喜歡這份工作，他聳聳肩，只說他沒什麼好抱怨了，每天被創世巨作包圍。我問他，會不會對這些美麗的事物感到麻木，他的話倒是變多了。「不會，當然不會。」他提到公司會輪調，所以他不會每天都看著同一批藝術品。「藝術館是有生命的。」

「所以這些藝術品不會長灰塵？」我問。

「會啊！」他糾正我。「但你知道是什麼灰塵嗎？人類的皮屑！清潔人員跟我說，都是一些從人類皮膚脱落的碎屑。」

「所以囉！不管你喜不喜歡，民眾都會碰這些畫作。」我說。

他笑了。「應該吧！」

我到美術館外面的熱狗攤買東西。「你好嗎？」熱狗攤老闆問我，看起來是一位中東人。一般顧客通常回答「我很好」，點了熱狗就走，但是這一次，我要真實表露心聲。

「坦白說，我今天不太順。」我說。「我女兒半夜都不睡覺。」

「多大了？」他問。

「三歲。」

「三歲這個年紀好啊！」他說。「她是好孩子嗎？」

「她很可愛，可是太活潑了。」

「我們不都是這樣嗎？」他說。

酒行年輕的收銀員也問候我「你好嗎？」我也說了同樣的答案，她說她妹妹也是這樣，並親切的安慰我：「一切會好轉的。」她人真好。

進行練習的過程中，我發現就像喬琪說的，稍微改變打招呼的方式，打破既定的劇本，對方就會開始和你聊天了。「你好嗎？」這個問題，不太容易問出真實的答案，還不如換成「你今天過得怎麼樣？」我最近的新歡是「今天大家乖不乖啊？」這句話滿好用的，對方聽了會露出笑容，有時候還會與你分享故事。有一天早上，我到家裡附近的超市，對收銀員說了這句話。

「今天大家乖不乖啊？」我問。

「大多數人都很乖。」她嘆氣地說。

「有人壞壞啊？」我說。

她同事插個話。「她今天又來罵人了。」

「你們被罵了嗎？」我問。「今天早上八點半左右。」他們開始跟我說，有一位看似普通的女性，每天都來罵他們，今天早上罵得特別凶，她先罵了那位收銀員。「然後她走出去，罵了一位貨運司機。」我們聊了一陣子，收銀員說了那位女性的事蹟，對於她的瘋狂行為感到無奈。後來，我準備拎著購物袋離開時，其中一位收銀員對我說：「謝謝你陪我們聊這些。」

那一聲道謝，給了我靈感。我開始真誠感謝別人。我說謝謝的時候，會注視對方的雙眼，包括公車司機、幫我開門的路人，還有我推著嬰兒車走在狹窄的人行道上時，願意讓路給我的人。千萬不要只有「謝謝」兩個字，盡量加一點陳述，例如「謝謝你做了那件事，我好感激」，對方通常會嚇一跳，但那是一種驚喜。我後來發現這有研究證明的。二〇二〇年，心理學家蓋伊・古納丁（Guy Gunaydin）招募土耳其通勤族進行實驗，結果發現對陌生人表達感謝，可以帶來更多快樂和幸福感，而且感謝的次數越多，心情就越好。

有一天，我看見小號演奏家在公園裡表演。他的功夫了得，還長得像某位明星，身材修長，穿著一身黑色勁裝。我每次都只有打賞而已，但是這一次，我停下來了，等他表演完畢，再找他聊一聊。他說，他從小至今，演奏小號已經二十年，而在中央公園也已經表演了六年。街頭表演讓他懂得謙卑。「如果演奏得不好，紐約客絕對不會吝於批評。」他說，偶爾會聽到殘酷的意見，從藝術批評到言語攻擊都有，但那些都幫助他成為了一個藝術家和一個人。

「如果你失去冷靜，就完了。」他說。「如果你生氣，做了什麼舉動，可是會被警察逮捕的。」所以他學會解讀聽眾的心思，為聽眾而演奏，對每個人一視同仁。他說，如果你的態度正向積極，別人也會對你正向積極。他說話帶有一點口音，所以我問他是哪裡人。他說他來自迦納，父母親因為綠卡抽籤而移民美國。他說這個都是運氣，如果他不在美國，不知道會過著怎樣的人生。他當了好幾年的洗碗工，現在竟然有機會演奏小號。「我每天醒來，都會演奏小號。」他是如此的自豪和感恩。他驚呼：「**在紐約吹小號耶！**」

有一天晚上，我和朋友到市中心的酒吧，試了試喬琪的帽子行動。你還記得吧？某天喬琪搭地鐵，看到一位戴帽子的男子，隨手指著他的帽子，說了「帽子」兩個字，他們就聊開來了。我和朋友坐在酒吧的角落，一位年輕人悄悄走近，點了一杯咖啡馬丁尼。我朋友不動聲色的說：「咖啡馬丁尼。」這麼說吧，朋友的語氣並不是真的好奇，但是那位年輕人馬上跟我們解釋，他為什麼點咖啡馬丁尼。原來，他是在提振自己的信心，因為他待會要去上城開會，辭掉他的金融業工作。他說，他討厭金融業，也討厭紐約。他已經在南方買了一塊地，想要開一間釀酒廠。他把所有的計畫都告訴我們，喝光了咖啡馬丁尼，並謝謝我們陪他聊天，隨即邁向他全新的人生。

不過，這些都不算困難。雖然在現實生活中實戰演練確實有難度，但上面列舉的交流還算有跡可循，比如店員和顧客、音樂家和聽眾。這些交流很愉快，令人驚喜，感覺好極了，每個人的角色都有清楚定義。現在，我要挑戰更難的，沒有明確的角色界定，直接在大眾運輸上找陌生人聊天，這可是終極的社會禁忌啊！

我搭上市區公車，坐在一位包著藍色頭巾的白髮老人旁邊。到了下一站，有一位年輕媽媽上車了，她把小嬰兒舉起來，讓嬰兒看看窗外的景色。白髮老人看了我一眼，面露微笑，然後轉向那位媽媽。「寶寶長得真美。」他說。我在一旁附和。這就是三角關係，我們都在談論那個嬰兒，看著同一個對象，於是形成些微的連結。那媽媽忙著照顧孩子，於是我問白髮老人，他有沒有孩子。他說，他有一個孩子，已經四十七歲了。我問，他是否以孩子為榮。「當然囉！」他說。「但我以每個人為榮，我愛所有人，如果外星人不搗亂、不吃人，我也會愛他們的。」我真的沒想到他會這麼回答。

我在地鐵也曾閒聊過幾次。我受到記載待客之道的文獻所影響，有一陣子瘋狂歡迎來自國外的旅客。如果有人迷路了，或者正在查閱地圖，我會主動上前幫忙。如果有人在自拍，我會幫他們拍照。我曾經帶領幾位比利時的遊客前往目的地，我還熱情歡迎他們，很開心他們來紐約玩，一改我原本對觀光客的態度，我感覺很不錯，觀光客似乎也很滿意，我和觀光客之間聊得很開心，也幫助我以全新的視角看紐約，這是很難得的機會，很美好，但不容易做到。

套句都市告解室的創辦人班恩．麥特斯的話，我這是在伸縮「開放性」，讓別人知道我可以親近，所以陌生人開始主動找我聊天。地鐵書評的創辦人烏莉．波特．柯恩也遇過類似的怪現象，喬琪也是如此。當我把自己的經歷告訴喬琪，她說：「終於有人可以為我作證了，真開心，我對朋友說到這段經歷時，朋友都不相信。突然間，無論走到哪裡，都會有人來找我說話，陌生人會在街上把我攔下來，就連我正在講電話，也會有人找上我。」她說這是之前沒發生過的事情，我也是這樣，現在突然發生了。

有一天我搭紐約地鐵六號線，一位壯碩的拉丁裔男性，大約年近三十歲，穿著帽T和運動褲，突然闖進車廂，一屁股坐在椅子上，我散發出吸引陌生人的魔力，果然他開始注意我，真是不可思議。我坐在他旁邊，他看著我，迅速打了聲招呼：「你好嗎？」

我不打算回他「我很好。」因為這是既定的劇本，我打算說得具體一點。「我最近挺好的。」我說。「你過得好嗎？」

他也說，他過得挺好，而我就這樣等著。這時候，有一位黑髮女性起身，準備走出車廂，那位拉丁裔男子靠向我，輕聲對我說：「那是我喜歡的『型』。」頓時，我開始擔心了，害怕會有什麼麻煩事發生，但我曾受過訓練、做過免費傾聽服務，還上過陌生人溝通課。我知道如果給予對方抒發的空間，可能會通往一條有趣的路，所以我按捺自己的不安，只是單純複述他的話。

「那是你喜歡的型。」我說得很小聲，以免車上其他人聽到。

「對啊！」他回答。他開始解釋他的偏好，因為他不相信外表「完美」的人，所以那是他喜歡的女性類型。我繼續點頭，與他保持眼神接觸。他說，他喜歡女性身上有妊娠紋或橘皮組織，「那是有意義的，代表你曾經認真活過。」

「代表你曾經認真活過。」我複述他的話。

「沒錯。」他說。這是他從已逝的母親身上學到的。

於是我們聊開了。

他母親過世的時候，有很多朋友來參加葬禮，紛紛對他說，他母親是他們人生的典範。他的母親生前百無禁忌。有一位女性說，他母親鼓勵她和黑人在一起，當時那位女性已經考慮十年，但就是擔心外人的眼光。他的母親卻告訴那位女性說，不要管其他人怎麼想，想做就去做，於是那位女性就和黑人結婚了。「他們至今還在一起。」他驕傲的說。

我和他聊天的時候，會拋出一些問題，幫助他表達自己想說的，我自己不太發表個人意見。我給他空間說他想說的，他自然就會說。電車駛過一站又一站，他說他的母親住在波多黎各，跟他的外婆一樣愛抽菸，他曾經哀求媽媽戒菸，擔心她會像外婆一樣死去，但她就是不聽。後來她罹患了肺氣腫，加速老化。她竟然還做了整形手術，希望留住自己的青春美貌，這一點令他非常生氣，他幾乎快要認不出她來了，為此苦惱不已。二〇一七年颶風瑪莉亞侵襲波多黎各，奪走了她的生命。

我快到站了，於是我說我該下車了，我對他說：「謝謝你告訴我這些，很遺憾你母親已經過世了。」他報上自己的大名，還跟我握手。我跟他握了手，他把另一隻手覆蓋上來，一切盡在不言中，給我誠意滿滿的雙手握。我在第五大道五十九街車站下車，車子慢慢駛離，他消失在我面前。

接下來是L。我與她在晴朗的夏日相遇，她在四十二街露宿街頭，我遇到她的時候，她正專心玩著填字遊戲，面前放了一個裝滿零錢的塑膠杯，順便販售一些防水畫。一般人總是會忽視遊民的存在，我也不例外，但是她的告示牌吸引了我，讓我不自覺卸下次級心靈壁壘。告示牌寫著，「我失去了所有，但我還有微笑和希望。」我走過去，問她怎麼保持希望。「因為我知道，一切都只是暫時的。」她說。我問她，可不可以請她喝一杯咖啡。她答應了，我隨即去買，好想聽聽她的故事。

「我和你平常看到的遊民不一樣。」她說。「我受過教育，我不對任何東西上癮，所以只要和我聊一聊，就知道我與平常人無異。」這聽起來是一件好事，大家可以在她身上看見自己的影子，但這也是問題所在，她的存在令人不安，一再提醒每個人，人生隨時有可能遭逢危險，她就是一個活生生的例子，證明誰都無法避免災難的逆襲，這個世界遠比想像的更複雜。「一下子就激發了恐懼，而恐懼瞬間變成嫌惡。」L說。「我的存在象徵著，每個人都有可能淪為遊民。幾年前我還擁有光明的未來，卻因為一場偶然的相遇演變至此。」

她在紐澤西州長大，從小開始學舞，但後來受傷了，在她休養期間，大叔叔買給她素描本和畫筆，讓她打發時間。她什麼都畫，什麼繪畫課都報名，最後還申請上洛杉磯的美術學院，甚至考上研究所。

然後，命運急轉直下。父親罹患癌症，她只好回去東部。父親年紀不大，本來身體很健康，但罹癌後很快就過世了。她沒有兄弟姊妹，也沒有媽媽和祖父母，舉目無親。辦完父親的喪禮後，她正準備返回加州，卻遭遇襲擊搶劫。暴徒盜用她的身分，或者把她的皮夾賣給別人，讓別人有機會盜用她的身分，盜領了她所有的存款，破壞她的信用，L從此流落街頭，成了遊民。「如果我父親還在，我根本不可能淪落至此。」她說。

我問她，這是什麼樣的生活。她說：「很糟，我痛恨極了！」有一個男人以一百元為誘餌，引誘她一起去電影院，強暴了她。她也經常遭到警察的騷擾，以非法表演為由（因為她的標語），反覆對她開罰單，倒光她的零錢，不准她在那裡販售防水畫，以致她喪失好幾個月的收入。還曾有一個男人拖住她的腿，硬是把她拖進公園，這竟然發生在光天化日的星期天早晨，儘管她大聲呼救，路人仍視若無睹。

L問我，有沒有聽過美國原住民的故事，關於受傷的狗。我說，沒聽過。「我也不清楚確切的內容。」她說。「但大致是說，人最善良和最邪惡的一面，都會對受傷的狗感興趣。善良的一面，感受到狗的痛苦，想要幫助牠；邪惡的一面，也有看到狗的痛苦，想到狗現在正受傷，那就讓牠傷得更重一點，這就很像我的處境。」她說。「我吸引到最善良和最邪惡的人，最善良的人想幫助我，最邪惡的人想占我便宜，其他人則迷失在大海裡。」

她笑著說，有一個老婦人，看起來很有錢，幾乎每天都拿拐杖打她，叫她趕快去找工作。「她是一個弱小的老婦人，如果我對她說什麼或做什麼，別人會以為我在欺負她，反而會來罵我。」我問她，如果有機會，她會想對那個老婦人說什麼。「我應該會對她說：『試著把我當成你的孫女吧！如果你的孫女也有相同的遭遇，你還會這樣對待她們嗎？』我看到別人對我發怒，從來不覺得那是在針對我，我並沒有做錯什麼，但我就像大家的情緒垃圾桶，讓他們隨便發洩人生的怒氣和焦慮。」

然而，如同她的標語所言，她仍不放棄希望，以及笑容。對她而言，陌生人象徵著黑暗和恐懼，但也是希望的源頭。「有些人會特地過來看我。」她說。「有的人給我電話號碼，每天來看看我的狀況，只為了想確定我平安無事，我也結交到一輩子的好朋友。」就在她被拖進公園的那一天，附近旅館的夜班經理（每個禮拜天都會送早餐給她）跑過來，把那個暴徒扭打在地，一直等到警察來為止。另一位朋友運用政治關係，直接去市長辦公室為她申訴警察找麻煩的事，過不久，那位警察就遭到開除。

她始終抱持審慎樂觀的態度。她有一些兼差工作的訊息，還有一位律師無償為她辯護，希望化解她的信用危機。她仍期望有朝一日可以重返研究所繼續讀書。我問她，第一個想做的專題是什麼。她說，她想把自己成為遊民的故事寫成一本圖像小說。她希望

「書中有嚴肅的部分，那是她想向大眾傳達的重要訊息」，但同時她也希望書是有趣的，因為她本身就是幽默的人。

「幽默可以戰勝一切。」她說。「如果你要和別人建立連結，一定要讓他們笑。」我與她分享，我曾經讀過一封致愛爾蘭漫畫家富蘭恩・奧布來恩（Flann O'Brien）的信，信中提到大家總以為歡笑比傷心容易。「這句話說得很好。」她說。「一笑置之比意氣消沉困難多了。人要悲傷很容易，但沒有人想要悲傷，悲傷只是在抱怨，也沒有人想要看到別人哭、自我厭惡或自我責備。大家都想看救贖的故事，每個人都愛歡笑，都想知道你有在努力。」

許多研究都證明，和陌生人交談，讓我們穩穩地立足在這世上，對身邊的人更有好感，也對自己更有好感。這些都是和陌生人交談的好理由，我可以向大家保證，當我完成這些交流，我確實也有同樣的感受，內心更加平靜和安定，我更常開懷大笑，也更常微笑了。我對別人的友善態度，有一部分是出自於勇敢，一部分是心理學家所謂的**正向自我呈現**（positive self-presentation）。研究團隊發現，當我們展現自己最好的一面，別人通常也會善意的回應，形成一個良性循環。我們一個無心的行為，可以引發對方真實的情緒反應，當對方用善意回饋我們，我們也會真心感到美好，為更多有意義的交流鋪路。

和陌生人交談，還有更深層的好處，而且是更重要的好處，但有一點令人難以招架。如果陌生人和你有著截然不同的人生，當你和他交流互動時，勢必會有不舒服的感受，你從而驚覺，雖然大家居住在同一個空間，但彼此的世界竟是如此不同。你熟悉的街道，你覺得充滿歡樂，對他們而言卻充滿恐懼和危險。先前提過，布萊恩特公園是完美的公共空間，但是對L而言，卻是有著被陌生人強拖並對她施暴的恐怖回憶。

如果不努力理解你身旁坐的那個人，其實與你身處在不一樣的世界，你根本不可能成為一個好公民、一個重視道德的人，因為他眼中的陌生人不一定是你認定的陌生人。如果要跨越社會籓籬、種族籓籬、意識形態籓籬，或者任何區隔我們的籓籬，唯有勇敢找陌生人聊天。但是下一章，我們會看到這件事有多麼困難。

Chapter

18

和其他族群的陌生人交談

為什麼和其他族群的陌生人交談會如此可怕，到底是什麼在阻礙我們？我們又該如何克服呢？

湯瑪斯．諾克斯（Thomas Knox）自己也無法解釋，為什麼有一天他會心血來潮，帶著一張桌子和兩張椅子，就到地鐵月臺坐著，吸引陌生人上門聊天，反正他就是去做了。「我也不知道原因。」他坦白說。「這個問題我想很久了，還是找不到答案。我擅長與人相處，從小就是這樣。我就是喜歡人，對人感興趣。為什麼他們要這樣穿衣服？為什麼他們要說這種話？我認為，如果大家願意坦白說出自己怎樣會舒服，怎樣會不舒服，彼此的溝通就會更順暢，社會也會更祥和。」

諾克斯當然也沒有事先規劃該如何在地鐵站吸

引陌生人上門聊天。「第一天，我只是帶了一堆花。」他回想起。「我想要送花給每個人，不管你是男人、女人或小孩，大家都可以拿到一束花。」於是我坐在那裡，陌生人就主動來找我聊天。他還趁機加入四子棋遊戲，讓乘客等車的時候，可以一邊聊天，一邊玩遊戲，做任何想做的事情。諾克斯只是在旁邊陪伴。如果有人找他聊天，他會全心投入，無論聊什麼他都奉陪到底，那就是他的天賦。「一切就是這麼簡單。」他說。「我猜，那就是真實的我……我天生該做的事情。」

「結果還順利吧？」我問。

「每個人都是獨一無二。有的人很不客氣，劈頭就問：『你是有多寂寞啊？』他們以為我是為了我自己，單純想要把妹或約會，但這些都不是我的目的。等到我解釋清楚後，大家就成為好朋友了，對方會開始卸下防備，不再像一開始把手提包緊緊抱在胸前。」他笑著說。「大約過了十五分鐘，手提包便直接丟在地上。」

二〇一九年初，我和諾克斯約好一起喝咖啡，我發現他這個人活力充沛且勇敢，極富個人魅力，令人難以抗拒，怪不得他可以在地鐵站卸下陌生人的心防，這可是天大的成就呀，畢竟地鐵奉行著不和陌生人交談的禮節。「每個人一開始都會有所防備。」

他說。「我們從小就被灌輸不可以和陌生人交談，記得要提防周圍的人，尤其是在紐約這種地方，但我這個人始終在探索，每次去咖啡館，我一定會和咖啡師聊天。每個人都想說故事，真的是每個人，只是他們還不夠自在，所以還不想和你說罷了，因此我要卸下別人的防備，只要給我十分鐘，十分鐘就夠了！我真的應該去當精神科醫師。喜劇明星崔西．摩根（Tracy Morgan）曾對我說：『你就像免費的精神科醫師！』」

諾克斯在紐約市長大，老是因為逃跑而惹禍上身。他逃課逃學，就是為了去公園玩。「我就是在過自己的日子呀！」他說。可是他簡直就是把父母逼瘋了，父母親經常報警找他，到最後甚至放棄了，因為怎樣都關不住他，但還好他會自己回家，後來他的父母分居，父親住在布魯克林，母親住在史泰登島，從此他就在兩個地區之間徘徊。「我在其中一人的家裡搗亂，就會被送到另一個人的家裡。」他笑著說。「我就好像愛探險的朵拉，大家總會說：『湯瑪斯又在扮演愛探險的朵拉了！』我愛死了，我可以獨自去任何城市。我只去別人不想去的地方，那就是我的風格，只要我身上有一百元，我就可以過活，什麼情境都難不倒我。」

他第一次到地鐵月臺出任務，命名為「等車的約會」（Date While You Wait）。二

○一五年這一場地鐵沙龍，吸引媒體報導，很多民眾在看了報導之後傳訊息給他。諾克斯當時任職於蘋果公司（Apple），特地請了一個禮拜的假，專心回應這些訊息，這麼多年過去，至今仍有人傳訊給他。他拿出手機，秀出他收到的臉書訊息，有人感謝他做了這件事，也有人向他求助，這些訊息無止盡，從此以後，他開始受邀演講，擔任顧問老師，撰文或宣傳溝通的話題，以及與莘莘學子聊一聊人際連結的重要性。

「有些人就是不想和陌生人交談。」他說。「如果這件事讓你感覺不舒服，你下意識就會覺得這件事不好，但如果我主動打破這個阻礙，大家對彼此的理解將無可限量。」

他到底想要探索什麼呢？

「我只是對人感興趣。」他說。「比如，你從哪裡來？你這輩子做過哪些事？你為什麼喜歡那些，討厭這些？我就是這樣子的人，我甚至可以平心靜氣，跟那些討厭黑人的人坐下來，而那些有種族歧視的人，在我們聊完天之後，也可以互相尊重。我會問：『你為什麼討厭我們？跟我說說原因。』對方可能會回答：『我不知道，可能是因為黑人殺了我媽。』我可能會回：『我完全可以理解，也可以體會你的痛苦，很遺憾你竟然有這樣一段過去，你討厭黑人，我完全尊重。』我們分開時，尊重彼此的感受。人與人互相尊重，遠勝過一切，不一定要成為好朋友。」

我說，他給人充滿自信的感覺。「我天不怕地不怕。」他說。「沒有人比我好，也沒有人比我差。」這是最標準的美式語言，諾克斯絕對是我遇過最道地的美國人。「等車的約會」活動結束之後，他收到大量的訊息，其中一則來自一位年輕女性，她擔心一位害羞的年輕藝術家朋友，希望諾克斯可以協助他。諾克斯二話不說就答應了：「好啊！為什麼不呢？」於是他與那位年輕人聯絡，經過幾次訊息往返，諾克斯為他打造一個試點計畫。「我來訓練他。」他笑著說。「我跟他說：『我要訓練你的腦袋，讓你習慣被拒絕這件事。』如果你不怕被人拒絕，你就無敵了，再也沒有人可以阻止你。」

第一個功課很簡單。「我說：『每天早上，跟每個人打招呼，你遇到的每一個人，不管他是誰，都跟他打招呼，無論是男是女，看著對方的眼睛說早安。』」那位年輕人答應了，隨即人間蒸發，一個禮拜後，他繼續逃避諾克斯，他坦承自己沒有完成功課，諾克斯下了最後通牒，如果年輕人再不行動，他就要退出了。再過一個禮拜，他們一起聊天，年輕人的第一個功課完成了。「年輕人到處跟他遇見的人說早安。」諾克斯回想起。「我問他順不順利，他回答：『有些人覺得我瘋了，完全不理我，有些人會跟我點點頭，有些人也會跟我說早安。』我跟他說：『很棒！你這個功課做了一個禮拜，下一個禮拜，你要跟那些回你早安的人問好。』下個禮拜他打電話跟我說：『我真不敢相信，有三個人停下來跟我聊天耶！』」

後來，我有幸與諾克斯以及那位年輕人一起喝咖啡，得知諾克斯如何幫助他度過難關。年輕人叫做法蘭西斯．鄂蘭迭（Francis Hernandez），大約二十五至二十六歲，從事藝術創作。他們相遇的時候，正好是鄂蘭迭人生的低潮。「我在那段期間無心創作，創意枯竭，基本上就是卡關了。」他說。「沒錯，我一直原地踏步，我心想，糟了，我無望了。一旦你失去希望，情況只會越來越糟。」鄂蘭迭是沉默寡言的人，出生於波多黎各，在紐約布朗克斯長大。他坦言：「我幾乎都關在房間裡，足不出戶。」他從未愛過藝術課，卻開始創作。「當時的我憤世嫉俗，詛咒大家都去死，我把憤怒的情緒畫下來，還真的有人買，他們覺得那就是藝術。」

「我最大的關卡是，我不想要落入內斂藝術家的神話。」他說。「我曾經有一點憂鬱，後來情況越來越糟。我不想要成為割自己耳朵的藝術家，你懂吧？我不想當那種沒沒無聞，死後才出名的天才藝術家。沒有人想要這樣吧？」

「沒有人！」諾克斯大喊。

鄂蘭迭坦承，他對於諾克斯的計畫，起初滿抗拒的。「我覺得很蠢。」他說。「我打招呼，但沒有半個人回我，讓我覺得自己有問題，你知道我的意思吧？」他知道該如何開啟對話，但就是會卡住，腦筋轉不過來。他還是逼自己去做，有時候逼得太緊，反而會出問題，但他仍堅持下去，後來總算開始好轉了。鄂蘭迭說：「我恍然大悟了，我突然覺得，你叫我做的事情很有道理。」

「看起來可能沒有道理！」諾克斯說。

「但真的很基本，又有人情味。」鄂蘭迭說。「每一個功課都很簡單、很好操作，但我就是抗拒，還好現在我恍然大悟了。我終於恢復正常，不再是一個討厭鬼。」

「我一點也不覺得你討厭！」諾克斯回答。然後，隨即轉頭對我說：「你看看他現在是不是有自信多了？我剛見到他的時候，頭髮亂七八糟，一副生活困頓的樣子，現在看起來比較有氣魄和活力。」

我問鄂蘭迭是不是自己也有同樣的感覺。

「是啊！」他說。「我更願意表露自我了，尤其是在藝術創作上。」他現在更懂得如何和別人連結，也發現有更多人願意幫助他，例如他白天在健身房工作，老闆就成了他的人生導師。他的母親一直告誡他，不要隨便向別人求救，所以他乖乖照做，但現在他懂得求救了。「我下一個要克服的挑戰，就是開口說出自己的需求。」他的朋友（也是介紹他和諾克斯認識的人）就挺身而出，幫忙他策劃第一場展覽。他有了這些支持，進一步增進他的自信心，這些都會成為他藝術創作的養分。

「全部都有關聯。」他說。「我難以和別人接觸的原因，正好也是我封閉自我的原因，因為我自己阻擋別人靠近，以致其他層面也受到影響。」

「現在我覺悟了。」他說。「一切會越來越好的！」

「你要出運了！」諾克斯說。「不過慢慢來，這事情急不來的。」

「我現在反而有一點不知所措，因為有太多人幫助我，還是不求回報的。」鄂蘭迭說。

「你對我最大的回報，就是持續成長，一直想辦法解放你的心靈，我發現你有太多包袱了，澈底解放你的心靈吧！人生其實很簡單。」諾克斯說。此時，從咖啡館的另一側傳來玻璃杯落地碎裂的聲音。「如果我摔破杯子，他們會找人掃乾淨，根本不是什麼世界末日。這就是我看事情的角度，我希望你試著這樣看事情，心胸開闊一點，終究會有好的結果。」

鄂蘭迭點點頭。「我要把所有包袱都丟掉！」他說。

我和諾克斯初次見面時，聽說他在紐約和費城兩地跑。我和他聊一聊紐約，我看到他對陌生人抱持樂觀態度，也對陌生人充滿熱忱，於是我就和他分享，我覺得紐約很友善，遠比大家想像中友善，也絕對比我家鄉波士頓友善。我說，我搬到紐約之後，有一年回波士頓過聖誕節，參加高中朋友舉辦的聖誕派對，大夥瘋狂瞎扯的聊天。朋友對我大聲嚷嚷：「繁華的紐約怎麼樣啊？繁華紐約客先生。」我跟他說，紐約人在地鐵站看到別人提重物上樓梯，就會上前幫忙，我懷疑在波士頓會不會有人停下來，幫別人把嬰兒車抬上樓，說不定波士頓人還期待對方摔倒呢！我朋友想了想，直接嗆我：「你說的對！我還要跟你說，如果你不喜歡波士頓，那就快點滾！」他隨即與其他朋友擊掌。

我和諾克斯聊紐約，聊到有點忘形。我說紐約人很直率，如果趕時間，遇到擋路的人，二話不說就開罵，可是紐約人也會關注別人、主動幫忙別人。我真心覺得就是因為大家每天都釋出小小的善意，紐約一千萬人才能夠凝聚在一起，不會陷入一片混亂。

我跟諾克斯說，我常看到紐約人幫忙抬嬰兒車或行李箱，我每次掉東西，幾乎都有人幫忙撿起來歸還給我，我女兒也是。我走在結冰的路面，跌倒的次數不下四次，每一次都有陌生人扶我一把。沒有寒暄，沒有熱情的感謝，也止不住他們扶持陌生人的心。

諾克斯露出**客套**的表情，所以我就不繼續說了，而是直接問他：「你沒有這種經驗嗎？」

「沒有耶！」他回答。

那時候是冬天，我們決定出去散個步。我們收拾好東西，他卻發現有東西掉了，回頭一看，他的圍巾掉在地上，竟然還被別人踢開了。他撿起圍巾，攤在我面前，彷彿在對我說，你看吧？

諾克斯是和陌生人聊天的高手，我希望可以像他一樣厲害，但我是白人，他是黑人，這裡是美國，他眼中的陌生人，肯定跟我眼中的不一樣。

這就是城市生活的弔詭，可以套用到任何有移民湧入，或族群多元性激增的地區。理想上，形形色色的人共同生活，讓我們有機會成長、學習、拓展，接觸新觀念，擴大社交圈。研究人員發現，企業的多元性和創造力成正比。更重要的是，烏莉．波特．

柯恩從經營「地鐵書評」發現，跟不同群體的人接觸，有助於**理解別人的生命，覺悟我和別人心目中的現實是不同的**，這是多元國家維持健全民主體制的關鍵，也是一種人生智慧。一八四八年，哲學家約翰·史都華·彌爾（John Stuart Mill）曾寫道：「人類接觸與自己不相似的人……再有意義不過了。這種溝通自古以來都是進步的根源，在現代更是如此。」

只可惜，人類的心理和文化會妨礙這些連結，尤其是人與人之間的界線，會因為衝突、隔離或偏見而深化，這方面的例子很多，我們就來看一看美國的種族問題。

二〇一七年，蒙特克萊爾州立大學（Montclair State University）約翰·保羅·威爾森（John Paul Wilson）主持一項研究，受測者是黑人以外的美國人，實驗人員讓受測者觀看黑人和白人的照片，儘管黑人和白人體型一樣，受測者仍認定黑人比較壯碩、陽剛和具有威脅性，因此認為警察應該多用武力制伏黑人。這份研究刊登前，學術界已有多年調查，累積大量相關發現。非黑人的受測者經常搞錯，把黑人記成拿武器的人，即使黑人手上拿著尋常的物品，也會被誤認成武器。白人對於黑人憤怒的表情格外敏感，白人也記不住黑人的面孔，除非黑人露出生氣的表情，白人才記得住。

怪不得美國警察射殺黑人的比例高出很多，而我卻不假思索的告誡女兒，如果遇到麻煩，一定要跑去找警察，但如果我是黑人，生的是兒子，恐怕不敢如此有把握。這也許也可以解釋，為什麼咖啡館沒人撿起諾克斯的圍巾。

如果是心懷更多偏見的人，後果恐怕不堪設想，例如有偏見而不自知，不把外團體當人看，總覺得對方的心靈比較劣等。美國黑人作家哈尼夫．阿卜杜拉奇布（**Hanif Abdurraqib**）曾巧妙描述受害者的心情：「大家最常對我說的評語是『你人真好』，這句話通常是白人說得多……那些人與我不熟，卻說他們看得見我眼裡以及內心深處的善意，我通常一笑置之，不自在的聳聳肩，隨口說聲謝謝。我心裡很清楚，那些不熟識的人之所以稱讚我，是因為我沒有他們預期的惡劣。」

去人性化不僅僅針對不同種族的人，數千年以來的性別歧視，不也是在去人性化嗎？一九九七年，愛情喜劇電影《愛在心裡口難開》（*As Good as It Gets*）就有一個貼切的例子，有人問劇中的羅曼史名作家傑克．尼克遜（**Jack Nicholson**），到底是如何描繪女主角的個性，他輕描淡寫地說：「我先想像一個人該有什麼樣子，然後去掉了理性和責任感。」這顯然就是去人性化。

此外，都市人和鄉下人也不把彼此當人看。我的一位猶太朋友，離開美國東北部，到奧克拉荷馬州念大學，同學問她有沒有隨身攜帶羊角號[49]。美國南部人到北部念大學，北部學生很驚訝南部也有聰明人。南部作家惠特・莫澤（Whet Moser），現居芝加哥，他曾經說過：「我沒什麼南部口音，幾乎聽不出來，但我小時候口音比較重。當你接受高等教育，很快就學會了一般聯邦口音。」

新移民不斷面對類似的恐懼、傲慢和去人性化，被貶為動物或病毒，不僅認知能力低劣，也控制不了獸性。美國史家約翰・韓牧（John Higham）提出具指標性的本土主義中，整理了美國歷史上各種對新移民的可怕稱呼，例如「有毒爬蟲」、「長髮、大眼、冷笑、無神論、魯莽的外國討厭鬼，從來不認真工作」、「低賤的短尾殺人魔，遠從萊茵河、多瑙河、維斯瓦河和易北河而來」、「歐洲的人類垃圾和非人垃圾」。

以前大家很氣憤德國人，但如今同樣的攻擊事件也在其他歐洲國家上演，尤其是湧

---

49 我聽過最棒的回答，正是出自於她。她笑著對同學說：「我生氣的時候才會拿出來喔！」

入移民和難民的歐洲國家。我經常想起幾年前，聖地牙哥人抗議有一車難民兒童抵達加州，受訪時不斷叫囂：「不知道要發生什麼犯罪事件？」[50]

我們面對不同的群體，通常不把對方當人看，文化的差異還會加深我們的偏見，讓我們以為對方比較低等。以前沒有交流的經驗，現在想到以後有可能接觸這些人，內心就感到不安，稱為**群際焦慮**（intergroup anxiety）。心理學家沃特．史蒂芬（Walter Stephan）多年來研究這種現象，認為這是為什麼群際交流會如此複雜難解的原因。

每個人多少都有群際焦慮，但是有幾種人特別嚴重，一是有偏見的人，二是極為認同自己群體的人，三是不太常與其他群體互動的人，或者曾經有過不良互動經驗的人，再來就是雙方處於互相競爭的關係，或勢力和人數不均等的情況。這種焦慮不僅展現在心理和情緒層面上，也會影響到生理層面，所以雙方互動之後，可能會導致血壓升高或壓力荷爾蒙上升。

大家看到這裡，知道有很多因素會妨礙我們與陌生人交談，從社會規範到走路速度都有影響。史蒂芬再加入四大恐懼：擔心陌生人會傷害、騷擾和欺騙我們，或者把疾病傳染給我們；擔心自己會「丟臉、遭到誤解、害怕、困惑、惱怒、受挫或無力」；擔心陌生人會討厭、嘲笑或拒絕我們；擔心自己與陌生人走得太近，會遭到自己人否定。近年來，一些研究證實，人們不願與陌生人交談，是因為擔心彼此差異太大，或者放不下負面刻板印象，又或者像第二章所說，單純不想和陌生人交談，無論是多數族群還是少數族群，都會受到這些心態影響，例如異性戀者不敢和同性戀者說話，反之亦然；研究顯示，無論是白人或黑人、美國人或非美國人，都有這種心態。

偏見比較多的人，在面對自己不關心的人，或者與自己不合的陌生人時，顯然會避

---

50 有一些真實存在的威脅，確實會激發反移民情緒，可是一旦升起反移民情緒，就不一定要與現實掛鉤了。事實上，越沒有現實背書，反移民情緒越強烈。歷史政治科學家愛麗安·舍貝爾·達波洛尼亞（Ariane Chebeld'Appollonia）研究證明，反移民情緒不一定和國內經濟情況有關，充其量只是對**象徵性**威脅的反應，換句話說，當地人誤以為移民會衝擊既有的生活方式。二〇〇六年，僅有百分之十二美國人在國外出生，卻有百分之二十五的美國受訪者認為這比例高達百分之二十五，甚至有百分之二十八的美國受訪者認為超過百分之二十五。愛麗安認為，這些「自以為的族群威脅」，大致都與現實不符。

免交談。至於偏見比較少的人，仍會有群際焦慮，擔心和陌生人跨界交談可能引發不安，乾脆拒絕與陌生人交流，只和自己人在一起。政治領域確實有這種現象。記者利明璋（Bill Bishop）的主張很有說服力，他認為美國的自我隔離日益嚴重（他稱之為**大排序**），向來是美國政治極化的原因。當我們避開其他群體，對彼此的理解就不可能深刻，也不可能準確。我們不會去認識對方的生活，於是讓刻板印象繼續框住我們，讓偏見繼續惡化，嚴重妨礙心理學家所謂的**群際接觸**（intergroup contact），但我們都知道，群際接觸才是緩解緊張關係的有效方法（待會再來解釋）。

歷史上大規模的移民潮，可以讓社會變得更友善，更願意表達情緒，但奇怪且糟糕的是，如果湧入不同群體的陌生人，人竟然會開始**排斥與群體互動**。這是偉大的政治科學家羅伯特．普特南，在二〇〇七年發現的悲慘事實。當社會越多元，人越有離群的傾向，不只避開外團體，也會避開內團體。普特南指出，多元性和外來移民在長期下來，「可能對文化、經濟、財政和發展大有幫助」，但是多元社會恐怕會促使民眾「宅在家」，以致信任度、利他行為、社群參與度和朋友數降低。

他寫道：「多元性至少在短期內，可能會激發烏龜心態，以致大家都縮在烏龜殼裡」。他陳述如下：

我們研究發現，多元性並不會「破壞種族之間的關係」，也不會「製造族群之間的對立」，反之無論哪一個群體，都會開始排斥集體生活，不信任自己的鄰居，無論是哪一種膚色，都會對社群和領導人做最壞的打算，不願意服務社會、從事慈善活動、參與社區計畫或出門投票，雖然口口聲聲說要社會改革，卻不相信自己能夠影響世界，只會擠在電視機前抱怨……多元性對男性和女性的影響差不多，只是在社交性指標有些微之差。多元性對社交性的影響，似乎在保守人士格外明顯，但是對自由派的影響也不低，至於從人種來看，在白人格外明顯，但對於白人以外的人種，也有顯而易見的影響。

由此可見，沒有任何族群能夠置身事外，不分男女，也不分保守派和自由派，只是保守派比較容易因為多元性而退縮，但自由派也有同樣的傾向。

政治科學家艾瑞克．尤斯拉納倒有不同的看法，他認為多元性並不會導致懷疑和疏離，種族隔離才會。他表示：「如果人與人互不交流，根本無法奠定信任和包容的基礎。」一人與人缺乏接觸，不僅會降低群體之間的信任，也會降低整個社會的信任。一個城鎮再怎麼多元，只要居民繼續疏離（無論是自願還是被迫），生活中就無法和其他群體成員進行有意義的交流，於是就繼續害怕和陌生人交談，也就不會去交談。對陌生人的刻板印象只會永遠存在，而刻板印象會進一步強化疏離。如此一來，大家永遠都是陌生人，以致個人和社會都受害。

這個問題看起來很可怕，也確實可怕。這是格外複雜的問題，但還是有希望改善的，只要我們努力和外團體的陌生人互動（正向的互動，而非爭吵或內戰之類的「互動」），可能有出乎意料的好轉。第二章曾提到，人想到要和陌生人交談，總會先做最壞打算，料想不會太順利，就不敢去做，但實際做了，卻發現意外的順利，大感驚喜。更何況這裡說的是外團體的陌生人，絕對會做更壞的打算。

二〇〇八年，心理學家羅蘋．麥勒特（Robyn Mallett）主持一系列實驗，確認人的恐懼有沒有事實根據。首先，研究團隊請白人受測者想像一下，搭飛機時身旁坐了黑人或白人，料想「自己和那個人互動之後會有什麼感受，例如心煩、憤恨、緊張、生氣、恐懼、熱情、放鬆、開心、興奮或雀躍」。受測者對於要和黑人互動，表達強烈的焦慮。下一個實驗把受測者（大多為白人）分成兩組，第一組是**預想組**，預想自己要在不同的情境中，與不同群體的人互動（例如不同性別、種族、性向、階級等）；第二組是**體驗**

組，要實際與那些人互動，並回報互動的結果。研究團隊表示：「果然，預想組所預料的負面情緒比實際發生的還要多。」無論哪一個種族或性別，都有這個盲點。

下一個實驗關注感知的差異，無論是黑人或白人受測者，都以為自己和其他群體沒什麼共通點。然而，體驗組實際和對方交談後，都發現彼此之間存在著共通點，聊天過程也比想像中更有趣。此外，受測者也回報，他們發現自己和外團體的共通點，甚至超過與自己內團體的傳統派。研究團隊下了一個結論：「如果是搭乘長途飛機，還要與不同社會群體的人互動，大家總以為會是一段不自在的漫長旅程，但我們研究發現，只要實際開啟對話，大家便會發現聊天的過程比想像中更愉悅。」

普特南著有大作《獨自打保齡球》（*Bowling Alone*），依照他的看法，若要緩和美國的種族和族群衝突，「第一步要包容差異」。他在書中寫道：「為了提升彼此的認同感，我們需要更多的機會，跨越族群展開有意義的互動，讓（新來的與舊有的）美國人都共同勞動、學習、休閒和生活。」換句話說，我們要學習和陌生人交談，以免逃避和孤立凝結成仇恨和暴力。

美國有一小群人致力於修正這個問題，試圖在不同的群體之間搭起橋梁，其中一位是哈佛教授丹妮爾・艾倫（Danielle Allen）。

艾倫個性內向，但是她會和陌生人聊天，這是她從父母親身上學到的。「我父母看得見人性光輝的一面，也願意看見別人奉獻的一切，這對於我的成長過程充滿意義。」她從小在南加州長大。「我從小生長的城鎮，大家都會和路人打招呼，無論認不認識；後來我去東岸的普林斯頓大學念書，所感受的衝擊很大，我記得大一在校園走動，和每個人揮手打招呼，竟然沒有半個人回應我。」她說。「我懷疑我到底是來到什麼奇怪的地方，為什麼大家都忽視其他人的存在呢？一切就從這裡開始。」

艾倫是黑人，她在普林斯頓大學念書時，美國種族爭議正鬧得沸沸揚揚。她看到種族之間的緊張關係和缺乏交流，開始思索該如何建立信任感。什麼會促進人與人的信任？什麼會引發人與人的猜疑？她逐漸發現，美國東岸之所以沒有西岸友善，應該和大時代有關。自古以來，東岸對於種族和階級的區分，比起加州更嚴謹，更有階級意識，她稱之為「因循守舊的差異界線」，以致人與人持續分裂和疏遠。艾倫是如何面對這種冷漠呢？「平心而論，就是退縮。」

然而，有幾件事情改變了她。首先，她曾經到英格蘭進行研究，雖然倫敦人對自我也有根深蒂固的看法，但至少每個人都很好聊。艾倫表示：「英國是聊天的文化，且偏向口語文化，更講究玩耍和玩笑。我們從英國深厚的交談文化可以看出與陌生人交談的力量。」後來她到了芝加哥大學，研究校內社群和校外社群（亦即芝加哥南區）的分隔線。「我經常被（同事）告誡，這裡不能散步，那裡不能開車，我都感覺自己一些基本能力快退化了。」她說。「我的社會知識，以及我探索周圍環境的能力，都在急遽萎縮，於是我開始懷疑，（我同事）對整個芝加哥的恐懼，其實會損害智力。」我們都知道，與陌生人接觸，有助於拓展自我，但艾倫的同事都忘了這一點。

艾倫從而思考，該如何從危險的框架中把民眾救出來，以免他們繼續恐懼陌生人，損害智力和社交能力，她說：「我注意到那些人際連結的價值，涵蓋了智識、人性、情緒的層面。陌生人當然還是有危險，但重點是學會做好準備，讓自己能夠控制、緩解和降低危險性。」這促成她在芝加哥南區的知名研究，以及許多傑出的研究成果，最後她升等為哈佛教授，並獲得麥克阿瑟的天才獎金，也成為國際知名的美國首席思想家。

二〇〇四年，艾倫的著作《和陌生人交談：自布朗訴托皮卡教育局一案以來的公民焦慮》（*Talking to Strangers: Anxieties of Citizenship Since Brown v. Board of Education*），

建議美國一條可行的路，來降低種族之間的不信任感。她的建議有美國歷史和希臘哲學背書，強調每個人都要學習和陌生人對話。她在書中寫道：「跨越種族、族群和階級的隔閡，和陌生人展開對話，等於多了一雙看世界的眼睛，讓自己看見和理解原本看不見的世界。真正認識自己花園以外的世界，可以治癒恐懼，和陌生人交談就是不二法門。」她還說了這段話：

大家和陌生人相處，感到由衷的快樂。陌生人經常為我們帶來驚奇，誠如亞里斯多德所言，驚奇是哲學的源頭。陌生人滿足人類的學習欲。我們對目前居住地的理解，不可能只仰賴閱讀，因為書本寫得不夠快，讀起來也不夠快。陌生人倒成了最佳的知識來源。以亞里斯多德為例，他透過和陌生人交談，包括他遇見的雅典人或外國人，從而實現了「了解自己」這句話。如果要對症下藥，治癒對陌生人的恐懼，更要努力和自己恐懼的陌生人交談。

艾倫也有練習和陌生人交談，從而提升日常生活中的安全感。「我也會害怕個人攻擊事件，但如今對我來說，陌生人已是樂趣的來源，而非恐懼的根源。陌生人帶來有力量的知識，讓我在世界自由穿梭和盡情遊走。這種個人的自信，正是個人透過與陌生人交談，彰顯自身政治多數所獲得的獎勵。」

我問艾倫，她從這些交流中學習到什麼？她用了哪些交流的方法？該如何提升對話的成效，尤其是跨越種族隔閡的對話？「我從和陌生人交談中學到了一件事，那就是**分享禮物**。」她說。「所謂的分享禮物，就是和陌生人分享**你不為人知的那一面**。」

她小的時候，為了突破內向的個性，習慣用提問開啟對話。「我會在事先列出一連串的問題，這樣我和別人聊天時就派得上用場了。」她說。「但我這種做法想必會讓對方覺得自己像在接受採訪。」她說一說就笑了。「後來我才領悟到，對話的關鍵在於互惠。沒錯，你向對方提問，聆聽對方的答案，但你也要說一點東西，分享你的生命經歷或個人觀點之類的。你越是自在的分享，對方越是自在的回饋你，人與人透過給予禮物，建立某種關係，接納彼此的脆弱，這就是互動的起點。」

現在她和陌生人交談更自然了，但是艾倫說，她個性內向，和陌生人大聊一場後，仍需要獨處的時間。儘管如此，和陌生人交談的經驗，讓她覺得世界更美好，這對於一輩子都在研究社會、種族和政治分裂的學者來說，真是了不起啊！「我因為和陌生人交談，對全人類更有愛了。」她說。「我對陌生人敞開心胸，從他們身上學習到新東西，為此大感驚奇。和陌生人交流的好處遠大於壞處。」因此，她想要繼續擴大規模。

二〇一八年，艾倫成為民主公民實踐委員會（Commission on the Practice of Democratic Citizenship）的聯席主席，這是美國文理科學院（American Academy of Arts and Sciences）所創立的跨黨派組織，集結了學界、商界、法界、非營利組織、科技界和政治界的菁英，旨在解決美國公民生活解體問題，甚至希望可以逆轉局勢。二〇二〇年，該組織發布一份遠大的報告書，叫做《我們共同的目的》（*Our Common Purpose*），這個行動計畫寫了三十一個大項，試圖改革政府體制、提升公民參與、凝聚美國人，否則美國人都想搬到外星球去住了（或者希望討厭的對手搬到外星球去）。民主公民實踐委員會在全美舉辦五十場傾聽活動，再三證明了「就連如此極化的年代，美國人仍渴望有機會與別人集會、商議和對話」。

這段話呼應了我們自始至終的發現。人想要和陌生人交談，卻不知道從何下手，有可能想不到合適的地點、深怕別人沒那麼想聊天、擔心自己說錯話，或者害怕自己被別人拒絕，也擔心對敵對的陌生人太好，可能遭到自己人辱罵等。無論什麼原因，民主公民實踐委員會都提倡建立全國公民基礎設施管理機構（National Trust for Civic

Infrastructure），透過公共空間、計畫和活動，把不同背景和派別的人聚集起來，基本上就是傾全國之力，幫助民眾重新學習和陌生人交談。

假設他們真的把民眾聚集到某個實體空間了，接下來該做什麼呢？民眾該學習哪些互動技巧，以免再繼續隔著玻璃門對立叫囂？該如何讓死硬派的黨員冷靜看著彼此，就算打開玻璃門，也不會衝過去痛打對方，而是和倭黑猩猩一樣，互相碰一碰手指，發出喘噓聲，然後一起享用香蕉。我這個隱喻有點糟，反正就是讓互相仇恨的陌生人坐下來聊天。我們要展開最後一趟旅程了，前往美國密蘇里州的聖路易斯，那裡有數百位黨員在等著我們呢！

Chapter 19

如何和敵方的陌生人交談

讓我們學習約束內心的黑猩猩，召喚內在的倭黑猩猩，開始和敵人交談吧！趁情況還沒有太糟之前懸崖勒馬，盡全力療癒我們的國家。

荷莉是自學團體的老師。這不是她的本名，因為我答應不透露她的名字，以免影響她的生計。她住在美國南方的民主黨小鎮，卻是一位共和黨員。她的經驗很特別，有半數學生來自共和黨家庭，其餘半數來自民主黨家庭，所以不僅僅是意識形態摩擦的問題。「我當然會保持完全中立，任何一位老師都應該做到這樣。」她說。「我不可以把自己的政治、哲學或宗教理念帶到課堂。」如果讓民主黨家庭知道她是共和黨員，她絕對會痛失大半的學生，而她不願意公布自己的政黨傾向，以致部分共和黨浸信會家庭開始提防她，有些人甚至客氣的詢問，她是不是有涉入巫術之類的東西（她真的沒有）。

由此可見，荷莉必須拿捏好分寸，日復一日，週復一週，月復一月，年復一年。她唯有保持中立，才可以維持雙方對她的信任，要做到這樣很不容易！過去五、六年來，她看到學生因為黨派而決裂，內心沮喪不已。她坦言：「我發現學生分成兩大陣營。」學生在學校上課時，還可以保持友好，互相合作、分享空間，但是出了學校，兩大陣營不太有交流。她說，這些孩子明明從小一起長大，卻逐漸淪為陌生人。

社會交流變少了，刻板印象就歷久不衰。共和黨學生批評民主黨學生道德敗壞；民主黨學生以為共和黨學生都是笨蛋和耶穌迷。荷莉提到一位來自民主黨家庭的「天兵小孩」，有一天，她向教堂租借場地上課，那孩子始終無法踏進教堂一步。「他在外頭逗留，神情尷尬。」她說。「我對他使個眼色說：『你在做什麼？都已經遲到了。』他說：『我踏不進浸信會教會。』彷彿浸信會的人會抓住他、傷害他，對他說一些靈語，他完全嚇傻了。」

荷莉看到這種疏離，不禁擔心大家最後的下場。她深怕「再繼續僵持不下，會形成根深蒂固的政治自我定義，以後就沒有跨越的可能了，無論做什麼都要接受公審。」這些孩子相識多年，卻開始分崩離析，她認為孩子的父母是罪魁禍首。「雙方都是好人，卻互不交流，現在很少看到跨越黨派的友誼和家庭聯繫，我希望孩子可以有這個機會，只可惜他們並不在乎一輩子的情誼。」

她說：「我加入『更勇敢的天使』（Braver Angels），就是想尋找這樣的機會。」

在這個時刻，拜政治極化所賜，陌生人不可能成為我們的同胞，因為彼此之間不再對話，也無法準確描述對方的樣貌。二〇一八年，在《政治學期刊》（*Journal of Politics*）上刊登了一則民意調查，發現共和黨人士明顯高估民主黨人士的同性戀比例；黑人、無神論者和民主黨人士也高估了共和黨人士是老人、有錢人、宗教狂熱者和南部人的比例。意識形態之爭讓我們看不清人類的複雜性，尤其在這個時刻，人與人之間的隔閡太大，人與人的怨懟太深，以致雙方互相憎惡。拒絕交流本身竟成了一種美德，甚至是義務。政治極化演變成更可怕的教派主義（sectarianism）。如果對敵人客氣，就是對敵人順從；如果想和敵人交談，就是背叛自己人。這是更嚴重的寄生蟲壓力心理，如果冒險和外團體的人交流，就是冒著被感染的風險，有可能把寄生蟲傳給自己人。

「更勇敢的天使」這個組織，試圖教導共和黨和民主黨人士心平氣和地交談。人類走到這般境地，令人心灰意冷。人與人交談，分明是人類最基本的能力，如今卻難如登天，竟然還要靠一個組織來教導成人交談，但我們就是走到這一步了。現在大家知道，人類對陌生人經常有矛盾情結，一旦面臨威脅，或者有人刻意製造威脅，人類會立刻團結自己人，發誓不再與敵方接觸，不把敵方當人看。這都是催產素在作祟。還記得嗎？催產素可以讓我們築牆，也可以讓我們造橋。當我們感到自在，就願意擴大**我們**的範圍，設法和陌生人連結，進而有合作、創新和交流的能力，沒錯，這就是人類文明的基礎。

「更勇敢的天使」試圖把基礎社交技巧傳授給成人，讓成人享受政治陌生人的陪伴。當大家用心理解政治立場不同的人，看見彼此的共通點，願意嘗試合作看看，等到條件允許的那一天，這個語無倫次又毫無希望的國家，就可能再度回歸正軌。這個小目標太可笑了，卻遙不可及。這並非人類第一次嘗試，舉凡招呼儀式、待客之道以及文化和宗教的興起，都是人類自古以來為了克服矛盾情結，在陌生人帶來的威脅和機會中求取平衡。一旦挑戰成功，人類就可以消除陌生的感受，創造更大規模的合作和歸屬。

「更勇敢的天使」出自三人之手，分別是兩位經驗豐富的政治運動家大衛・布蘭肯霍恩（David Blankenhorn）和大衛．拉普（David Lapp），以及心理學家庭治療專家比爾．多爾蒂（Bill Doherty）。二〇一六年，美國總統大選之後，布蘭肯霍恩隨即打電話給拉普，提議在俄亥俄州招募十位希拉蕊支持者以及十位川普支持者，把他們聚集在同一間會議室，坐下來好好聊一聊。布蘭肯霍恩也打電話給老朋友多爾蒂，說出他內心的構想，希望多爾蒂可以想想辦法，讓這場聚會發揮最大成效，同時避免雙方互相叫囂。多爾蒂答應了，心想這個構想還真是大膽呀！這三個人就開始試探身邊哪些人有意願參加。

二〇一六年十二月第一群參加者在俄亥俄州的南黎巴嫩，展開為期兩天的工作坊。這個活動不是要改變任何人的政治立場，而是要試試看大家有沒有可能進行富有成效的對話。多爾蒂所設計的活動分成幾個部分。首先，參加者輪流說明自己來參加的原因。多爾蒂回想起：「大多數人都說了，『既然大家一起生活在這裡，有醫院要經營、有道路要修建、有學校要運行，當然要想辦法放下對立。』」換句話說，他們感受到人與人之間的緊張關係，覺得有必要找到合作的方法。

接下來要跨越第一個大阻礙：負面刻板印象。我們都知道刻板印象會加深群際焦慮，妨礙人與人互相交談。多爾蒂把共和黨人士稱為「紅營」，把民主黨人士稱為「藍營」，請兩陣營分別想一想，對手經常加諸在他們身上的刻板印象。共和黨人士說，對手經常指控他們是種族主義者；民主黨人士則說，對手經常批評他們妄想以大政府解決任何問題。接著，主持人問了參加者兩個問題，如果這些是刻板印象，**那真相到底是什麼？這些刻板印象難道沒有一點事實的成分嗎？**

這個練習是要正視負面的刻板印象，卻不能還沒開始就扼殺了對話。如果換個方式問，就可能破局了，比如請兩陣營分別想一想，他們經常加諸在對手身上的刻板印象，這樣就有攻擊的意味，雙方之間會築起高牆。可是，主辦單位反其道而行，請兩陣營想一想對手加諸在自己身上的刻板印象，不僅反求諸己，還要承認這些刻板印象仍有事實的成分，進而向對方展現自我覺察力，以及自制力、謙卑、智識和誠實。一開始，雙方都有點戒心，但是這一輪活動結束後，雙方感受到彼此共同的人性，終於安心了，前方的道路敞開了。這一步很關鍵，誠如多爾蒂所言：「當人們發現刻板印象仍有一點點屬實，這個工作坊就成了。」

下一輪活動是玻璃魚缸，一個陣營坐在內圈，另一個陣營坐在外圈，主辦單位會詢問內圈的人兩個問題：**為什麼你們的價值觀和政策對美國有利？你對自己的陣營有什麼異議和疑慮呢？**內圈的人自己討論，外圈的人則安靜聆聽，然後再對調。內圈的人互相討論時，不准提到另一個陣營，或者說到另一個陣營的主張。多爾蒂表示：「比如不准說『我們和他們不一樣，我們相信政府會負起責任』，任何要跨越彼此差異的對話，只要提到了對方的立場，就容易導致對話破裂。」大家可以看到另一個陣營在討論的過程中，如何展現智識、內省、自我探索、懷疑、真誠等，這些複雜的人性特質，我們向來不願意承認對手也會有。等到雙方都輪過之後，大家兩兩一組，討論自己從對手陣營學習到什麼，自己和對手有沒有什麼共通點。

接下來，雙方都有機會向另一個陣營提問。現在我們都知道了，和陌生人交談時，提問有多麼重要。提出好問題，不僅能向別人展現你的投入，爭取別人對你的好感度，還可以幫助對方想得更透澈。結果呢？無論是紅營或藍營都不太會提問，這是因為長期以來，他們根本不好奇對方，以致於忘記什麼是好奇心。政治極化的時期，**好奇心**都是第一個被拋諸腦後的。

多爾蒂說：「不太妙，大家都不知道該怎麼提問！」這些人習慣「宣揚自己的主張」，例如「歐巴馬健保簡直是大災難」，或者「一男一女才可以結婚」，完全不想和別人討論。共和黨對政策發表意見，民主黨就開始罵共和黨性別歧視和仇外。多爾蒂表示：「這是在關閉對話。」

於是多爾蒂把兩個陣營分開，請主持人帶領他們想出四個好問題，以深入理解另一個陣營的思維方式。基本上，這是在逼迫他們展現好奇心。對方回答問題時，只能夠追問後續問題，進一步釐清對方的立場。

多爾蒂認為，提問練習有幾個意想不到的成效。當參加者被問及為什麼對這些信念深信不疑時，會驚覺自己在某些議題上，立場並沒有想像中堅定，只是一直以來與「同溫層」交談的時間居多，於是思維惰性就趁虛而入，同溫層之內的辯論不是要改變想法或釐清論點，而是要展示群內認同。對手陣營也開始自我反省，從未設身處地好好思考對手陣營的立場。可是，經過這些傾聽和反思的過程，大家絕對會越來越進步。

多爾蒂本來擔心第一場活動會失控，但是一路看下來，兩個陣營確實有在對話，甚至還變成朋友。其中一段友誼是關於庫海爾·摩斯特齊菲（Kouhyar Mostashfi），這位軟體工程師自從一九九四年移居美國，就一直居住在俄亥俄州的戴頓（Dayton）。

摩斯特齊菲在小布希政府時期，開始參與民主黨的政治事務，川普參選的那一刻，他整個人的情緒引爆開來。他說：「我對共和黨人士完全喪失信心。我簡直把他們視為敵人，我當時的想法很簡單：我討厭他們，討厭所有共和黨人！我討厭我社區和公司的所有共和黨人！我一點也不想和那些人有任何瓜葛。」可是，當他看到民主黨人士發送「更勇敢的天使」首輪活動傳單時，他還是深受吸引了。他心裡覺得，這樣的活動並無法改變他的想法，也不期待共和黨人士會說出什麼有意義的話，但他就是好奇。他告訴我說：「我真的想會一會他們。這就像看了與外星人有關的科幻電影，自然會好奇外星人的行為模式，我的動機很簡單。」

這幾輪互動下來，摩斯特齊菲還滿驚訝的，他沒想到對手陣營並不是自己想像的那麼簡單，例如有一位共和黨人士信奉福音派，那是一個視同性戀為罪惡的教派，可是他卻悉心照顧癌症末期的同性戀哥哥，不想讓宗教信念毀了兄弟情誼。另一位共和黨人士向大家懺悔，他在歐巴馬任職期間罵得很凶，但他現在覺得自己做錯了。還有一位名叫葛瑞格·史密斯（Greg Smith）的人，他曾經是執法官員，虔心信奉基督教，堅持把票投給川普。史密斯個性粗魯、愛交際、情緒化，特別搬出伊斯蘭國的問題，上前詢問摩斯特齊菲，但由於當時摩斯特齊菲已經被問過太多次，懶得回答這類問題，他直接跟史密斯說，伊斯蘭教和其他宗教一樣，都會有極端教義派。當他們聊得越多，反而變成了朋友。首輪活動拍攝的紀錄片中，史密斯臉上堆滿了笑容，稱呼摩斯特齊菲為「我穆斯林的好兄弟」。

活動設計十分完善（包括規則、流程、主持人，同時把敵意和防備心隔絕在外），讓雙方得以展現好奇心，卻不會被恐懼所淹沒，大家彷彿拿到了特別通行證，暫時中止敵意，對於雙方的影響很深遠。「我們總以為對方都一個樣，但事實並非如此。」摩斯特齊菲說。「這個練習確實幫助我重新看待對手陣營，不再把對方看成邪教成員，而是和我們一樣都是人。」他和史密斯在活動結束後，一起共進午餐，針對宗教的議題暢談三小時，兩人至今還是好朋友。他們攜手在南俄亥俄州成立地方分會。史密斯還在「更勇敢的天使」當了一年主席。（我是在二〇一九年「更勇敢的天使」年會上遇見史密斯，後來史密斯告訴我，他認為自己會參加「更勇敢的天使」首輪活動，絕對是上帝的旨意，他還說，「我負責搞笑，摩斯特齊菲負責鬥智」。）

多爾蒂認為首輪活動「比預期更成功，所以要繼續辦下去」。二〇二〇年十二月，

「更勇敢的天使」會員數已累計至一萬三千人，地方分會遍布全美五十州，看起來雖是小數目，但已將近是二〇一九年的兩倍，在最沒有希望的時刻，為會員們帶來希望。摩斯特齊菲說：「太難能可貴了！不可能天天都是好日子，我也有心情低落的時候，對那些新聞厭煩到了極點，只好對老婆發發牢騷：『史密斯那傢伙到底在想什麼？怎麼會支持這種人呢？』但我還是會去參加協會的活動，我還是想要對話，因為你知道，再不對話就大亂了。」

我們當然可以討論，「更勇敢的天使」長期下來會有什麼幫助。一些死硬派的政黨人士，可能會覺得「更勇敢的天使」在做傻事，再不然就認為那是個祕密社團。坦白說，我初次與他們聯繫的時候，也曾經懷疑過，這種活動的規模有可能改變世界嗎？我擔心的是，那些最可惡的壞蛋、最愛製造分裂的人，根本不會參加這種活動。多爾蒂也承認，「真正的仇恨者，超出我們的能力之外。」

說實在，我也不是沒有仇恨的人。我和大家一樣，也曾經藐視對手陣營，甚至有一段時間，我與共和黨人士斷絕聯繫，反正我不在乎，我又不用和這種人同住一個屋簷下。可是，我對於同一陣營的自由派人士，也開始感到灰心和失望，我在別人眼中，大概不是忠誠的黨人。這世界還是有希望的吧！這個計畫對我當然有吸引力，雖然我的內心深處長久以來都憤世嫉俗，但還好我有豐富的個人經歷，一再克制我的這種負面情緒，讓我相信只要心意對了，人的潛力無可限量。我懷疑大家會拒絕交談，是因為忘了該怎麼交談（本書已反覆重申多次）。多爾蒂也有相同的看法：「有些人還是想要和別人溝通，只可惜已經喪失這個能力了。」

「更勇敢的天使」志向太遠大了，但我主要好奇他們的技巧。我想要知道他們如何讓交戰的雙方放下敵意和懷疑，如何勸民眾跨越那些自覺難以跨越的鴻溝。我們都知道陌生人之間對話不易，即使在理想的條件下，還是挺可怕的。我想要直接挑戰最高難度的對話，試試看有沒有其他精進方式，我也想知道和陌生人交談的好處（幸福、歸屬和信任），能不能改變美國政治這個冷漠的地獄，還是說，再怎麼努力都註定失敗，就像在鹽袋種牡丹註定死路一條。我飛到聖路易斯，參加「更勇敢的天使」年會，頓時發現我身邊都是掛著紅繩或藍繩的人，他們是來自全美五十州的民主黨和共和黨人士，一起唱國歌，彷彿要去進行祕密破壞行動似的，其實在未來幾天，他們即將和自己討厭的人好好聊一聊。

我說了這些，無非想告訴大家，二〇一九年會的開場挺尷尬的，雖然一直都有點尷尬。三百位代表齊聚一堂，包括一百五十位共和黨人士、一百五十位民主黨人士，大家都露出焦慮的神情，可能還有一點害羞，肯定也有所防備。每一位代表都戴著繩子，別人一看就知道政黨傾向，有人覺得自己被看光光了，好像在胸前貼一張靶紙等別人來射。第一次參加的人半信半疑，不相信這活動會有什麼成效，其中有些參加者甚至說，朋友一直勸他們別和對手陣營稱兄道弟。電視台出動記者前來報導，有些參加者一看到攝影機就閃躲。如果群際焦慮可以讓電燈泡發光，這亮度肯定會閃瞎大家的眼睛。

「更勇敢的天使」所面臨的一大挑戰，正是要穿越這種焦慮和懷疑，設法讓參加者感到安心自在，進而開始和陌生人交談，更重要的是，開始傾聽。他們要建立的機制，是不是很像兩隻陌生黑猩猩中間的「小門」呢？先讓政治陌生人看見彼此，燃起他們的好奇心，降低他們的攻擊本能，然後再把他們關在一起，試試看他們會不會結為同盟。這就是年會的目標，除了年會之外，「更勇敢的天使」還會舉辦工作坊、議會辯論會、演講、派對和聯誼。

辯論會是新推出的活動，為了吸引保守派參加。保守派大約占了會員人數的三成，對於聊天活動興趣缺缺。自由派喜歡面對面交談，保守派則偏愛辯論會，這是有政治科學研究證明的。一般來說，自由派通常有親近的動機，喜歡搭起橋梁和互相連結，反之保守派有逃避的動機，講究組織結構，提防其他群體，專注於自我保護。換句話說，一個喜歡連結，一個喜歡防備，怪不得保守派一看到歡聚一堂的場面，難免聯想到社會學家的女巫集會[51]。

如果要和本書有所關聯，這場年會的亮點莫過於一對一對話，見證兩個素不相識的死對頭如何完成高難度的對話。共和黨和民主黨人士各一，面對面而坐，輪流訴說自己的人生和信念，用心理解對方的出身背景，從中找到彼此的共通點。這就好比黑猩猩的研究機構，必須遵照一套規則，以免對話破局，或者面臨更糟糕的結果。

---

51 值得一提的是，政治科學家羅尼·珍諾夫－布林曼（Ronnie Janoff-Bulman）和奈特·卡恩斯（Nate Carnes）研究發現，最順利運作的社會必須保守派和自由派各半，因為保守派會「降低搭便車問題和社會散漫的風險」，而自由派會創造跨群體連結和合作的最大效用。

主辦單位提醒參加者，每個人來這裡只代表自己，不代表任何政黨，每個人也要這樣看待自己的聊天夥伴，除非對方有特別表明自己是政黨代表，那就另當別論。參加者只限談論自己的觀點，不可以對別人的觀點說三道四。參加者必須堅持每一個階段的對話主旨，舉例來說，如果問題是「**我們從互相傾聽學到了什麼？**」那就專心討論這個問題，同時要克制自己想糾正別人的衝動。從頭到尾，雙方都要輪流發言，互相尊重，平均分配發言時間，不可以打斷別人的發言。人與人展開基本的互動，竟然要遵守這麼多規則、受到這麼多監督，還真是壓抑啊！可是這些規則是必要的，就好像腳踏車的輔助輪般，讓人不用冒著頭部撞擊的風險，也可以鍛鍊必要的肌肉和協調性。

一對一對話，分成幾個部分。首先要解釋自己來參加的原因，向別人證明自己滿懷熱忱，想要糾正亂象，如此一來，雙方會覺得彼此有共同目標。再來是分享個人故事，包括家庭成員、居住地與居住時間、嗜好或興趣等。這種自我表露會引發對方也自我表露，之前曾提過，自我表露會提升好感度和信任感，這也是上一章丹妮爾・艾倫所謂的禮物，既然你給了禮物，對方也會回禮。當雙方互贈禮物，連結就形成了，唯有這個時候，雙方才可以訴說自己的政治理念，或者從個人經歷出發，向對方解釋是什麼樣的人生經驗，促使自己去支持那些政治理念，為什麼自己會覺得這些對國家有益。最後還要說到自己對所屬政黨有什麼疑慮和異議。

這套溝通法很厲害，強迫參加者去逆轉政治對話的順序。我們平常會直接討論最具爭議性的敏感議題，如果雙方正在辯論，往往會簡化對方的論點，把對方轟得滿頭包，然後激勵我方士氣。這是惡性循環！我們越是羞辱、揶揄和鄙視對方，越相信對方是單面向的畜牲，不配當人，也就越不可能理解對方，或者和對方交談。**既然這樣，何必對話呢？**對一隻蚊子講道理，還不如直接把牠打死，或者離開現場。對方當然也這麼看我們。二〇一六年西北大學努爾．克泰利（Nour Kteily）發現，去人性化的一大驅動力，正是覺得對方不把我方當人看。

反之，「更勇敢的天使」所舉辦的對話活動，從個人生平開始，讓參加者明白坐在自己對面的人，有多麼的獨特和慈愛。雙方交談的過程中，當然也會發現共通點，因為這就是定律（前提是在大家安心的情況下）。舉例來說，雙方可能都有養狗、都曾經搭船旅行等，任何共通點都可以，總之就是先建立兩人的關係，互相產生好感，等到逼近爭議性的話題時，對話就不太會失控。如果少了這一段連結，對話註定會失敗。

你不可能把素昧平生的自由派和保守派關在一起，從頭到尾聽他們互相叫囂吧？「不可以墮胎！墮胎是在殺人！」一方叫囂。「你有厭女情結！」另一方回嗆。如此，雙方只會打個沒完。

如果有一點連結，雙方之間的小門就可以開一個小縫。當雙方把對方當人看（承認對方在兩黨政治以外也有他自己的人生故事，也有從真實經歷出發的個人信念，具有自我覺察力，也能夠自我審視，唯有如此，才可以進入爭議性的議題）。在這個階段，一方針對自己重視的議題發表意見，然後輪到另一方，最理想的情況是找到彼此的潛在交會點，然後再輪回來，重複一次。如果還有時間，有兩個額外的問題可以討論：你對國家有什麼希望和期望？你聽到對方說的希望和期望，你覺得和自己有什麼共通點嗎？這裡的重點當然不是爭輸贏，也不是要改變對方的想法。誠如多爾蒂所言，這是要統整對方的論點，讓對方心悅誠服。

我觀察紅營和藍營走完整個流程，剛開始大家有一點拘束，極度的客套，但後來照著規則走，完成這些關卡後，果然放鬆多了，聊得更起勁，但是不躁不怒，甚至還聽得到笑聲。過了十分鐘，整個會場就像酒吧一樣。主持人請大家發表感想，每個人都表示很開心，也很喜歡自己的夥伴。

大量學術研究都在強調**接觸**（contact），這剛好是「更勇敢的天使」對話活動的重點。一九五四年，心理學家高爾頓．奧爾波特（Gordon Allport）提出接觸假說（**contact hypothesis**），他發現打破隔離的軍事單位和住宅區，通常比那些不交流的人更沒有偏見。奧爾波特假設，特定條件下的群際接觸可以減少偏見，形成「共同利益和同為人類」的感受。澤爾丁也說過，和陌生人交談就好比「把衣服拿去洗，這麼簡單的一件例行公事，卻可以清理我心中的偏見。」這裡要說的也是一樣，接觸可以讓我們免除偏見。只不過，奧爾波特說了幾個前提，最理想的情況是大家平起平坐，有共同的目標或任務，都支持一些制裁力量（例如群體、法律、社會行為規範），讓人與人的接觸得以實現。大家都看到了，「更勇敢的天使」完全符合。

然而，其他研究者發現，即使環境條件沒有這麼完美，接觸仍然有效。湯瑪斯．佩蒂格魯（Thomas Pettigrew）和琳達．特羅普（Linda Tropp）專門研究接觸假說，針對無數的調查展開地毯式分析，結果發現有高達百分之九十四的研究樣本都證實接觸可以減少偏見。如果有奧爾波特所謂完美的條件當然好，但就算沒有也無妨，只要有一定時間的接觸，就可以提高好感度，甚至把好感延伸到更多的陌生人。比如一位美國白人和一位伊朗移民有正面的接觸，美國白人不只對那位伊朗移民感覺親切，也會對所有伊朗移民都感覺親切，如果兩人成為朋友，那就更能夠消除偏見了，不只是他們兩人之間，也會擴及朋友的朋友。換句話說，如果我的好朋友信奉福音派，雖然我不會因此信奉福音派，或者無條件接納福音派，但至少會緩和我對福音派的敵意，不會太過簡化看待。當我把福音派信徒視為活生生的人，自然能夠消除偏見，我也可以安心與福音派信徒接觸，因為我和那位朋友接觸的經驗會讓我心裡有個底。

「更勇敢的天使」創造人與人接觸的場合，如此一來，陌生人的觀點就有面對面口頭表達的機會，這也是一大關鍵。心理學家朱利安娜·施羅德和尼可拉斯·艾普利在芝加哥進行過地鐵實驗，也跟著心理學家麥可·卡達斯（Michael Kardas）展開一系列實驗，讓受測者觀看敏感議題的各種觀點，有些以紙本呈現，有些以錄音呈現，有些以錄影呈現。接下來，研究團隊會詢問受測者的看法，到底是覺得精緻、無偏見、反應迅速、熱情呢？還是覺得膚淺、不友善、冷冰冰或「不像人，倒像物品」？換句話說，受測者覺得有幾分人情味呢？

施羅德和同事的研究結果真是令人心灰意冷，凡是與自己不同的意見，受測者清一色都認為少了幾分人情味。不過，如果對立意見以口頭或視覺的方式呈現（例如錄音或錄影），受測者會覺得比文字更有人情味。研究團隊推測原因就出在多重語言線索，包括語調、音高、發音，畢竟陌生人都在說話了，我們不可能說他不是人吧！這也可以防止次級心靈壁壘。

後來施羅德重現這個實驗，招募二〇一六年總統大選的投票人，宣傳各自所支持的總統候選人和被提名人，研究結果也是一樣，而且更極端了。如果宣傳品與自己所支持的候選人不一樣，受測者光是閱讀文字資料，並無法感覺到半點人情味，但只要換成聆聽錄音或觀看影片，受測者便會覺得更有親切感。

再者，「更勇敢的天使」對話活動，也有別於線上政治論述的世界。人在網路上，容易否定對手的人性，因為你看不見對手，看不到他的臉，聽不到他的聲音，不清楚他的故事。對你來說，對手只是政治觀點的化身罷了！可是，面對面、一對一，感覺就不一樣了。

我和工作坊的參加者聊過。佩特．湯瑪斯（Pat Thomas）是共和黨人士，來自美國喬治亞州，說話慢條斯理。他在對話練習時遇到一位跨性別的搭檔，他原本堅決認為，人要不是男性就是女性，沒有不男不女。「她是很親切的女性，我們聊得很愉快。」他說。「我現在認為，雖然我不認同她的人生經歷，但我應該要敞開心胸。」同樣的，他也考慮採納她的意見，主張「政府應扮演恰如其分的角色」。

工作坊是為了讓民眾重新學習對話的技巧，培養紀律和專心，一方面透過傾聽來理解對方，另一方面透過表達來讓對方理解。一旦大家習慣成自然，就有可能拿掉輔助輪，走出工作坊的舒適圈。當民眾準備好跨出一大步，在毫無章法的世界追求這種對話品質時，「更勇敢的天使」還會舉辦更高階的工作坊。

主辦單位會提醒參加者，對話一開始，最好先設定對話的調性，以免對方升起防衛心或敵意。該怎麼做呢？你必須發自內心地展現好奇心；先說明自己的政黨傾向，對方才不會覺得遭到你的突襲；提出任何問題前，先徵求對方的同意，例如「我可以詢問你這個問題嗎？」這些行為是在展現自我克制力和自我覺察力，別人也不會有接受拷問的感覺。喬琪不是教過大家嗎？先設定開場白框架，讓對方心裡有個底，知道後續會是怎樣的對話。接下來，你要展現傾聽的技巧，追問開放性的問題，來釐清對方的思緒，例如「你為什麼會那樣想？」這樣就可能開啟對話的大門。反之，如果你質問對方，「你怎麼會說這種話？」就有可能關閉對話的大門。

當對方回答你的問題時，你要專心聆聽、點點頭、眼神交會、鏡像模仿、複述對方說的話，讓對方知道你正在試著理解，這些都是喬琪教過的。傾聽是「更勇敢的天使」的大絕招，也有大量心理學研究證實，如果傾聽這一關有做到位，一人用心傾聽，另一人被傾聽，對於兩黨政治極有影響力。

我們曾提過以色列商學院教授兼心理學家蓋伊・伊茲恰科夫的研究，如果有人聽自己說話，人自然而然會放鬆下來，更願意分享內心真正的想法和感受。伊茲恰科夫稱之為「安全狀態」，主張「這會幫助說話者深入自己的意識，重新認識自己，說不定還會挑戰他既有的信念和感知。」換句話說，如果沒有遭到攻擊的危險，人就會更願意思考，而不會隨便迴避或排斥對方。大家想必都有類似的經驗，當對方用心聽你說話，你會突然靈光乍現，這就是伊茲恰科夫想說的，用心傾聽，可以讓彼此想得更透澈。

更厲害的是，專心傾聽也會化解說話者的極端思想。伊茲恰科夫發現，當說話者焦慮的時候，比較容易經歷心理學家所謂的**防衛型處理**（defensive processing）。防衛型處理會排除任何與既有信念矛盾的資訊，每個人壓力大或過載的時候，都曾經陷入防衛型處理，但如果太過頭，就會阻絕所有新資訊，壯大既有的信念。然而，只要有人專心傾聽，説話者的焦慮情緒會舒緩，進而緩和防衛型處理，如此一來，奇怪的事情就發生了，説話者會開始意識到自身立場的矛盾性，更細緻的理解雙方論點，稱為**態度細緻性**（attitude complexity）。

二〇一八年伊茲恰科夫和同事的研究發現，「説話者面對優秀的傾聽者，態度會更細緻，也比較不極端。」換句話説，**光是有人傾聽**（不需要互相辯論或提供更準確的資料），就可以釐清説話者的思緒，促使説話者深入理解特定的議題，以免過度極端。二〇二〇年伊茲恰科夫發表另一份研究，探討用心傾聽能否減少偏見。他招募數百位以色列受測者，請受測者談論個人的偏見，第一組受測者受到優質的傾聽（給予支持、同理和理解），第二組則受到劣質的傾聽，結果第一組受測者的偏見強度降低，第二組的偏見強度則維持不變。伊茲恰科夫認為，這是因為用心傾聽可以卸下説話者的防備心，鼓勵説話者全面檢討自己的信念，以免反應過度。

現在回到「更勇敢的天使」，主辦單位會提醒大家，如果輪到自己發言（前面還有好幾個步驟，包括展現好奇心、提出好問題、傾聽對方的答案），必須把應答做到「個人化」。怎麼說呢？多使用「第一人稱陳述」取代籠統的說法，比如「我擔心快要逼近全球暖化的引爆點」，絕對會好過「我們快要逼近全球暖化的引爆點」。有時候可以趁機批評我方，證明自己不是政黨的機器人，同時提及自己和對方的共通點。如果不同意對方的言論，最好先回答「我明白了」，讓對方覺得你有在用心理解。此外，說故事也是爭取注意力的好方法，因為故事比論據更吸引人。

伊茲恰科夫也有研究這個層面，他有一項實驗探討故事的力量，請講者用兩種不同的方式介紹建築物的特色，一是訴說有意義的故事，二是分享嚴謹的資訊。果然，有意義的故事可以讓人聽得更仔細。「我們認為，當講者訴說有意義的故事，對方會更用心聽，心理會感到更安心，進而緩解人際焦慮。」

我們早就知道，不安和人際焦慮會助長極化，因此唯有舒緩不安和焦慮，才有希望展開真心的對話或辯論。這就是「更勇敢的天使」主打的目標。一旦成功到位，懷疑、刻板印象和敵意都會逐漸化解，在心中埋下善意的種子，從而領悟一些顯而易見，但平常根本想不到的觀點，因為，那是和陌生人交談才領悟得到的。原來，陌生人並不是無腦的無人機，也不是愚笨的傻子。陌生人其實很複雜，難以歸類。陌生人可以帶給我們洞見、點子和驚喜，我們亦然，只可惜我們的政治圈以及資訊系統都在否定這件事，所以我們說什麼也不願意相信，但還好大家看完本書，一定會勇於冒險，提起信心，主動和陌生人聊天。

坦白說，「更勇敢的天使」令我太感動了。我那四天整天都在聊天，聊天對象來自全美各地的共和黨和民主黨人士。一位害羞的年輕自由派對我說，那個週末他學會和別人對話。他說有一次談話，對方的深度「令他震驚不已」，他驚呼：「我覺得我好像鍛鍊了新的肌肉！」另一位來自華盛頓特區的共和黨精神科醫師說，她從未公開自己的政黨傾向，深怕毀了自己的事業，可是保守這個祕密，讓她成為更有同理心的治療師，能夠理解跨性別個案的苦衷。

多爾蒂跟在場所有人說：「你不用征服對方，只要找到共處的方法。」我點頭如搗蒜。正如另一位創辦人布蘭肯霍恩所言，大家坐下來討論，並非在示弱，也非決心不夠，「硬碰硬說不定才是真正的軟弱吧？有什麼事情會比愛鄰如己更吃力、更嚴苛、更重要呢？」洛杉磯中南區黑人共和黨人士小約翰伍德（John Wood, Jr.）提到「愛國的同理心」（patriotic empathy），為了這個國家，大家有義務放下反感，開始同理我們的政治對手，對他們的人生感到好奇，參與他們的命運。我不禁想起美國訃聞常提及老派的美德：**「他／她的字典裡沒有陌生人這個字」**。我現在終於相信了，只要大家夠努力，絕對可以跨越目前無法跨越的界線。

到了會議尾聲，我詢問那位來自喬治亞州的共和黨人士佩特．湯瑪斯，我想知道他參加後的心得。他叼著菸，說他不是那種畏懼衝突的人（「我是愛爾蘭人嘛！」），所以他不用先求安心，再來表達自我，但是這場年會仍令他驚喜。「大家的言語辛辣，但態度理性。」他說。「我們都是美國人，都是理性的美國人，有自我控制力，可以互相交談，這就是週末大家一起創造的經歷。」

我告訴他，我在旁邊也看得津津有味。大家一開始有點焦慮，但後來越來越自在，都有點飄飄然的感覺了，我還以為是來參加夏令營的呢！中午在食堂用餐，大夥聊天的音量很大，藍繩子陣營拚命找紅繩子陣營交談，紅繩子陣營也拚命找藍繩子陣營聊天。我說，我每次和陌生人互動良好，都會有如釋重負的感覺，難道這就是飄飄然嗎？他說：「這裡每個人都如釋重負，包括我在內，感覺神清氣爽……大家都沒想到彼此可以聊開來，甚至帶給對方另一種看事情的角度。」

他往後靠著椅子，再叼起一根菸。他說：「這會像野火一樣燎原，『更勇敢的天使』社會運動，絕對會在全國風行。」

我自己也有一些改變。我住在美國東北部，我和北方的鄰居天差地別，反倒與東京人比較相近。我最感到陌生的，莫過於住在農村的共和黨人士，甚至到了無法理解的地步。我總是透過新聞媒體和社交媒體的濾鏡認識他們，但絕對沒有什麼好形象可言。沒錯，雖然網路可以讓我接觸各種多元的理性觀點，可是推特在演算法的操弄之下，我只會持續看到我同意的觀點，臉書就更不用說了，我先前早已戒掉這個製造憤怒對立的引擎，當時我童年好友的同事無緣無故看到我的貼文，對我大動肝火。由此可見，這些管道並不會幫助我從各種面向來認識對手。

我還不如花時間待在聖路易斯，跟這些人多相處。雖然大家在很多議題上抱持不同意見，但仍然可以坐下來聊一聊，逗得彼此哈哈大笑，互相思考碰撞，分享故事並享受對方的陪伴，有了這一份覺悟，頓時如釋重負。如今，兩黨角力趨於白熱化，每當我有全盤抹煞對手的衝動，我就會想起那些對話和那些人，自然而然阻絕了我根深蒂固的偏見。果然，接觸假說是說得通的！當你親自見到對手陣營的人，彼此平起平坐，想像雙方正參與共同的計畫，你就不太會把對方視為鐵板一塊。如果你把對方看成自己的一部分，你的自我就擴張了。二〇二〇年我最低潮的時候，經常用這件事提醒自己，當別人都在鄙視對手陣營，我卻會想起我在聖路易斯遇過一個人，他對我說了一件趣事……。

我當然不認為「更勇敢的天使」會解決一切問題，他們的創辦人也沒這麼說過。若美國要實現對所有人民的承諾，很多問題都要透過法律和政策來解決。這是浩大的工程，不可能馬上補救好或改革好，然後瞬間對全民有益。這動輒要耗費十年、二十年，甚至更長的時間，才能夠讓國家健全運作。不過，就算難度高，我們仍應試試看。古希臘哲學家赫拉克利特（Heraclitus）說過，統合對立勢力會製造緊張關係，但唯有如此，才可以創造和諧。大家已經因為文化、政治和環境的變遷而淪為陌生人，從現在開始，學習與自己的同胞交談吧！雖然這只是起點，但是在這個失去希望的年代，更顯得重要。這是最重要的事，也是唯一該做的事。

我參加完年會，過了幾天，打電話給荷莉，想聽一聽她的感想。「那段經歷至今仍令我興奮不已，這絕對是我人生最難忘的經驗。」她說。「大家齊聚一堂，專心做好一件事，確實有改變的力量，我現在熱血沸騰，但願可以這樣過一輩子。」她已經聯繫地方分會，打算舉辦區域性的辯論會，目前為止大家都頗有意願。她也想把自己學到的技巧傳授給學生，效法「更勇敢的天使」在班級舉辦辯論會。「學生必須早點鍛鍊腦袋，並且具備勇氣和耐力，學會這種強大的存在方式。」她說。

她實際參與之後，她的老公仍然半信半疑。她說：「他是紅色陣營，深怕會遭到極左派的壓制、侮辱和虧待，也擔心被當成笨蛋，如果真的遇到這種場面，會覺得很丟臉和生氣吧！」當時她堅持要去參加，她老公心想，那可能只是一場愉快的社交聚會，根本不會有什麼收穫。她花了幾天的時間，和陌生人一起深度討論哲學、宗教和政治，不用擔心會被怒罵、鄙視和忽略。她親眼見證工作坊和辯論會改變人的行為，讓彼此討論得更深層，思考得更透澈。她說，她把紅營與藍營都看得更細膩了。

「我知道我這樣聽起來就像突然改變信仰般的瘋狂！」她說。「但是我很高興，可以邀請其他人加入。我們只有區區七千人，影響力恐怕不夠大，但還有別的辦法嗎？難道要絕望的放棄嗎？」她並不害怕要以弱敵強。「基督教誕生之初，不也只有一點點信徒？」她笑著說。「最後還不是造成深遠影響。」

過了一年半，二〇二〇年總統大選結束，那一年十二月，我和「更勇敢的天使」發言人聊天，他說因為疫情的緣故不得不取消年會，但他們仍在數位平臺舉辦更多場線上對談，出席人數一直滿多的，他期待科技可以縮短紅營與藍營的實體距離。二〇二〇年十一月新增了一千三百位繳納會費的會員，刷新歷史紀錄，約占總會員數百分之十（當時總共是一萬三千人），「更勇敢的天使」正積極觸及更多有色人種和更多勞動階級，當然還有更多的保守派（為此尋求與市民團體和教會合作的機會）。他說並不容易，但至少有進步。

我也寫信給荷莉，關心她的近況，特地使用了「更勇敢的天使」的用語（共和黨人士是紅，中間選民是紫），她卻這樣回覆我：「我沒有再參加『更勇敢的天使』了，我紅色的朋友也是，至於我們當地自稱「紫色」的人，也已經吃了紅藥丸（亦即轉為右派）。我曾經嘗試過，反覆在否認、絕望和暴怒之間擺盪，如今美國人都是陌生人了。」

由此可見，我們的任務還真是艱鉅啊！

Chapter

20

與陌生人在現實生活中相遇

想像自己是親外人士，你會如何度過這一天呢？

一大早出門，隨即踏入陌生人的世界。你要去哪裡呢？你是走路，還是搭火車，或者搭公車呢？看一看身邊的人，試著理解和關注他們，記得先把手機留在口袋裡、耳機暫時拔下來。

你身邊有其他人嗎？看一看他們，提醒你自己，這些人絕非器具，也不是障礙物，更不是次級心靈。對別人展示好奇心吧！他們正在做什麼呢？他們要去哪裡呢？不要嚇到人家，只是展示你的好奇心，大概相距四、五公尺，就可以開始注視對方的眼睛，注意看囉，對方有沒有在看你？有嗎？太好了，對他微笑，跟他說一聲早安。有些人可能沒注意到你，但是那些回應你，回報你微笑，以及對你說早安的人，可能比你想像的還要多。覺察你內心的感受，繼續往前走。

接下來呢？買杯咖啡？當然囉！該提些什麼問題呢？還記得買咖啡的時候，社會規範和效率至上都會妨礙人與人的連結，唯有社會摩擦可以創造社交機會。現在終於輪到你了，咖啡師和你打招呼，他說「你好嗎？」這表示他在照著劇本走。那你就要打破劇本，花一點腦筋，忠於自己的感受。你聳聳肩說：「如果總分是十分，我會給六分半。」然後反問他，注意看，他一定會順著你，可能回你七分半，你就順著他的話，「我也想要七分半，可以給我一點建議嗎？」你從他給的建議，可以看出他的為人，以及他給人什麼感覺，更何況你還徵求他的建議，這本身就是恭維，可見在你的心目中，他不只是沖煮咖啡的機器而已。此時，如果後面還有人排隊，你就感謝他的建議，拿了咖啡就走，但如果你後面沒有人，那就盡情的聊吧！如果你不知道該如何收尾，那就實話實說：「我該走了，真開心可以和你聊天。」這句話準沒錯。

你怎麼去公司？如果你開車，很抱歉，你的選擇有限。如果你搭公車或火車，你真是幸運！只不過，你想到要和別人聊天就嚇得半死。你擔心別人拒絕你，或者你不太會聊天，又或者你沒什麼好聊的。你也怕觸犯社會規範。這些恐懼再自然不過，完全可以理解。現在，把這些恐懼都忘了吧！

你搭上公車或火車後，看一看兩旁，有位子坐嗎？還是要站著呢？無論如何，請試著與你視線高度相同的人聊天。如果你站著，硬要和坐著的乘客聊天，對方會感覺籠罩在你的陰影之下，或者有一種被你困住的感覺。當然也是可以，但小心可能會有一點尷尬。最好還是找坐在你身旁或站在你身旁的人聊天。誰在你身邊呢？這時候要追隨你的好奇心了。有什麼東西吸引你的注意嗎？你喜歡他穿的外套嗎？你聽過或看過他正在閱讀的書嗎？這些都是你的開場白。提防人眾無知（大家對別人都有錯誤認知），別因為他們看起來不想聊天，就覺得他們不想聊。同時，你也要注意一些小跡象，如果對方戴著降噪耳機，正在閉目養神，那就放過他吧！

如果你感覺對方有意願聊天（多練習幾次，你就會有敏銳的雷達），那就來設立開場白框架，也就是招呼儀式，證明你是沉著冷靜的人，心理健康，不是來搗亂的。你可能跟對方說：「不好意思，我知道在火車上不方便聊天，但我真的很喜歡你的外套。」對方聽了說不定還在狀況外，你可能需要重複再講一次。如果此時對方有反應，你就繼續說下去。「我一直在物色新的外套，你可以告訴我在哪裡買的嗎？」說不定你們就聊起了外套。很好，你們建立了一點點連結。現在感覺如何？安心嗎？放鬆嗎？開心一點了嗎？有感覺到連結嗎？是不是比你想像的更順利？

你們可能還會多聊一點，別忘了寒暄只是入場券，讓你熟悉對方的存在，順便摸索該如何融入，你會找到彼此的共通性，或者發現「微乎其微的歸屬」，也許你們有共同的興趣，或者在你們聊外套的過程中，不經意知道對方的為人，那就乘勝追擊吧！微微笑、點點頭、把對方說的話換個方式說一遍，或者複述一遍，然後再提出幾個開放性問題：「**為什麼會那樣？**」、「**你什麼時候發現的？**」記住了，從一個人對待小事的態度，就可以看出一個人面對大事時的態度，小細節隱含了不少大學問。你可能從中汲取經驗，也可能獲得自己苦思不得的洞見，讓你一輩子都記得那個片段，可能是某個畫面、某段話或某個觀點。你的自我擴張了一點，你覺得這個世界更容易理解、更容易駕馭，不再大得嚇人了。

當然，對方也有可能不想聊，那也沒關係，應該是累了、心煩或心存偏見，或者想要自己靜一靜。無妨，你就再接再厲。

待會中午用餐的時候，你不妨挑一個有座位、樹蔭或噴水池的小公園，這種公共空間聚集了形形色色想放鬆的人，不像街道川流不息，倒像是人群聚集的小水池。這時候，你不用再設立開場白框架，因為這種放鬆的空間，並沒有禁止你和陌生人交談。你與大家共享這個空間，彼此平起平坐。你身旁的人可能來自與你不同的群體，例如膚色不同、年紀比較大，或者身體有殘缺等。無論是什麼樣的差異，都可能讓你有點焦慮。你會擔心對話不順利，深怕自己說錯話，或對方會拒絕你。這些恐懼都是正常的，但是放下吧，才能繼續前行。

還記得三角關係嗎？如果你和對方看著同一件物品，或經歷同一件事情，就會形成小小的**我們**，產生小小的連結。比如你看著小孩正在打籃球，轉頭對旁邊的人說：「我以前也喜歡打籃球。」你們可能就會開始聊童年或運動之類的話題。再不然，學學英國人聊天氣，反正盡量具體一點，說一段完整的話，例如不要只說「天氣真好」，改口說「天氣真好，已經秋天了，真是謝天謝地啊！」這樣的說法並不科學，但是你提到自己對天氣的偏好，你們很快就會聊到出生地，甚至開啟其他有趣的話題。

你還記得嗎？如果你表露一點自我，對方可能會跟進，說一些自己的事，這樣一來一往（前提是你拿捏好分寸，沒有說什麼不正經或奇怪的話），彼此的好感度和信任感會提升。務必用心傾聽，不要打斷對方說話，也不要分神玩手邊的東西。和對方保持眼神接觸，關注非言語的訊息，注意看對方的肢體語言，看他有沒有認可你或樂在其中，否則一不注意，就會誤以為自己表現得不好，或者誤以為對方聊得不開心。想一想待客之道的傳統，如果雙方都覺得自在，那就是進展得不錯，不妨讓對話自然而然開展，敞開心胸來迎接驚喜。如果雙方建立特別良好的關係，不妨主動提一些問題，徵求對方的意見，不僅會更理解對方，還可以趁機解決你的煩惱。無論如何，徵求對方意見雖是一種示弱，但你非得冒這個險，因為對方通常會回應你。

你跟對方道別：「我該走了，很高興可以和你聊天。」事後回想你原本的期待，再對照這次互動的結果，你會逐漸上修你的預期，以後再遇到不同族群的人，可能就不會那麼緊張了，因為這種交流早已在你的掌握之中。這個影響說不定還會更深遠，從此你對其他族群的觀感會更正面（至少能夠和他們聊天），將對方視為活生生的人，甚至視為自己人，這就是你和整個社會的勝利！雙方因此更理解彼此的人生，你的人生也因此豐富起來。

你有什麼感覺呢？疲憊嗎？如釋重負？吃了定心丸？還是三者皆是？無論如何都

是正常的反應。先休息一下，恢復精神，畢竟和陌生人交談挺傷神的，如果太疲憊，對話也不會順暢。如果你想要獨自靜一靜，那就儘管去吧！人累了，就聊不下去了。

我再給你新的挑戰。去酒吧、市民大會或朋友舉辦的雞尾酒會，反正就是你覺得舒適的場合，如果現場有陌生人發表言論，你聽了火冒三丈，你可以充耳不聞，也可以選擇反駁回去，但選擇反駁回去之前，先給自己一個深呼吸。你心裡很清楚，如果硬要槓上對方，八成會引起雙方的互相叫囂，不僅沒意義，又精疲力竭，結果雙方的怒氣不減反增，還越發堅信自己是對的，對方是錯的。逞一時之快，到頭來也無法解心頭之恨。

這一次，你決定冒險，忍住自己想發飆的衝動，我知道這很難，因為發飆是人之常情。深呼吸，做好準備。你先開宗明義，坦白自己的立場，不妨套用對方對我方的負面刻板印象，緩和一下氣氛，例如「沒錯，我們就是功能性很低的共產黨，但是關於這件事，我覺得還有待商榷……」。不直接攻擊對方的論點、不質疑對方的動機，也不做任何假設，只是陳述自己的信念，而且並沒有說成無庸置疑的事實（彷彿是上天、大自然或超自然力量所命定的）。你把一切包裝成個人論述，例如「我發現……」，然後摻雜一點點你個人的故事，比如你為何會有這樣的信念。你還記得嗎？如果硬要說一些論據，對方反而會反感，但故事可以吸引目光，因為故事會透露你更多的細節，對方就不會覺得你腦筋不好。向對方證明，雖然你不知道每一個答案，但你會試著理解，而且你已經盡力了；向對方證明，你對己方也是有異議的。當你這麼做，就是在為這次的交流定調。

現在把麥克風交給對方。為何對方會有現在的信念呢？對方平常是什麼樣的人？對方說的話有可能驚動你，讓你不禁想抓住對方的小辮子，但是千萬要忍住，保持好奇心，提出開放性的問題，但不要一副拷問犯人的樣子，比如：「有這種想法的人，連個學步車都騎不好，竟然還想要投票？」反之，不妨試著問：「為什麼你會如此在意呢？」、「你父母親的政治立場呢？」這些問題是為了更理解對方，更貼近他們真正的立場，盡力展現你的待客之道，給對方充分表達的空間。他們曾經有過哪些經歷？有哪些新鮮事呢？

隨著對話無限延伸，你的心情有沒有平靜一點？你不妨注意一下，當你感到自在時，想法會不會改變呢？立場會不會調整呢？對方有讓步嗎？你們不需要改變彼此的想法，畢竟只是短暫的相遇，根本不可能改變對方。你只能期待互相理解，把看似對立的派系拉近一點距離，找到彼此都認同的最大公約數，再小也沒關係，再離題也沒關係，甚至如果找不到也無妨，至少你親自見證了，透過練習和自律，理性對話是有可能的，現在的你有信心了。你凝視過對方有意義的人生，雖然過程驚險，但你毫不退縮。你是探險家，不預設目的地的旅人，勇於和陌生人接觸，光是這一點就足夠了。

Chapter 21

突破社交狹隘的新一波社會復興

看到這裡，想必已發現我喜歡說一些老故事。現在本書要收尾了，來說一個歷史悠久的故事吧！有個名叫亞當的人和他的神，待在優美之地，那裡有一棵禁忌的知識之樹。亞當好奇那棵樹，倒情有可原，畢竟他是凡人，抗拒不了好奇心。奇怪的是，人有好奇心是神設計的，但是人想要滿足好奇心，卻被神判為有罪。這個我們待會再來討論。

有一段時間，亞當還能夠自我克制，不碰禁忌之樹，一切安然無事，但就是感到孤單。神帶他來天堂，卻讓他承受孤獨之苦，我不禁想起神也創造擅長合作的人類，等到人類樂於合作，共同建造巴別塔，神卻來懲罰人類。這個我們也待會再來討論。

神為亞當創造了同伴夏娃，天底下第一位女性，也是第一位承受所有罪孽的女性（例如潘朵拉的盒子）。夏娃對那棵樹很好奇，最後聽信蛇妖的讒言，順應自己的好奇心，但那條蛇也是神放進去的，毫無道理可言。夏娃催促亞當嚐禁果，亞當屈服了，大概是考量兩人剛認識不久，最好別挑起爭端，否則會白白失去性愛的機會，但也有可能夏娃說得太有道理了。

無論什麼原因，悲劇就是發生了，頓時從光明走向黑暗。亞當與夏娃和自己形同陌路，對自己的身體感到羞恥。亞當與夏娃和這個世界沒有連結，被逐出他們唯一熟知的家園。全世界的信徒都認為，這兩人是為了滿足自己的好奇心，象徵著人的原罪，這個汙點向外無限擴散，玷汙我們和下一代的靈魂。全世界的信徒深信著，這就是陌生人滿坑滿谷的原因，但人性的奇特之處，正是拚了命追求這世界不準備提供的無形物質，包括歸屬、意義、關注和安全，我們正如同哲學家伊曼努爾・康德所言：「人性是一根曲木，造不出筆直的東西來。」套句另一位哲學家的話，我們永遠無法在這世界找到家。

我們活在陌生的時代，因為世界變了。世界一直在改變，未來也仍將持續改變。因此，改變才是常態。我們都知道，人天生就該四處移動，互相交流，人特別擅長適應環境。我們深知改變會有什麼好處。改變就可以改運，改變有助於求生，但改變快把我們逼瘋了，眼看社會、文化、經濟和科技的力量一起顛覆我們熟知的世界，把原本熟悉的變得陌生了。一連串社會緊急狀況，令人們感到恐懼和孤寂。

美國政治極化（但其實不只美國），早已根深蒂固，美國同胞再也無法共同想像美國的未來。我們共享這個國家，卻形同陌路。社會不平等的現象太嚴重了，統治階級對老百姓的看法，完全基於偏見、推測和胡說，很少從個人經驗出發。大家像完全不相干的人，只有少數人握有掌控權。無數社會邊緣人急需受到認可和包容，並獲得與其他同胞同等的權利，否則他們始終是陌生人。戰爭、貧窮和氣候異常，迫使大批移民和難民逃到陌生的土地，這些人也是陌生人，遠離家園，淪為流亡的過客和寄居者。

面對這些變遷，人很容易迷惘。自古以來，人建立自我認同，須以居住地和歸屬群體為基礎，可是居住地不復以往，歸屬群體不再純粹，甚至完全消失，新群體取而代之，帶來了創新和新的生活方式，令人感到不確定和不安。既然自我認同受到周圍環境所影響，但如果世界一直在變，個人會怎麼樣呢？我又是誰呢？

這是攸關人生的大問題。一九七六年，詹姆斯．鮑德溫（James Baldwin）寫下這段話：「人唯有在認同遭受威脅時，才會開始質疑自我認同，這時候強勢的一方沒落，弱勢的一方興起，又或者陌生人紛紛闖入，陌生人不再是陌生人，因為陌生人的存在，讓你這個本地人成了陌生人，連你自己都覺得陌生。」如果自我認同根植於周圍世界，一旦世界變了，你也會淪為陌生人的一員。

我們摸不清自己與別人的關係，不知道該如何融入，這種不確定性會變成焦慮，感到威脅和被遺棄，進而逃避社會交流，或者怪罪新來的陌生人和社會變遷，一心只求恢復往日秩序，找回原有的安逸和歸屬，但這只是緣木求魚罷了。你不可能回到童年，當然也不可能讓社會回到過去。如果個人還是堅信不已，註定要失望；如果整個社會都堅信不已，註定會開戰。

我懂，我多少懂得陌生人待在異鄉的感受。以前的我不太煩惱歸屬感和自我認同，畢竟我是白人男性，愛爾蘭天主教徒，來自麻州波士頓，以寫作維生。我很清楚男人的形象、天主教的形象、作家的形象。坦白說，白人的身分再清楚不過了，我也深深扎根於波士頓，波士頓人的性格深得我心。我有兄弟姊妹，以及一對極其傳統的父母親，身旁老是被熟人環繞，雖然偶爾會有人與人的摩擦，但至少給人安心和穩定的感受，也是我個人認同的根源，至今亦然。

可是過去二十年來，波士頓成了我幾乎不認得的地方，天主教籠罩在駭人聽聞的醜聞疑雲中，壓根已經內爆。網路也摧毀了大多數的印刷媒體，改寫作家在社會中的定位。傳統性別角色遭到社會淘汰，開始重新洗牌和修正，比起上一輩的男性，我需要投注更多時間和心力在育兒上，同時還要兼顧全職工作。我還搬到全美最多陌生人的都市紐約，在這波革命浪潮下，我到底是誰？我的歸屬在何方呢？

那麼，你到底是誰？你的歸屬在何方？這個問題意義重大，說不定是最難回答的問題，但絕非無解。

我們對這個世界常感陌生，深感孤寂。新冠肺炎疫情大流行，人與人的疏離到了前所未見的地步，但其實在疫情發生前，孤獨早已在美國大流行。一九七〇年代以來，美國人以及西方人紛紛退出公共生活，避免人與人間的互動。政治科學家羅伯特・普特南稱之為「作繭自縛」。那些大家曾經一起做的團體活動，例如跳舞、參加社團和市民組織、上教堂等，已經被家庭活動所取代，大家要不是自己行動，就是只和一小群人互動。「我們的社會似乎已處於社交沒落的狀態。」心理學家奧斯卡・伊瓦拉（Oscar Ybarra）表示：「問題不在於大環境陷入混沌，使人對生活感到恐懼，而在於人與人的互動和關聯變少了。」

這個趨勢發生的當下，社會信任急遽下降，孤獨和憂鬱的個案驟增，這會形成惡性循環。心理學家發現，孤獨的人承受孤獨的痛苦，恐怕會進一步逃避社會。大概是長期孤獨的緣故，想到要與別人互動就覺得壓力大，也可能導致社交能力退步，忘了該如何與別人交際，甚至忘了人有社交的需要。大家都知道健全的人際關係，對於生理和心理健康至關重要，但大家卻無視自己的需要，一味胡亂的抵抗，反而造成更大的破壞。

大家都是獨自的個體，卻無法獨立生活。我們狩獵採集時代的祖先就是覺悟到生存有賴於合作，所以無論遊群還是部落都經常會面，維持良好的關係。社交就是在求生存，求生存就要社交。人類自從遠古演化至今，成為最具合作力的物種，使得人丁興盛，人口增加，但諷刺的是，正當現代人紛紛逃避社會時，卻比遠古的祖先更依賴彼此[52]。

以我自己來說，我對別人的依賴早已到了無可救藥的地步，我不會縫紉、不會狩獵，也不會捕魚。有一次我試著種番茄，卻種出人神共憤的番茄來。我應該也不會換輪胎。我能想到的每件事，我幾乎都無用武之地，而我和我賴以維生的陌生人，始終見不了面。我點一下手機，食物就送到門口；我點一下手機，機票就寄到電子信箱。我根本不用看到任何人，也不用和任何人說話。我絕對不是特例，現代人互相依賴，卻缺乏人際接觸，現在就連打電話訂披薩都令人焦慮，這對於高度社交的物種來說不勝唏噓。

拜科技所賜，一大批滿足我們生活需求的陌生人淪為利用工具，成了永永遠遠的陌生人。專門探討人類道德發展的發展心理學家麥可．托瑪塞羅，曾談到互賴和道德的關係，他改寫了十八世紀哲學與經濟學家大衛．休謨（David Hume）的話：「人為了滿足自己，盡情搜刮所有自己所需的東西，毫無公平正義可言。我們還是和以前一樣互相依賴，但對於那些維持我們生活的陌生人，卻想盡辦法能不見就不見，能不知道名字就不知道名字，這樣只會導致社會和道德的災難。」

個人也要為此付出代價。經濟學指出，我們從市場經濟的互動經驗，可以學習如何和陌生人相處，不僅能夠鍛鍊社交技巧，也能培養對陌生人的信任。人類學家喬．亨

---

52 現實主義劇作家喬治·蕭伯納（George Bernard Shaw）有句名言：「獨立？那是中產階級的傲慢啊！地球上的每一個靈魂、每一個人都是互相依賴的。」

里奇，他發現人活在市場經濟熱絡的文化中，比較願意信任陌生人，甚至跨越族群或種族的界線。這是因為在與陌生人的面對面互動中，你對陌生人的信任能夠獲得回報，等到次數多了，你就會把信任感內化。可是，如果換成線上交易，效率或許提高了，但會失去什麼呢？我們會喪失與人接觸的機會，付出慘痛的代價。人與人的互動變少，社交技巧便退步了。社交技巧退步越多，以後再有和陌生人交談的機會，就會越焦慮不安，越不願意和陌生人交談，便越難以理解陌生人。

陌生的時代無所不在。我剛開始寫這本書的時候，美國社會彷彿快要撕裂般，等到我寫完這本書，美國正面臨嚴峻的新冠肺炎疫情。前者加劇美國的政治疏離，後者加速大家退出實體世界（但有一些人很反常，倒是很享受隔離的樂趣）。大家在新冠肺炎疫情期間，幾乎把人際互動都改為線上，購物也是透過網路完成，並推崇所謂的「無接觸送貨」，宅配人員將貨物直接放在家門口。學校暫停實體課程，改為透過線上通訊平臺上課。大家本來只是逐步邁向數位生活，如今竟然以遠距接觸取代所有的面對面接觸。

隔離檢疫對每個人的傷害很大，人們生活在壓力中，卻杜絕大部分的人際接觸。有研究指出，憂鬱的比例暴增三倍，心理學家開始擔心這段經歷會改變我們的下一代，造成「新世代的廣場恐懼症」。

但這段經歷仍有啟發性，讓我們姑且試一試，大家默許的那一個未來是什麼樣子。停下來，想一想，捫心自問：「喜歡嗎？喜歡純線上的生活嗎？想繼續這樣過下去嗎？」我個人認為，再不趕緊踩煞車，真的會迎向那個未來。舉國上下，每個人都獨自待在房間盯著螢幕，很少陪伴在彼此身邊，至於物質需求，全靠那些像鬼一樣卑微的人，神不知鬼不覺幫大家滿足了。有些人竟然還天真以為，人與人加速孤立，可以活得更快樂。

還好，這只是**其中一個**可能的未來，而非唯一。

再說一個故事，一樣是老故事，但是沒有伊甸園的故事悠久。

圖阿雷格人（Tuareg）是游牧民族，居住在馬利。圖阿雷格部族的男性，大半輩子都生活在空曠的撒哈拉沙漠西部，圖阿雷格人稱為「泰內雷」（Ténéré）。這就是他們討生活的方式，經常要離開自己所熟悉和深愛的人。沙漠是如此的浩瀚無垠和恆久不變，生活在這種地方，人會開始「哎蘇夫」（asuf），就是「想家」的意思，但馬利的學者伊布拉欣．優素福（Ibrahim ag Youssouf）及其同事指出，「圖阿雷格人所謂的哎蘇夫，意味著生活在環境惡劣的精靈之地，忍受空無一人的孤寂，以及人類的渺小和脆弱。」

危險的不只是沙漠，還有沙漠民族。居住在沙漠的部族，向來有戰爭和爭鬥的傳統，所以大家在沙漠碰面時必須小心翼翼，從大老遠看到對方的那一刻起，就必須承認對方的存在，如果對方已經看到你，你卻突然消失不見，對方會懷疑你要發動突襲，挑釁意味濃厚，因此在穿越沙漠，尤其是雙方有可能擦身而過的沙漠峽谷時，經常要吆喝一聲，否則當彼此越走越近，勢必會面對面。

等到雙方面對面，內心真的是百感交集，一方面懷抱哎蘇夫的心情，渴望與別人互動，另一方面也很清楚，「互動不一定會順利，有很多傷害都是別人造成的」。緊接而來的是招呼儀式，一人向另一人行額手禮，然後依照習俗，雙方要互相握手，這些動作比我們現代人更細緻，因為沙漠民族對彼此的感受太矛盾了，一方面深受哎蘇夫所苦，當然渴望人與人的身體互動，另一方面卻擔心和自己的駱駝走散，最後死在泰內雷。

因此，握手的動作很講究。如果握得太緊，對方會覺得你內心有所遲疑，擔心你會發動攻擊。一個孤獨的圖阿雷格人，最不希望給對方這種錯覺，因為他想要的不過是感受另一雙手的溫度，絕對會盡量謹慎，不露出任何懷疑或傲慢。一定要表達好奇心，卻不可過度好奇。

雙方始終要保持禮貌，因為在榮譽文化中，侮辱別人可是一件大事。雙方會在駱駝上握手，握完手後，還有其他招呼儀式。雙方可能會交換情報，告訴對方哪裡有水源、食物或營地。彼此都是孤獨之人，生活在危險之地，拚命在蒼茫無垠的大地中，對抗人類渺小的無力感。更何況，設法和陌生人多一分接觸，生活便會多一分輕鬆，少一分孤寂。我們先前提過，人類這個物種成功的關鍵，在於我們能夠平衡陌生人帶來的恐懼和機會，創造社會創新契機，圖阿雷格人的例子就是縮影。

我們每個人都走在**泰內雷**，深受**哎蘇夫**所苦，當然要向圖阿雷格人學習握手的藝術。人類經歷無數個陌生的時代，但並非空前絕後。人類面對生存威脅和社會崩解，一再求新求變，設法和陌生人互相合作，在瞬息萬變的世界裡尋求歸屬。人類這種高度合作的猿猴，不斷精進社交技巧，例如最早是狩獵採集者開始懂得社交，後來是城市和主要宗教興起，再來是民主政體的誕生，啟蒙時代、公民權利和人權的發明。人類越來越懂得領會陌生人的人性。

無庸置疑，這些運動都有深層的缺陷，例如大部分都排除女性，或者拒絕賦予每個人公民權，有些甚至讓小衝突演變成大衝突。我知道我也屬於特權階級，從未被當成外來者、異教徒或他者，也從未遭受過折磨或殺戮；我也知道人類可以對其他人做出多麼可怕的事，我亦對此憤恨不平。對我而言，人性所激發的驚駭就和希望一樣多，但我仍不放棄希望。

我相信，你們也不會放棄。

社會學家萊斯利·哈爾曼（Lesley Harman）表示：「陌生人不再是特例，而是常態。以前只有邊緣人是陌生人，現在大家都是陌生人。」我們該如何在這個全新的世界過活？第一步雖然有點矛盾，但我們仍要虛心承認，人與人越是疏離，其實越有共通點。西方宗教早期的追隨者，都曾是殖落國度的過客和寄居者，他們不僅沒有保持疏離，還成為團結和力量的源頭。縱使世界變得陌生，這個觀念依然說得通，人類透過和陌生人互動的經驗，創造了新的歸屬感和認同，甚至培養對陌生人的同理心，因為自己曾經淪為陌生人，所以懂得被視為陌生人的感受。有句俗話說：「當每個人都是陌生人，就沒有人是陌生人。」如此一來，分裂的力量倒成了團結的力量。

數千年來，陌生人向來是無權者、奴隸或被壓迫者，不斷遭受無情打擊，人性慘遭踐踏，命運悲慘。文化持續灌輸大家，這些陌生人不值得我們與之對話和理解，永遠不得融入主流文化。

有一種隔閡看似輕微，但頗具殺傷力，正在衝擊社會以往的多數（單一文化），也就是我這種人。我們這群人試圖逆轉社會文化變遷，但始終於事無補。反之，如果我們願意坦承自己迷惘、困惑，甚至害怕，便能料想得到別人也會如此，例如我們感到孤獨，也能夠體會別人的孤獨，這就是道德與是非標準的根源，在我看來，這也能解決當前的困境。詹姆斯・鮑德溫（James Baldwin）曾說：「與自己相遇，就是和別人相遇。如果我發現自己的靈魂正焦慮著，我就能知道對方的靈魂也會焦慮，當我學會尊重彼此的感受，雙方就有機會和睦相處。」

我們該如何活下去？我們將成為什麼樣的人？這才是問題所在。當我為本書查找資料時，經常看到世界主義的概念。我對於世界主義半信半疑，他們主張打破國境、國家和群體認同，把全人類變成單一的大部族。我的想法卻很務實，我會懷疑這麼大的群體該如何治理（如果地上有坑洞要找誰修？），我不確定組成一個更大的新群體，是不是我們真正需要的。不過，我們至少要跳脫以往的思維。我參加「更勇敢的天使」年會時，有一位共和黨人士提到「合眾為一」（e pluribus unum），她的父母是來自哥倫比亞的移民。我記得她說，她明白「眾」的意思，但什麼是「一」呢？如果我們要合而為一，誰來決定什麼是一？

哈佛大學政治科學家丹妮爾．艾倫，她主張跳脫「一」（one）的概念，迎向「全」（whole）的概念，「可望發展出不一樣的公民身分，以整合取代同化，以互相交流和利用為基礎，這件事早已在群際間發生，未來還會持續發生」。我同意她的看法。我相信如果我們組成越來越大的群體，可以帶領我們迎向未來，但我不確定那是否就是該有的未來。套句科技用語，我懷疑我們需要的不是網路電視，而是區塊鏈。我們需要的不是越來越少的大群體，而是越來越多的和諧小群體。我們不用合而為一，但是要包容彼此同在。

本書終於和世界主義不謀而合了！世界主義不是一種群體認同（我們必須戳破世界主義的自以為是），而是一種心態，一種人與人相處的行為模式。加州大學洛杉磯分校（UCLA）歷史學家瑪格麗特．雅各（Margaret Jacob）對世界主義的定義最貼切了，她說：「世界主義是帶著意願、好奇和興趣，去感受和自己不同國家、信念與膚色的人，而不是帶著懷疑、蔑視和冷漠，製造無謂的反感。」這種世界主義呼籲大家，生活在多元的世界中，必須培養自己對其他人的好奇心，但絕對不是病態的好奇心，而是健全的好奇心，深信彼此共享人性的特質，就算各自狀態不同，人人仍為平等。你依然可以對自己的傳統、國籍和信念感到驕傲，但你知道還有其他生活方式，對這些生活方式及其所有人感到好奇。

這點很難做到，因為和人性有一點抵觸，畢竟一般人太容易被文化異族所激怒。如果在遠古時代，提防陌生人可能是優勢。沃特・史蒂芬專門研究群際焦慮，他說：「如果人懷抱部落心態，就算威脅不存在，仍會感到威脅，於是寧可遺憾，也不願錯殺半點威脅。因此，人天生習慣偵測外團體的威脅。」反觀在高度多元的世界，外團體明明沒有威脅性，卻硬要說外團體有威脅性，犯這種錯誤可是要付出慘痛代價的，甚至有可能付出自己的性命，但其實只要對別人的人生抱持好奇心，就可以避免這個錯誤。

本書提過，好奇心可以防堵偏見和分裂。對陌生人懷抱好奇心，可以防止次級心靈壁壘，相信陌生人有更多你看不見的寶藏，有可能是文化妨礙你去看見，但你仍確信，對別人感到好奇終會有回報。至於愛國分子會排斥好奇心，這就情有可原了。維也納心理學家阿爾弗雷德·阿德勒寫道：「對別人不感興趣的人，人生會遭遇最多困難，對別人造成最多傷害。」

我心目中的世界主義，正是解藥。這是全新的公民信念，每天實踐的方法很簡單，只要多和陌生人聊天，講究待客之道、傾聽、招呼儀式和提問（都是本書介紹過的技巧），你練習的次數越多，與陌生人互動的機會越多，和陌生人相處起來越自在，越擅長跨越區隔彼此的界線。

這種信念很難做到，人類必須有大躍進才行，反正大型宗教已樹立前例，人確實可以信任大批的陌生人，更何況和陌生人交談也沒有想像中可怕。若你認真練習（當面或線上都可以，只要心念正確），絕對可以解決當代很多問題，你會更愉快、更幸福，創造更多連結，也就沒那麼孤單了。你也會思考得更透澈，在信任崩盤的年代，放下對別人的疑慮，而別人也會這樣對你。你會想起這個世界無比複雜，從而找到生存之道。這並不表示大家都一樣，每個人確實不一樣，要是都一樣，人生會很無聊吧？縱然人與人之間有差異，仍相信人與人能夠互相溝通和合作。

這種信念並非源自超自然的神祕力量，也沒有和儀式、聖物或教條有所關聯，完全源自我們周圍的陌生人，只要你願意和陌生人接觸，這份信念就會永無止盡的更新，你會變得更幸福和更健康。如果做得人夠多，世界會變得更美好，但不可能解決所有的問題。我之前就說過，很多體制還要搭配改革，才能夠實現原本的承諾。如果你發現做了這件事，會激發陌生人內心的恐懼，就要極力避免，無論是真實存在或內心感受到的威脅、競爭和剝奪，都會助長內心的壓力。我很清楚這種改革有多難，但我也相信，如果我們再繼續形同陌路，肯定哪裡都到不了。我呼籲大家，一切的起點在於學習如何和陌生人聊天，無論對方像不像我們，我們仍要日復一日，一個一個聊聊看，把自己變成社交的動物。對我來說，這種交手行為（互相歡迎）就是新一波社會復興。

我不認為我們克服不了這個挑戰；我也不認為我們會莫名其妙捲入一個活不下去的世界。事實上，我們遭遇的一切，都在為我們提前準備。依照伊曼努爾．康德的定義，世界主義是自然（人性）的「終極目的」，最高的巔峰。我同意他的論點，人類經歷了數千年的發展，無數的社會創新猶如引擎一般，鼓勵大家去信任更多的陌生人。如果我們乘勝追擊，甚至僥倖逃過生態浩劫或核子事故，說不定有機會繼續完成世界主義的任務。

世界主義的成功，對每個人都有影響。以往社會創新從外在約束每個人，舉凡儀式、傳統或單一文化，再不然就是對神的信仰，相信善惡有報，此外還有法律，如今這些外在約束逐漸沒落，這個世界看似無可救藥，終會一片混亂。但換個角度看，這些外在約束宛如輔助輪，是為了幫助我們迎向新世界，我們會發現每個人其實都有能動性。人類演化史不只是先天或後天二選一，而是兩者並行。人類自誕生以來，發展出一套行事風格，從此在地球上開枝散葉，於是我們將此奉為常規或傳統，內建於人體的基因中，成為人性的一部分。

人類的天性還在發展當中，最後會成為什麼樣子，由我們自己決定！我們是唯一能夠掌握自己命運的物種，卻漫不經心的對待陌生人與環境，但我仍然期許，我們可以克服當前的挑戰，有朝一日可以好好活著。一七五一年，法國哲學家德尼．狄德羅（**Denis Diderot**）把世界主義定義為「全世界再也沒有陌生人」。我們就把這個當成彼此的目標吧！套一句老話：「字典裡沒有陌生人這個字」，以此祝福我們自己，為我們的未來指引方向。

大家對伊甸園懷有嚮往，我明白伊甸園的吸引力，那是一個溫暖、安全、無憂無慮的樂園，周圍只有一小群熟識的人。當人生不順遂時，我也會嚮往伊甸園，但我這個人怕無聊，所以也喜歡新朋友和新地方、新觀點和新笑話、新故事和新食物、新飲品和新曲子，我喜歡看到事物交融，產生更新穎、更意想不到的新事物。依照澤爾丁的說法，和陌生人聊天是有生產力的行為，我深有同感，從無到有創造了對話和洞見，我也因為認識對方的生活和故事而改變了、成長了。我的世界觀也因此受到挑戰，但無論周圍環境如何轟隆作響，我都處變不驚。

我重新理解了伊甸園的故事，再也不覺得人背負了墮落的原罪。我們反倒要為夏娃蓋一個紀念碑，還有那隻蛇妖。不好奇才是真正的原罪，唯有好奇心可以治癒孤獨和化解衝突。要不是被逐出伊甸園，亞當應該永遠不會變，始終是那個待在優美勝地的文盲，他也絕對不會變成陌生人，體驗身為陌生人的感受。如果是我，當然也要嚐禁果，盡情認識這個世界，和無數的陌生人同甘共苦。

謝詞

我發現，書好難寫。看了很多年的書，一直誤以為寫書和看書一樣容易。好啦，開玩笑的！我要構思、決定架構、彙整、書寫和編輯，還得忙著照顧當時剛出生的孩子，努力撐過女兒出生的第一年，每天都睡不好的日子，加上歷經新冠肺炎疫情，美國近乎崩潰，寫書這件事變得難上加難。首先我要感謝的人，當然是我的妻子簡恩，我衷心感謝她，忍受我寫書過程中的狂熱行為，還有這些年來持續給我的支持與愛。二十年前我還真是幸運，可以在麻州劍橋遇見這位陌生人。當時我是一位喧鬧又堅持己見的無業遊民，在適當的時機出現在適當的地點，而她也願意把握這個與我相遇的機會。

我也應該感謝我的女兒茱恩，她從不乖乖睡覺，簡直快要逼死我了，但她也領悟到，她的父親可不是這麼容易被逼死的人。孩子啊，妳為我帶來無窮無盡的歡樂、喜悅、驚奇和靈感。雖然妳不喜歡聽恭維的話，但我以妳為榮，我愛妳。不管妳怎麼想，我就是超級愛妳的！

我欠了我的爸媽很多的感謝。瓊恩．基歐漢和艾德．基歐漢，看著你們順著自己的意思過生活，不斷的移動、不斷和別人聊天、不斷結交新朋友，這是我心目中人生勝利組的典範，我這輩子也想要這樣過。謝謝你們，這本書有相當一部分要歸功於你們，還有我的手足，克里斯、約翰和丹恩，你們三個人聰明又無比好笑，無論如何，你們都造就了現在的我。

有一天早上，我到曼哈頓的艾森堡三明治店，與我在《君子雜誌》（*Esquire*）的前老闆大衛．葛蘭傑（David Granger）一起吃早餐，他曾被譽為史上最偉大的雜誌編輯。我向他提到，我在南塔克特島遇到的計程車司機，我們開始確認市面上有沒有類似的書。我先寫了一小份企劃書，他看了很喜歡，後來我改了企劃書，他就人間蒸發，可能是我寫得太差，他連電話都不回。幸好，過了一陣子，他又出現了，我們一起把企劃書完成，感謝他蓋世無雙的編輯能力，更重要的是，他的熱心和支持。若不是他，本書根本不可能出版，我欠他很多。他是偉大的編輯，可敬的人，大有可為的作家經紀人新貴。

幾年前，也是我在《君子雜誌》任職期間，認識了馬克．瓦倫（Mark Warren），我從那時候就知道，他和我有過節，因為我曾經擠掉他的文章，放上我自己的文章，但我們註定要一起做大事。他總是給我睿智的建議和溫暖的陪伴，同時也是文才敏銳的編輯，幫了本書一個大忙。他精通文學，兼具幽默感和道德思考力。此外，他寫的編輯記事，其他編輯無人能及。「本章快結束的地方有問題，本來寫得很順，扣緊中心主旨，後來卻失焦了，開始道西說東，不著邊際……麻煩你再重寫一次……記得立場要堅定，內容要聚焦。謝謝。」真是鞭辟入裡啊！每一位作家身邊都應該有這樣的編輯。謝謝馬克，記得多睡一點！

我也要感謝藍登書屋（Random House）的安迪．瓦德（Andy Ward）、湯姆．佩芮（Tom Perry）、夏延．史基特（Chayenne Skeete）和丹尼斯．安波羅修（Dennis Ambrose），很感謝你們對本書的用心與努力，還有總是耐心地與我來回討論、協議。

在我書寫的過程中，凱文．亞力山卓（Kevin Alexander）提供我寶貴的點子，幫我轉移注意力，帶給我洞見，傳給我奇怪的文字訊息，為我分析出版業現況，替我解釋一些莫名其妙的現象，在我最瘋狂的時候維持我的理智，即使那段時間，他的屋子布滿了野火的灰燼，仍費心在我身上。他在我的初稿上留下的筆記，始終是那麼睿智、幽默，一針見血，恰到好處。他是我最欣賞的作家，也是我最喜歡的合作對象，真討厭，我又欠他人情了。凱文，等本書出版，我再請你到酒吧喝一杯。

奈特．霍普（Nate Hopper）是我的朋友、同事、難兄難弟，他看了本書的初稿後，給予我十分睿智和實用的建議，他是天才型編輯，對於不好的文章、陳腔濫調和劣質論述痛恨至極，要不是有他的意見，本書根本不可能問世。奈特，謝謝你的幫忙，以及你這些年的陪伴，很抱歉，在你還是菜鳥的時候，我和妮薩對你有一點嚴厲，但那只是公事公辦啦！

我要感謝維拉諾瓦大學（Villanova University）已故的羅伯特．威爾金森博士（Robert Wilkinson），你是我遇過最棒的老師，我心目中的唯一，如果不是你的鼓勵、熱心、寬容和智謀，我根本不可能靠寫作維生。衷心希望無論你身在何處，都會有好朋友、好音樂、好書和一瓶香醇的蘇格蘭威士忌陪伴你，謝謝你！

本書能夠完成，還要感謝以下優秀的人士，儘管生活忙碌，仍願意花時間與我見面，回答我愚蠢的問題。吉莉安．珊德斯特倫（Gillian Sandstrom）、喬琪．南丁格爾（Georgie Nightingall）、妮可、朱利安娜．施羅德（Juliana Schroeder）、波麗．

阿克赫斯特（Polly Akhurst）、羅恩・葛羅斯（Ron Gross）、喬伊斯・柯恩（Joyce Cohen）、麥可・托瑪塞羅（Michael Tomasello）、道格拉斯・弗來（Douglas Fry）、喬・亨里奇（Joe Henrich）、波莉・維斯納（Polly Wiessner）、加百列・卡漢（Gabriel Kahane）、安德魯・施略克（Andrew Shryock）、班恩・麥特斯（Ben Mathes）、莎拉・崔西（Sarah Tracy）、妮基・楚瑟立（Nikki Truscelli）、克里斯・提雅索（Cris Tietsort）、賴瑞・楊（Larry Young）、杭特・法蘭克斯（Hunter Franks）、克利夫・阿德勒（Cliff Adler）、華金・席默（Joaquín Simó）、猶大・伯格（Judah Berger）、辛西亞・尼基丁（Cynthia Nikitin）、傑・奎因（Jae Quinn）、L、羅納德・英格爾哈特（Ronald Inglehart）、納伊蘭・拉米雷茲・艾斯帕札（Nairan Ramírez-Esparza）、賽伊妲・伯克索德布隆（Ceyda Berk-Söderblom）、西奧多・澤爾丁（Theodore Zeldin）、蘿拉・科爾布（Laura Kolbe）、阿列克西・紐沃恩（Aleksi Neuvonen）、凱爾・瓦許（Cal Walsh）、穆罕默德・卡庫里（Muhammad Karkoutli）、烏莉・波特・柯恩（Uli Beutter Cohen）、湯瑪斯・諾克斯（Thomas Knox）、丹妮爾・艾倫（Danielle Allen）、荷莉、比爾・多爾蒂（Bill Doherty）、希朗・歐康納（Ciaran O'Connor）、

厄爾・伊克達（Earle Ikeda）、法特爾・湯瑪斯・利斯（Father Thomas Reese）、麥特・麥德莫（Mat McDermott）、伊瑪目・哈立德・拉蒂夫（Imam Khalid Latif）、史蒂芬・安格勒（Steven Angle），特別感謝耶魯大學允許我使用人類學資料庫（ＨＲＡＦ），也感謝其他回覆我電子郵件的人，為我指引明路，以免誤入歧途。最後感謝琳達・洛斯特（Linda Rost）和尼克・湯瑪斯（Nick Thomas），讓我到倫敦上課時有地方可睡。

本書的緣起是有一天大半夜，我在南塔克特島搭計程車，這多虧了編劇協會（Screenwriters Colony）的獎助金，讓我有機會去一趟南塔克特島，否則也不可能有這本書的點子。我要對莉迪雅・卡瓦洛・札莎（Lydia Cavallo Zasa）和艾瑞克・吉利蘭德（Eric Gilliland）說，我至今仍未賣出任何節目或劇本，也沒有在好萊塢找到一份安穩的工作，對不起讓你們在我身上浪費大筆獎助金，但我希望這本書可以稍稍讓你們感到安慰。那一年，跟我一起拿到獎助金的三位編劇，梅格・法洛（Meg Favreau）、凱特琳・豐塔納（Kaitlin Fontana）、傑・傑米森（Jai Jamison），我們從此以後經常訊息往返，堪稱我這輩子最要好的筆友，他們三人都極富幽默感和編劇天分，總是不吝互相幫助，謝謝他們。

我還要謝謝詹恩・強森（Jenn Johnson），他是我遇過最全能的人，也要謝謝艾瑪・惠特福（Emma Whitford），堪稱王牌記者，他們兩人協助我統整許多的研究文獻。我也要謝謝幾位陌生人，包括布魯克林中央圖書館的史提夫，以及馬汀咖啡館的珍，讓我在書寫這本書的時候，得以望見親切的笑顏，享受不可或缺的咖啡。

最後，這本書的編輯、修改和完工，正值紐約面臨新冠肺炎疫情。我親眼見證一個充滿陌生人的大城市團結在一起，令我難以忘懷（大家同時記得保持安全距離）。美國政府沒有處理好這個危機，但紐約倒是很激勵人心。我永遠忘不了紐約人在最低潮的時刻，一起靠在窗邊，敲打著鍋碗瓢盆，呼喊著「紐約！紐約！」我也忘不了路人互相打招呼，問候對方過得好不好。紐約人勇敢而溫柔，堅毅而溫暖，真是太棒了！我要感謝偉大的紐約市，每一位紐約市民，以及不幸染疫身亡的人。謝謝你們，我愛你們，這本書就是要獻給你們。

關於參考文獻

這本書是我大量閱讀研究的成果，包含數十本的書籍，以及堆積如山的研究論文。為了節省篇幅，也不希望讀者通勤時，還要搬著一本沉重的書，我就不在書中列出所有參考文獻，有興趣的讀者不妨上joekeohane.net/strangersnotes網站查詢，我還有列出延伸閱讀書目，包括本書的參考文獻，也包括本書礙於篇幅而無法收錄的內容。如果你有興趣深入探討這個主題，絕對有很多下手的機會。

現在，我拜託大家，去和陌生人聊天吧！

國家圖書館出版品預行編目資料

社交進化：從突破陌生焦慮到擴展交友圈,打造更高的人際連結力/喬伊.基歐漢(Joe Keohane)著；謝明珊譯. -- 初版. -- 臺北市：商周出版：英屬蓋曼群島商家庭傳媒股份有限公司城邦分公司發行, 2021.11
面； 公分
譯自：The power of strangers : the benefits of connecting in a suspicious world
ISBN 978-626-318-030-7(平裝)

1.人際關係 2.人際傳播 3.社交技巧

177.3 110016580

BO0333

社交進化

從突破陌生焦慮到擴展交友圈，打造更高的人際連結力

原文書名／The Power of Strangers: The Benefits of Connecting in a Suspicious World
作者／喬伊・基歐漢 Joe Keohane
譯者／謝明珊
協力編輯／陳素雲
責任編輯／劉羽苓
版權／黃淑敏、吳亭儀
行銷業務／周佑潔、林秀津、黃崇華、賴正祐

總編輯／陳美靜
總經理／彭之琬
事業群總經理／黃淑貞
發行人／何飛鵬
法律顧問／台英國際商務法律事務所 羅明通律師
出版／商周出版
臺北市 104 民生東路二段 141 號 9 樓
電話：(02) 2500-7008 傳真：(02) 2500-7759
E-mail: bwp.service @ cite.com.tw
發行／英屬蓋曼群島商家庭傳媒股份有限公司 城邦分公司
臺北市 104 民生東路二段 141 號 2 樓
讀者服務專線：0800-020-299 24 小時傳真服務：(02) 2517-0999
讀者服務信箱 E-mail: cs@cite.com.tw
劃撥帳號：19833503 戶名：英屬蓋曼群島商家庭傳媒股份有限公司城邦分公司
訂購服務／書虫股份有限公司客服專線：(02) 2500-7718；2500-7719
服務時間：週一至週五上午 09:30-12:00；下午 13:30-17:00
24 小時傳真專線：(02) 2500-1990；2500-1991
劃撥帳號：19863813 戶名：書虫股份有限公司
E-mail: service@readingclub.com.tw
香港發行所／城邦（香港）出版集團有限公司
香港灣仔駱克道 193 號東超商業中心 1 樓
E-mail: hkcite@biznetvigator.com
電話：(852) 2508-6231 傳真：(852) 2578-9337
馬新發行所／城邦（馬新）出版集團
Cite (M) Sdn. Bhd.
41, Jalan Radin Anum, Bandar Baru Sri Petaling, 57000 Kuala Lumpur, Malaysia.
電話：(603) 9057-8822 傳真：(603) 9057-6622 E-mail: cite@cite.com.my
封面設計／FE 設計 葉馥儀
美術編輯／李京蓉
製版印刷／鴻霖印刷傳媒股份有限公司
經銷商／聯合發行股份有限公司 電話：(02) 2917-8022 傳真：(02) 2911-0053
新北市 231 新店區寶橋路 235 巷 6 弄 6 號 2 樓

■2021 年 11 月 11 日初版 1 刷 Printed in Taiwan

定價 530 元 HK$177
ISBN: 978-626-318-030-7（紙本） ISBN: 9786263180291（電子書）

城邦讀書花園
www.cite.com.tw